总　序

新闻与大众传播事业在现当代与日俱增的影响与地位，呼唤着新闻学与传播学学术研究的相应发展和跟进。而知识的传承、学术的繁荣、思想的进步，首先需要的是丰富的思想材料的积累。

"新闻学与传播学经典译丛·大师系列"的创设，立意在接续前辈学人传译外国新闻学与传播学经典的事业，以一定的规模为我们的学术与思想界以及业界精英人士理解和借鉴新闻学与传播学在西方方兴未艾之际的精华，提供基本的养料，以便于站在前人的肩膀上作进一步的探究，避免长期在黑暗中自行低效摸索。

将近十年前，在何道宽教授与我的发起和主持下，在司马兰女士的大力支持下，"新闻与传播学译丛·大师经典系列"开始启动，至今已推出几十种名著的中译本，在学界也较有影响。这首先是何道宽教授的贡献，他作为英语科班出身、口译笔译俱佳的高手，依然投身于传播学经典的引进；退休后更是一发不可收，每天清晨起床开始工作，每年推出好几本译著，而且专攻技术学派（何老师称之为"环境学派"），不但包办了哈罗德·伊尼斯、马歇尔·麦克卢汉著作的所有中译本，而且还延伸到保罗·莱文森等当代名家。

记得何老师说过，他热爱传播学学术翻译到了这样的程度："不给我钱（稿费）我也愿意翻译。"我当时就感慨，新闻传播学界要是多有一些像何老师这样外语水平高、热衷翻译的专才就好了。可是在目前的学术考核著作下，译著辛苦和稿费低暂且不提，在多数学校还是不被承认科研工作量的。这就妨碍了许多为教学科研和生活所累的年轻学人接续这一事业，尽管也出现了像刘海龙这样的优秀青年译者。

好在随着新闻传播学的发展，越来越多的学人意识到了我九年多前说的两个80%：新闻学与传播学是舶来品，80%的学术和思想资源不在中国；而日见人多势众的研究队伍将80%以上的精力投放到虽在快速发展，但是仍处在"初级阶段"的国内新闻与大众传播事业的研究上。这两个80%倒置的现实，导致了学术资源配置的严重失衡和学术研究的肤浅化、泡沫化；专业和学术著作的翻译虽然在近几年渐成气候，但是其水准、规模和系统性不足以摆脱"后天失调"的尴尬。

如果说当年启动时，我们深感百余年前梁启超呼吁"国家欲自强，以多译西书为本；学子欲自立，以多读西书为功"对于当代新闻传播学的意义，如果说梁任公所言西学著述"今之所译，直九牛之一毛耳"的巨大落差，如果说新闻学与传播学相关典籍的译介比其他学科还要滞后许多，以至于我们的学人们对这些经典知之甚少，眼界相当狭窄，那么这种状况已经有所改观。如今的新闻传播学，虽然仍属小学科，但是近十年出版的图书数量猛增，其中译著的大量问世是最为引人瞩目的现象。

这些新闻传播学译著可能并非本本经典，事实上也出现了些许重复翻译。一些译本的翻译质量存在问题，译校也比较粗糙。但是总体而言，它们对于学术的推动和学科地位的提升功不可没，尤其是比较媒介理论、传播研究方法类译著，直接烘托了和滋养了年轻学子，令他们的研究水准迅速提升。回想十年前,尽管几乎所有新闻传播专业学生言必称传播学"四大奠基人"或"四大先驱",可是当时他们的传播学译著一本也没有被翻译成中文。

本译丛将奉献新闻学与传播学大师的经典之作,如哈罗德·拉斯韦尔、埃尔·塔尔德、哈罗德·伊尼斯、麦克卢汉、库尔特·卢因、卡尔·霍夫兰等人的佳作。大部分名著是新近翻译出版的,部分名著是中文版的修订本。"译事之艰辛,惟事者知之。"从事这种恢弘迫切而又繁难备至的工作,需要好几代人做出不懈努力,幸赖同道和出版者大力扶持。我们自知学有不逮,力不从心,因此热忱欢迎中青年学人加入译者队伍,我们也将虚心聆听各界读者提出的批评和建议。

主编
2012 年 11 月 20 日

目　录

译者序 … 1
凯利序 … 17
作者前言 … 35

第一章　文化战略 … 37

第二章　美国宪法的军事意涵 … 63
　第一节　理解美国政策 … 63
　第二节　美国历任总统及两党政治 … 65
　第三节　美国的扩张与战争政策 … 82
　第四节　上帝眷顾幼儿、醉汉和美国？ … 87

第三章　罗马法与英帝国 … 96
　第一节　律师在英国议会里的主导地位 … 96
　第二节　习惯法的性质与意涵 … 101
　第三节　罗马法在英帝国的影响 … 109
　第四节　帝国主义在美国抬头 … 112
　第五节　加拿大习惯法传统的式微 … 117

第四章　报业：20世纪经济史被忽略的因素　　　　**131**

第五章　英国、美国和加拿大　　　　**175**
  第一节　从面向英国转到面向美国　　　　**176**
  第二节　加拿大的联邦政治和地方政治　　　　**177**
  第三节　加拿大参议院和司法界的政治运作　　　　**180**
  第四节　加拿大的政治变革及其原因　　　　**183**
  第五节　英国和美国在加拿大的影响此消彼长　　　　**185**

附录　新斯科舍皇家顾问团经济研究报告（节选）　　　　**196**

索引　　　　*203*
译者后记　　　　*217*
译者介绍　　　　*219*

译者序

一、久别重逢的喜悦

10年前，我为中国人民大学出版社翻译了加拿大传播学家哈罗德·伊尼斯（Harold A. Innis, 1894—1952）的《帝国与传播》（*Empire and Communications*）和《传播的偏向》（*The Bias of Communication*），如今又有机会翻译他临终前的另一部杰作《变化中的时间观念》（*Changing Concepts of Time*），深化对他"偏向论"和"帝国论"的研究，欣欣然焉。至此，伊尼斯的传播学经典就由我悉数引进大中华学界了。

二、伊尼斯的历史地位

和马歇尔·麦克卢汉（Marshall Mcluhan）一样，伊尼斯的学术地位也是随着时间的推移而上升的。

1. 学术转向和代表作

第一次世界大战后，伊尼斯再入麦克马斯特大学，获硕士学位；旋即转入芝加哥大学，攻读经济学，师从西方社会学巨匠帕克（Robert Ezra Park），并完成博士论文《加拿大太平洋铁路史》（*A History of the Canadian Pacific Railway*）。1920 年，他开始在多伦多大学执教，直至去世。

伊尼斯求学时，正值芝加哥社会学派盛期。凡勃伦（Thorstein Veblen）、米德（George Herbert Mead）和帕克等经济学和社会学大师云集，该学派的都市研究和地区研究无人能敌。

伊尼斯青出于蓝，他没有去追随极富盛誉的都市研究模式，而是转向欧洲学派，研究宏大主题。他要为祖国的学术研究开辟新天地，他开创了大宗产品（小麦、木材、矿产、皮毛、渔业、纸浆等）研究和经济史研究，尤其是加拿大经济史研究。

不久，他又转向媒介、媒介史和文明史研究，因为正如大宗产品一样，媒介也是历史运演的主要资源。

20 世纪 30 年代，伊尼斯成为著名经济学家和经济史家，完成了两部传诸后世的经济史专著：《加拿大皮货贸易：加拿大经济史导论》（*The Fur Trade in Canada：An Introduction to Canadian Economic History*）、《鳕鱼业：一部国际经济史》（*The Cod Fisheries：The History of an International Economy*）。

同时，他参与组建加拿大政治学学会、北美经济史学会，1949 年出任加拿大皇家学会会长，20 世纪 50 年代初期又出任北美经济学会会长。

伊尼斯于 1952 年英年早逝，在短短 30 年的学术生涯中，他力主加拿大扬长避短，发扬民族特性，保护民族文化，为加拿大政府建言献策，对加拿大的教育政策和文化政策产生了广泛的影响。

伊尼斯对西方文明的危机深感忧虑，认为西方文明具有强烈的空间偏向，忽视了时间的延续、积累和传承。

20 世纪 40 年代，他从经济史转向文明史，从经济学转向传播学，给世人留下了永垂青史的传播学经典：《帝国与传播》、《传播的偏向》和《变化中的时间观念》。但正处在学术爆发期的他不幸身患绝症,于1952年11月8日去世,享年58岁。

伊尼斯是加拿大为数不多的世界级大师、经济史家、多伦多传播学派奠基人,给经济学和传播学打上了深刻的烙印,产生了广泛的影响。他给世人留下的著作,附录于此:

《加拿大太平洋铁路史》(*A History of the Canadian Pacific Railway*,1923)

《加拿大皮货贸易:加拿大经济史导论》(*The Fur Trade in Canada:An Introduction to Canadian Economic History*,1930)

《鳕鱼业:一部国际经济史》,(*The Cod Fisheries:The History of an International Economy*,1942)

《现代国家的政治经济学》(*Political Economy in the Modern State*,1946)

《帝国与传播》(*Empire and Communications*,1950)

《传播的偏向》(*The Bias of Communication*,1951)

《变化中的时间观念》(*Changing Concepts of Time*,1952)

《加拿大经济史论文集》(*Essays in Canadian Economic History*,1956)

2. 麦克卢汉的推崇

(1)"芝加哥学派最杰出的代表"。麦克卢汉说:"芝加哥学派研究的是地方性社区。在挑选大型主题上,伊尼斯属于欧洲学派,而不是美国学派。""实际上,伊尼斯发挥这些思想时比帕克还要走得远。他应该是以帕克为首的芝加哥学派最杰出的代表。"①

(2)谦称自己是伊尼斯的"注脚"。"我乐意把自己的《谷登堡星汉》看成伊尼斯观点的注脚,首先是诠释他关于文字的心理

---

① 转引自〔加〕哈罗德·伊尼斯著,何道宽译:《传播的偏向·麦克卢汉序》,中国人民大学出版社2003年版,7页,8页。(本书脚注为译者注,下不一一标明。)

和社会影响的观点,然后是诠释他关于印刷术心理和社会影响的观点。"①

(3) 推崇伊尼斯的研究方法:构拟"宏大模式"、从内部深挖"历史运行机制"、推出"总体场论"等。兹引几句予以说明:他要"把历史当做一台戏,整个世界就是剧组……他揭示帝国要务的宏大模式"。伊尼斯说,"我不打算专注于不列颠帝国某些时期或地区的微观研究……相反,我要集中研究西方历史上的其他帝国,同时与东方帝国参照,以期抽离出可资比较的重要因素"。麦克卢汉说:"伊尼斯正在推出一个'因果关系'的总体场论(total field-theory)",又说其研究方法是"界面"的方法,"伊尼斯对历史进程的认识,并没有成为其他历史学家的共识。他特立独行,首先运用模式识别的方法,去研究我们这个信息超载的、电路连接的行星"。"他的研究方法为之一变,他从'观点'出发的方法转到'界面'的方法,以生成洞见"。② 这是一种从叙述转向阐释的研究方法。

(4) 称许伊尼斯是"最好的老师"。"他的每一句话都是一篇浓缩的专论,他的每一页书都包含了一个小小的藏书室,常常还有一个参考文献库。如果说,老师的职责是节省学生的时间,那么伊尼斯就是记录在案的最好的老师。"③

3. 凯利的称颂

詹姆斯·凯利(James Carey,1934—2006)是美国新闻学家和传播学家,他独擎一帜,引入传播的仪式功能,他把传播作为文化来研究,居功至伟。其成就是:第一,推崇、阐释并光大伊尼斯的思想。第二,生平的最后10年转向媒介环境学研究。

就是这样一位大家,破格为伊尼斯这本书写下万余字的长篇

---

① 转引自〔加〕哈罗德·伊尼斯著,何道宽译:《传播的偏向·麦克卢汉序》,8页。
② 同上书,2页。
③ 同上书,3页。

序言，为其增色。值得注意的几点是：

(1) 伊尼斯思想的分期和一以贯之的治学风格，"和马克思等思想家一样，伊尼斯的思想分为前后两期，中间似有一个断裂，研究题材和哲学观点都有剧变。他的传播学论著横空出世，颇为突然。后期的著作独树一帜，极具胆略；前期的经济学论著精致准确，细节却可能使人昏昏欲睡……不过，我本人不持这样的看法，早期伊尼斯和后期伊尼斯之间不存在急剧的脱节"。(viii 页，译者序中的以下引文均注原书页码，即本书边页码)

(2) 研究帝国构建和瓦解的条件和因素。"在他的笔下，帝国既可能善，也可能恶；既可能是共和主义的，也可能是威权主义的；既可能是良性的，也可能是破坏性的；既可能是进步的，也可能是反动的。抨击帝国犹如独战风车，因为帝国是长期存在的社会组织形式，与我们所知的人类历史一样悠久。理智的问题是：理解帝国构建和瓦解的条件，了解判定帝国效能和文明潜能的标准。"(xii 页)

(3) 率先研究伊尼斯的全球化理论和实践。凯利注意到伊尼斯这方面的成就，颇有新意。他说："在经济和传播领域，伊尼斯是最早明确表述全球化的理论家之一……伊尼斯讲述贸易、商品、技术和传播的复杂历史，他考察的多半是全球化的前两个阶段：(a) 北美的殖民和扩张，(b) 19 世纪帝国主义控制远方领地的竞争。"(xii—xiii 页)

4. 霸气与豪气——译者的评价

伊尼斯的学问充满霸气与豪气。他上下六千年、纵横数万里扫描人类社会的历史。

和汤因比（Arnold Joseph Toynbee）一样，他用如椽之笔进行宏大叙事和比较。同时，他还对历史模式做出有深度的解释，这把解释的钥匙就是他的"偏向论"和"帝国论"，涉及媒介、传播、时间、空间、政治组织和宗教组织等观念。他认为，帝国耽于空间上的开拓,疏于时间上的传承。又认为,"理想的"帝国要防止空间偏向和时间偏向。"一个成功的帝国必须充分认识到空间问题,空间问题既是军事问题,也是政治问题;它还要认识到时间问题,时间问题既是朝代问题和人生寿限问题,也是宗教问题。"①

他的霸气建立在30余年的严格训练和潜心治学上。在学术生涯的前20年里,他完成了极具原创性的四部加拿大经济史著作,在生命的最后10年里,他转向文明史和传播史研究,贡献了三部传播学经典。多学科的学问背景使他能够高屋建瓴、以简驭繁,所以他能提出"传播偏向论"和"帝国模式论"。

他的豪气来自于边缘对中心的反叛。20世纪上半叶,加拿大还没有完全摆脱英国殖民地的边缘地位,同时又受到美国文化帝国主义的挤压。他以强烈的民族主义感情做学问、当策士,对加拿大政府的教育政策和文化政策产生了广泛的影响。

除了"偏向论"和"帝国论",他给世人留下的思想遗产中,还需要特别指出以下四点:

(1) 独创加拿大经济史学派。他从研究加拿大本土的贸易、运输和交通网着手,自成一家,使加拿大的经济学研究摆脱依附,走向独立与辉煌。

(2) 首创"大宗初级产品论"。这给加拿大人敲响警钟:不满足于初级产品的生产,经济才不受制于人。

(3) 保护、发展和弘扬加拿大文化,以抗衡美国的商业主义文化。唯有弘扬自己独特的国民性,文化上才不受制于人,加拿大才不至于沦为英美的边缘,才不会受到文化帝国主义的挤压。他说:"我们加拿大人在为生存而斗争,美国广告,尤其美国期刊广告的有害影响、美国商业主义强大而持久的冲击,表现在加

---

① 〔加〕哈罗德·伊尼斯著,何道宽译:《帝国与传播》,中国人民大学出版社2003年版,19页。

拿大生活的一切方面,彰明昭著,一望而知……这些发展势头会对加拿大文化产生灾难性的影响。事实上,它们对加拿大的国民生活构成威胁。"(xvii 页)

(4)给偏重空间扩张和知识分割的西方文明敲响警钟。他认为,偏重空间扩张的西方文明忽视文明的时间传承,容易损害文化的继承和发展。他的这个思想对社会的权力、文化和价值都产生了深刻的影响。他警告:"思想自由的条件正处在危险之中,它有可能被科学技术和知识的机械化摧毁。和这些条件处在同样危险之中的,还有西方文明。"① 接着又说:"……这个代表英联邦大学的会议,迄今为止都关心从政治的观点来表达问题,以至于忘记了西方文明整体性的问题。"②

(5)奠定了传播学多伦多学派的基石。世人给这个学派的译名"技术媒介决定论",未必是妥当的。他认为,媒介有偏向和强大影响,不等于媒介具有决定性,媒介的作用仅限于"加速"、"促进"或"推动"复杂的社会进程。他是一位清醒的大儒,对影响社会历史进程的其他因素了然于胸。

三、治学风格与治学方法

1. 小篇幅,大文章

《帝国与传播》、《传播的偏向》、《变化中的时间观念》三本书篇幅相近,均不到 20 万字。但伊尼斯的每句话都是一个小小的藏书室、一个参考文献库,其信息量非常密集、浓缩、丰富;他的思想节奏快,多跳跃,给人留下大量思索的空间;他的文化模式、媒介偏向、帝国模式构架宏大,隐藏了大量的叙事、描绘和阐释的空间。他的书既需要反复琢磨,又非常耐读。他小中见大,以简驭繁,胜人一筹。

---

①② 〔加〕哈罗德·伊尼斯著,何道宽译:《传播的偏向》,165 页、167 页。

2. 精于考据，注释不厌其详

以《帝国与传播》为例，总共不到 20 万字，注释之篇幅，竟然超过全书篇幅的五分之一！1950 年，初版的《帝国与传播》注释已有 277 条，1952 年再版的《帝国与传播》又追加了 257 条注释。传世的《帝国与传播》一书，注释竟然多达 554 条，达到全书五分之一还要多的篇幅。《传播的偏向》的情况类似，不到 20 万字的篇幅竟有数以百计的注释。

再以《变化中的时间观念》为例，正文仅 10 万字，加上索引，也不过 11 万字，但读者手捧的书已近 20 万字。这是因为：原书注释多达近 400 条，计 4 万字；凯利评价、阐释和弘扬他思想的序文超长，达万余字；为了帮助读者理解，译者加入 200 余条注释（共 2 万字），并撰写了近万字的序。

3. 洞幽烛微，识别模式

根据麦克卢汉的归纳，伊尼斯的研究方法别具一格，那就是：模式识别、整体场论、"界面"方法。在《传播的偏向》和《帝国与传播》的序言里，麦克卢汉用相当大的篇幅阐述伊尼斯的研究方法。再摘引几段，以明其要：

> 伊尼斯深入到隐蔽的历史情景中去，从内部去探察文化，了解其运行机制（processes），而不是站在外面对文化进行描绘和叙述。[①]
>
> 伊尼斯展示的是文明兴衰的运行机制。他指出，帝国自然而然禁不住诱惑，要用文字、纸张和官僚体制，来寻求空间上的扩张。[②]
>
> 他的研究方法为之一变，从"观点"出发的方法转到

[①] 〔加〕哈罗德·伊尼斯著，何道宽译：《帝国与传播·麦克卢汉序》，2 页。
[②] 同上书，5 页。

"界面"的方法,以生成洞见。对话还有一种自然的倾向,那就是任何题材的多方面的相互作用,这种相互作用能够产生洞见和发现。与此相对,观点仅仅是看问题的一种方式,相反,洞见却是在相互作用的复杂过程中突然得到的顿悟。

读伊尼斯的时候,记住分类知识和模式识别的区别很有好处,因为他首先是擅长识别模式的人。①

四、关键词解读

在伊尼斯的传播学论著里,有几个很重要的关键词,它们是:传播、偏向、帝国。

和麦克卢汉一样,伊尼斯从来不给这些关键词以任何解释,我们只能到他的著述里去钩稽其含义。

在《帝国与传播》、《传播的偏向》的译者序和《多伦多的双星》一文里,我曾经试图解读这三个关键词。

就说"传播"吧,他研究的传播,是媒介的发轫、流布、变异、互动、特质、偏向。

至于"偏向",那是传播媒介特质的时间偏向和空间偏向。他认为,传播和传播媒介都有偏向,大体上分为:口头传播的偏向与书面传播的偏向、时间的偏向与空间的偏向。他发现,媒介可以分为两大类,两者有一个基本的区别:有利于空间上延伸的媒介和有利于时间上延续的媒介。比如,石刻文字和泥板文字耐久,所以它们承载的文字具有永恒的性质。但是,它们不容易运输,不容易生产,不容易使用。相反,莎草纸等纸张轻巧,容易运输,方便使用,能够远距离传播信息,然而它们传播的信息局限于当下,比较短暂。

---

① 〔加〕哈罗德·伊尼斯著,何道宽译:《传播的偏向·麦克卢汉序》,2页。

总之，传播媒介的性质往往在文明中产生一种偏向，这种偏向或有利于时间观念，或有利于空间观念。

根据传播媒介的特征，某种媒介可能更加适合知识在时间上的纵向传播，而不适合知识在空间中的横向传播，尤其是该媒介笨重而耐久，不适合运输的时候；某种媒介却可能更加适合知识在空间中的横向传播，而不适合知识在时间上的纵向传播，尤其是该媒介轻巧而便于运输的时候。所谓媒介或倚重时间或倚重空间，其含义是：对于它所在的文化，它的重要性有这样或那样的偏向。

至于"帝国"，那既是常人心目中的帝国，又不是常规意义上的帝国。他笔下的帝国，有两个意思，一是作为政体的大型国家，二是泛指大型的政治组织。

凯利认为，伊尼斯并不对帝国和帝国主义进行价值判断。在《变化中的时间观念》的序言里，他对其含义做了这样的解读：

> 伊尼斯并不抱有今天的人们对帝国那样典型的鄙视，当然，今天还有人捍卫帝国的无辜。在他的笔下，帝国既可能善，也可能恶；既可能是共和主义的，也可能是威权主义的；既可能是良性的，也可能是破坏性的；既可能是进步的，也可能是反动的。（xii 页）

凯利的解读是否正确？伊尼斯是否抨击和挞伐帝国主义？我们还是看看他本人怎么说吧。这是下一节阐述的主题，也是《变化中的时间观念》一书最闪亮的思想之一。

五、"帝国论"的警世箴言——美帝国主义批判

《变化中的时间观念》的亮点之一是对美国帝国主义倾向的深刻揭示和批判。

读者浏览目录，赫然在目的批判文字就有："美国宪法的军

事意涵"（第二章标题）、"美国的扩张与战争政策"（第二章第三节标题）、"帝国主义在美国抬头"（第三章第四节标题）。伊尼斯刨根究底，以哲学家的明达睿智、史学家的纵横视野、批评家的深刻洞察，对美国的扩张冲动、军事主义、帝国主义的根源进行了前无古人的揭示和批判。

1. 美国宪法嵌入了军事主义的种子，军事主义是美国"先定"的命运

就此，凯利对伊尼斯追究的军事主义根源做了很好的归纳：

> 他认为，美国宪法有两个根本的弱点：（1）总统是武装力量总司令，他在外交政策上拥有几乎不受制衡的控制权……他实际上就可以像君主一样行事了。（2）由于总统选举日期固定且可以预知，外交政策在政治竞选中被牺牲了……政策就听命于打赢选战的谋略，而不是服从于国家利益，这就产生政策的摇摆性和易变性。（凯利序，xviii 页）

他又说：

> 伊尼斯论证，各国宪法普遍有一些基本的弱点，美国宪法的缺点尤甚……他认为，由于美国是在暴力革命中建立的，所以它很容易表现出过分的民族主义和爱国主义。（凯利序，xviii 页）

伊尼斯不希望美国成为鼓吹"美国天命"的醉汉。

> 在美国宪法的影响下，对武力的依赖日益成为必需的要义……将军出任总统几乎成了惯例。奥斯特罗果尔斯基（俄国政治学家）说，上帝眷顾儿童、醉汉和美国。我希望，上

帝偶尔也看看其他方向，眷顾我们这些其他人。(39页)

2. 将军出任总统的"传统"强化了军事主义的倾向

在第二章第二节"美国历任总统及两党政治"里，伊尼斯详细叙述了100余年间总统竞选的两党政治以及历任总统的军事业绩。令人吃惊的是，从华盛顿到艾森豪威尔的34任总统中，军人出身的就有10人，他们是：华盛顿、门罗、杰克逊、哈里森、泰勒、格兰特、海斯、加菲尔德、西奥多·罗斯福和艾森豪威尔。

3. 频繁的战争叫嚣和扩张

1844年，第11任美国总统波尔克的竞选口号是：

> 经纬线50度—45度，否则开战。(59页)

1898年，参议院外事委员会主席洛奇（Henry Cabot Lodge）叫嚣：

> 从里奥格兰德河到北冰洋，只应该有一面国旗、一个国家！(30页)

> 华盛顿及其19世纪的继任者……在南北美洲稳步扩大美国的影响……向南部扩张以牺牲法帝国为代价，其突出表现是杰斐逊任内与拿破仑达成购买路易斯安那的交易；向北方扩张以牺牲英帝国为代价……稍后向南的扩张有1823年提出的门罗主义保驾护航。(22页)

4. 隐而不显的帝国主义

美帝国主义被描绘为"隐而不显的、基本上是政治性的"。它之所以被视为有理三分、能吸引人，部分原因是它

坚决否认它搞的是帝国主义。(117页)

5. 问心有愧的帝国主义

这是个问心有愧的帝国主义,是粗暴得难以置信的帝国主义。我们再以西奥多·罗斯福在阿拉斯加边界争端中的手腕为例,还以他在巴拿马运河谈判中的谋略来说明问题。其粗野态度的最露骨表现是美国谈判代表坎贝尔的一句话。他问:"总统先生,在朋友之间,宪法算什么?"(59页)

6. 反对美国的帝国主义政策

在加拿大,我们也看见美帝国主义以各种形式发酵:两国的渔业争端、美国人抗议我们修筑加拿大太平洋铁路、在阿拉斯加划界时西奥多·罗斯福总统发出的威胁,无不是美国的帝国主义在起作用。(59页)

我们的确是在为生存而战……只有坚持不懈地在战略重点上反对美国帝国主义,我们才能够确保生存。(13页)

六、破解天书:《变化中的时间观念》主题

译完全书,有一个问题大惑不解:《变化中的时间观念》似乎文不对题、题不对文。此谜似乎极难破解。什么是他所谓的"时间观念"?他的"时间观念"有何变化?伊尼斯似乎不着一字。至于"文不对题",无非有几种可能:(1)作者疏忽,(2)隐而不显,(3)有意掩盖。略一推究,伊尼斯治学极为严谨,"疏忽"和"掩盖"都不太可能,"隐而不显"却值得我们深究。

伊尼斯在极其短小的"作者前言"里闪烁其词地隐藏了他的

"时间观念"。他说：

> 不同的文明以不同的方式看待空间观念和时间观念，而且，在同一文明里，不同时期、不同地域的态度也大不相同，印刷术以降的西方文明即为一例。即使在一个政治区域里，比如美国，不同地域的人对时间和空间的态度也迥然殊异，尤其东部人和西部人的态度更颇为悬殊。实际上，政治疆界和政治制度的特性就足以反映地区差异。在解释这些差异时，我们的着力点是传播技术的变革。（xxv 页）

本书第四章"报业：20 世纪经济史被忽略的因素"就是从媒介的变革看时间观念的变化，只是没有用文字点破而已。

凯利对此给予的解释是：现代媒介的空间偏向使时间观念缩小到当下的范围。

凯利认为，"时间的视野塌陷，囿于目前"。他说：

> 这个世界每天一个周期，甚至以时刻为一个周期。我们被囿于当代新闻的生活，用以取代政治参与。时间的视野塌陷，囿于目前，远见卓识、长远谋划、为子孙后代着想均已过时。（xv 页）

凯利又进一步发挥"未来消失，化入现在"。他说：

> 时间缩小到当下的范围，缩小到每星期一个周期的尺度，缩小为即刻和短暂的世界。未来消失，化入现在了，一切事物以令人头昏目眩的速度变化，使人难以维持时间和文化的连续性。（xv 页）

如此看来，《变化中的时间观念》宛若留给世人的无字碑，读者可以放飞无限的遐想，我们只好从他的《帝国与传播》和《传播的偏向》里去寻求开放性的解读了。

何道宽
于深圳大学文化产业研究院
深圳大学传媒与文化发展研究中心
2012年6月5日

凯利①序

> 冷战的"赢家"必然要面对在全球动用力量的帝国主义问题,其权威语境独特,非常咄咄逼人、势如磐石、天下无敌,它的世界统治几乎必然会违反基本的正义标准。
> ——莱茵霍尔德·尼布尔②《美国历史之讽刺》

1952年初夏,哈罗德·伊尼斯的癌症病入膏肓,遂出院回家静养。在最后的几个月里,他校勘《变化中的时间观念》的清样,这是他付梓的最后一部手稿。到初秋时,病魔突破他的最后防线,伊尼斯于1952年11月8日溘然长逝。

---

① 詹姆斯·凯利(James Carey,1934—2006),美国新闻学家、传播学家,媒介环境学第二代代表人物,著有《伊尼斯与麦克卢汉》、《作为文化的传播》等。
② 莱茵霍尔德·尼布尔(Reinhold Niebuhr,1892—1971),美国神学家,被誉为"20世纪基督教神学的继往开来者",著有《人的本性与命运》、《道德的人与不道德的社会》、《时代末的沉思》、《基督教伦理的阐释》、《基督教与强力政治》、《光明之子与黑暗之子》、《信仰与历史》、《自我与历史的戏剧》、《美国历史之讽刺》等。

在与病魔抗争的最后 4 年里,在极端困难的情况下,他矢志不渝,从事高强度、高产出的学术研究。从 1948 年到 1952 年,在令人惊叹的创造活力爆发期,他完成了为我们今天称颂的重要学术著作。这位北美传播理论家和传播史家的传播学著作,都是在短短的几年间撰写的。他还是著名的经济史家和地理学家,给他带来这种名望的著作《加拿大皮货贸易:加拿大经济史导论》、《加拿大太平洋铁路史》和《鳕鱼业:一部国际经济史》,今天已罕有人问津,只有传记作者、经济学家才会翻阅,它们基本上已经绝版。然而,他的传播论著至今广为流通,影响甚巨,要者有:《帝国与传播》、《传播的偏向》、《报业:20 世纪经济史被忽略的因素》(The Press: A Neglected Factor in the Economic History of the Twentieth Century)和《变化中的时间观念》。

和他的经济论著不同,这几部传播学论著由讲稿结集出版。1948 年春,他在牛津大学万灵学院(All Souls College)作贝特讲演(Beit Lectures),这些讲稿成书为《帝国与传播》。在英国那次讲学期间,他又在伦敦大学作斯坦普讲演(Stamp Lectnre),在诺丁汉大学作卡斯特讲演(Cust Lecture),这两篇讲稿成为本书的最后两章。

讲稿形式不仅反映了他思想的尝试性,而且反映了他任务的紧迫性。一位著名的政治经济学家说得好,伊尼斯不仅要分析世界,而且要改造世界。他曾经自嘲地说,"我一度不得不在大学执教和从政之间进行选择,并决定从政"(Watson, 1977, p. 45)。他的传播论著带有一丝神秘色彩,其强度和力道既反映了他与不断恶化的健康状况之间的抗争,又反映了他勇于担当的无与伦比的责任心。彼时,他是多伦多大学政治经济学系的主任(自 1937 年起),同时他又担任该校研究生院院长。在担任加拿大皇家学会(Royal Society of Canada)会长期间,他巡游全国,为皇家运输委员会主持听证会,他是该委员会成员。

和马克思等思想家一样，伊尼斯的思想分为前后两期，中间似有一个断裂，研究题材和哲学观点都有剧变。他的传播学论著横空出世，颇为突然。后期的著作独树一帜，极具胆略；前期的经济学论著精致准确，细节却可能使人昏昏欲睡。前后两期的强烈对比强化了这样一种观点："年轻的"伊尼斯和成熟的学者之间有一个断裂。不过，我本人不持这样的看法，早期伊尼斯和后期伊尼斯之间不存在急剧的脱节。他的传播学论著是他早期论著的自然演生，他论加拿大政治经济形成期的研究成果为后期的论著作了铺垫，后期论著又是他早期论著的展开和阐述，本书收录的讲稿足以为证。他的研究课题总是帝国、全球化和国际贸易，"改变经济、国家和文明的长时段历史事件和划时代的力量"（Drache，1995，p. xix）。他的经济学研究对象是贸易而不是生产，是贸易线路、运动、流动和流通，而不是工厂和生产方式。他认为，国际贸易经济的动力是不断改进的运输工具和通信手段，是平行互动的经济和社会体制的扩张和巩固。17世纪欧洲贸易体制在北美的扩张是如此，19世纪帝国主义在非洲和亚洲的扩张也是如此，今天的喷气飞机时代和互联网时代亦是如此。技术的后果既互相矛盾，却又是无意为之的无心插柳。同理，人追求经济、政治、文化主导地位的欲望既互相矛盾，却又是人性使然。这两个课题的结合成为他终生的研究题材。

在第二次世界大战以后的岁月里，在两次世界大战屠杀中休眠的国际体系重新觉醒。此时，世界的技术和政治背景急剧变化。1948至1949年对国际政治和伊尼斯的学术研究都是极其重要的转折点，我们的故事就从这里开始。

1949年2月，一个"价值讨论小组"在多伦多大学诞生，其名并无微言大义，牵头人是政治经济学教授托马斯·伊斯特布鲁克（Thomas Easterbrook），成员有伊尼斯和圣迈克学院的文学教授马歇尔·麦克卢汉，麦克卢汉三年前转来多伦多大学执教。那一个学期，他们每周聚会一次，小组成员轮流宣讲论文，并主持讨论。

诸如此类的讨论组犹如学术花园里的花卉，在彼时的北美大陆争奇斗艳。无论其命名为何，它们都有一个共同的目的：研究战后世人普遍感觉到的"文明危机"。"危机"是最流行、最随意使用的常用词之一，伊尼斯就此告诫世人："有人高喊危机，并因此而造成危机，参加他们的大合唱于事无补。"战争刚刚结束，20世纪的野蛮刚得到充分的揭示，走向冷战结盟的趋势却已在威胁和平，这似乎说明，世界危机的惊呼并非危言耸听。

这一切都保存在多伦多大学档案库里"价值讨论小组"的会议记录中。据此判断，大多数讨论都枯燥无味，其焦点都是科学研究里价值的角色，都是所谓事实与价值二分法那一套。

马歇尔·麦克卢汉第五个宣讲，他的讲演亦平淡无奇，他呼吁用艺术抗衡技术——如果考虑他20年后释放的精神火花，他那次讲演更显得没有锋芒。彼时，他还处在"机器新娘"那一段的学术志趣中，还在叹息大众文化时代文学的式微。他仍身陷美国"新批评"（New Critics）那帮人里，尤其与艾伦·泰特（Allan Tate）和拉姆森（J. C. Ramson）过从甚密，拉姆森把他拉进一场后卫运动中。用泰特的话说，他们要反对"那摧毁一切的抽象的工业美国"。麦克卢汉张望美国南部，寻求前工业时代渴望的出路。美国南方是草原牧歌理想活生生的丰碑，且不说泥土小屋、浓缩奶油和英格兰浪漫主义诗歌中敬畏上帝的农夫，至少那是躲避资本主义和个人主义的带有一丝泥土味的庇护所。美国南方培育了一套独具特色的价值，和其他人一样，麦克卢汉将其称为"南方气质"（Southern Quality）：贵族式的人文主义、农业经济、对土地循环戒律的崇拜。南方继承了另一种文化传统，它"坚守立场"，反对北方那没有精神的理性主义。艺术，至少麦克卢汉钦慕的艺术，是价值的宝库。他崇奉艺术尚未与生活分离的时期，有别于现代世界的时期。他抬高艺术和艺术家的地位，赋予艺术家新的角色，认为他们不再是资本主义的文化标本，而是探索者和革新者,他们不敢稍有懈怠,探索意义的新大陆,难以忍受平庸、普通、标准化、重复式的按部就班的生活,那是工业文明的原型特征。

哈罗德·伊尼斯第八个站起来长篇大论时,那是该小组的最后一次讨论了。始终笼罩着小组讨论的琐碎和浪漫的气氛一扫而光。从会议记录来看,你不得不得出结论:他相信一场大危机正在逼近,其性质未见于技术哲学或浪漫主义诗歌,那是政治、经济和传播的危机。

第二次世界大战结束,两个大问题在地平线上升起。第一个问题是恐惧心理,人们担心,国家经济和国际经济会回到20世纪30年代的经济噩梦,刚刚消退的敌对情绪又要回潮。交战国数以百万计的老兵必须回归平民的经济生活,必须被赋予生产性的工作,游荡在街头的失业老兵正是平民生活的灾难。防卫支出和就业岗位的减少会产生什么后果?消费需求能强劲到抵消军工生产需求的下降吗?政府能管理这样的社会吗?如果走建设消费社会的路子——这正是后来追随的道路,20世纪30年代那种政治文化的道路会是什么样的遭遇呢?在30年代,公民组织起来,通过抵制活动和宣传攻势保护个人利益和社会利益,他们反对童工,要求为食品和药物安全立法,支持个人加入工会。到了40年代末,以前的政治文化的道路会遭遇什么命运呢?积极的公民被消极的消费者取代——这是经济复苏的**必然**代价吗?

第二个问题是冷战的爆发和核军备竞赛的来临。伊尼斯在战争结束时游历苏联,他预感到冲突的来临。苏联和美国两个大帝国崛起去组织政治世界,随之而来的是两者的冲突。"冷战"一词1948年由伯纳德·巴鲁克[①]首创。这年7月,正当伊尼斯校订

[①] 伯纳德·巴鲁克(Bernard Baruch, 1870—1965),美国商界和政界人士,著有《我们时代的哲学》。

《变化中的时间观念》时,柏林空运①及其伴生的危险开始了。加拿大的处境尤其困难,长期以来,它是殖民地边陲,受英国支配,继承了英国的基本制度和文化,20 世纪 40 年代末,它陷入两个现代帝国的夹缝中,其中一个帝国就堵在它的家门口。加拿大如何保存自己政治和文化上的独立性,同时又信守自己的英国源头呢?在美国的压力、影响和紧邻的情况下,它如何在政治上挺直腰板,成为第三个板块不可分割的一部分?在剧烈动荡、局势不稳的世界上,加拿大如何发挥建设性的作用呢?

况且,10 年间长期延宕、转向战争的技术革新重新浮现出来,成了经济恢复和军备竞赛的发动机。到 1948 年,电视业已经开始在政治和文化领域施行无情的殖民化,其影响已经从两国的大都会渗透到加拿大和美国的内地。同年,维纳②的里程碑著作《控制论:人有人的用处》(*The Human Use of Human Beings*)出版。这本书是几十年自组织研究成果的集大成者。维纳认为,电子伺服机制是电视的双生子,是工作和知识自动化的工具。他指出,通信的目的是控制环境,但为了达成有效的通信,有必要将反馈当作管束信息发送的机制。无论被管理的对象是动物、人还是自然过程,管理的机制都需要考虑受众(自动控制的术语是接收者或目的地)。但既然控制论所谓的管理被理解为一种控制,而不是一种参与方式,那么这样的管理是否与民主政治对立呢?如果把通信当作反馈环路里的控制机制,那会产生什么样的社会后果呢?维纳问道:在通信控制的时代,什么是"人有人的用处"?稍后,伊尼

---

① 1947 年,东西方冷战开始。自 1948 年 6 月 24 日起,历时一年多,苏东阵营封锁西方占领的西柏林,使西柏林成为孤岛;西方反制,发动声势浩大的空运解困。

② 诺伯特·维纳(Norbert Wiener,1894—1964),美国数学家,美国科学院院士,控制论创始人,获总统授予的国家科学勋章,著有《控制论:人有人的用处》等。

斯用全然不同的语汇表达了维纳提出的这个问题。

伊尼斯从交通运输入手，认为尾随交通运输发展的是野蛮性的增加。新标准尚未形成控制技术时，新技术已经颠覆了旧价值。加强民族主义和通俗语的印刷术引爆了民族解放战争，推翻了神圣罗马帝国，产生了近代国际体制。同理，电话、电报兴起，和高速的远洋航行联姻，这就启动了欧洲帝国的竞争，以第一次世界大战为竞争高潮。现代战争显示，这样的道理同样适用于电子技术、广播和空运。

在经济和传播领域，伊尼斯是最早明确表述全球化的理论家之一。他的全球范围比我们小，局限于从欧洲大陆通达新世界的大西洋走廊，但那是传播和文化的全球体系，始终和加拿大相关，这是他的核心关怀。他早期的经济学研究成果的主题是北美的开辟，加拿大国土的形成，外域文化的移植，讲述的是欧洲帝国前哨在美洲的形成。这些边陲是新法兰西、新英格兰、新阿姆斯特丹和新西班牙。欧洲人到北美的原因五花八门，有追求宗教自由者，有创建新社区者，但其首要冲动是开发利用新世界的商品：棉花、烟草、鳕鱼、毛皮和黄金。为了利用这些商品，欧洲既需要一个可靠的商业通信系统，又需要一个实际的文化移植场所。有了远洋航行和书面文化的能力，这两个条件都实现了。在横跨大洋的"文化真空"里穿越，避免了与人接触时产生的文化"污染"，同时能通过新闻、通信和印刷品连接并协调帝国的前哨各地。大西洋的航线把这个文化的全套家当运向新大陆，把转化为商品的北美自然产品运回欧洲，满足了新兴的资本主义市场的需要，这是破天荒的壮举。

到19世纪末20世纪初，第一阶段的全球化走向终结。欧洲的船舶航线业已过时，用伊尼斯的话说，欧洲再也不能维护其知识垄断和力量垄断，欧洲靠通信、市场、法律和力量在空间上的宰制地位受到侵蚀。在遥远的边陲地带，另辟蹊径的文化、殖民者后裔混杂的民族主义文化兴起了。在南北美洲，欧洲人变了，他们发现了新的身份，在适应新环境的具体任务中，他们创造了新的知识形式和自我理解，这是和远渡重洋开发新家园时负载的文化截然不同的文化。在帝国列强划定的北美地理断裂线的两侧（比如圣劳伦斯河），在欧洲人因行政管理方便而划定的边界两侧（比如西属美洲），殖民者后裔混杂的民族主义兴起了。

伊尼斯并不抱有今天的人们对帝国那样典型的鄙视，当然，今天还有人捍卫帝国的无辜。在他的笔下，帝国既可能善，也可能恶；既可能是共和主义的，也可能是威权主义的；既可能是良性的，也可能是破坏性的；既可能是进步的，也可能是反动的。抨击帝国犹如独战风车，因为帝国是长期存在的社会组织形式，与我们所知的人类历史一样悠久。理智的问题是：理解帝国构建和瓦解的条件，了解判定帝国效能和文明潜能的标准。

第一期的全球化以后，欧洲诸帝国的指向有所调整，由于更新更快的旅行通信条件，即蒸汽技术和电信技术的问世，这些帝国转向其他大陆。同时，新的帝国在美洲兴起，这些国家追求自己的天命，兼并邻国的土地，有时甚至从大西洋扩张到太平洋。第一次世界大战前有两种帝国：一种是大陆上的帝国，那是数百年兼并邻国土地的产物，美国和加拿大的扩张模仿这些旧帝国，但情况大不相同；另一种是海外殖民的帝国。"第一种帝国有俄国、奥匈帝国、奥斯曼帝国和中国，面对民族自决的新力量，它们是脆弱的。第二种帝国有英国、法国、荷兰、西班牙和葡萄牙……第一种帝国的内部危机与第二种帝国的较量纠缠在一起，结果就爆发了第一次世界大战"（Maier，2002，p.29）。20世纪的历史可以被视为帝国主义纠缠的历史，"从欧洲人的称霸到破坏性较量，到第二次世界大战后苏联和美国势力范围的竞争，直到美国崛起为唯一的超级大国"（Maier，2002，p.29）。帝国的构建，无论陆上扩张的帝国或海外殖民的帝国，都是19世纪善恶皆有的成就。但1914年8月世界大战的枪声响起，第一期的全球化随之结束。1914年到1948年标志着国际体制的过渡，这个过渡期的标志是严重的、几乎遍及全球的经济萧条和两次世界大战,这个过渡期最终在冷战和核僵持中结束。许多国家忙于内战,有时还忙于殖民地战争(第一次世界大战的第一枪实际上是在澳大利亚的沿海打响的)。随着大战的来临,国际运动的其他一切标志随即减弱,移民、资金流动和贸易随即停滞。直到20世纪70年代中期,国际贸易和资金流动都低于1913年的水平,以世界人口比例来衡量的移民规模始终没有完全恢复。

伊尼斯讲述贸易、商品、技术和传播的复杂历史,考察的多半是全球化的前两个阶段:(1)北美的殖民和扩张;(2)19世纪帝国主义控制远方领地的竞争。到1948年,从第一次世界大战爆发到第二次世界大战结束这个漫长的插曲即将被打破。如何打破呢?有两种可能性:一是东西方、苏联和美国的全球冲突和权力斗争;二是集体安全体制与合作的制度取代新旧制度的较量和对抗。为了对这些问题进行评估,除了他那篮子经济学的概念,比如垄断、平衡、未开发潜能、流动性偏好和市场结构等之外,他还需要两个要件:第一,更系统地将这些概念用于悠久的传播现象;第二,更紧迫的是现代文明偏向所需要的道德和伦理平衡机制。

西方学者有一个自我中心倾向,这个倾向就像植物向阳一样自然。危机时刻,他们都转向西方文明的根基,回到希腊神话和哲学,将其视为更新的源泉。如此,伊尼斯就回到古典学术领域,但"他连最常见的权威的名字都拼写错了"(Watson,1977,p.45)。多伦多大学给予他最有力的帮助,这里有一个极为出色的古典研究系,系里有一位专攻希腊思想的伟大学者埃里克·哈弗洛克[①]。哈弗洛克和伊尼斯各自独立研究,哈弗洛克转到哈佛

[①] 埃里克·哈弗洛克(Eric Alfred Havelock,1903—1988),美国古典学家、媒介环境学家,先后在加拿大和美国几所最负盛名的大学执教,是媒介环境学派第一代代表人物,多伦多学派和纽约学派的桥梁,著有《柏拉图导论》、《缪斯学会写字》、《希腊的拼音文字革命及其文化影响》、《希腊政治的开明气质》、《西方书面文化的源头》、《被缚的普罗米修斯》等。

大学执教 4 年以后，他们才发现彼此的研究十分接近。伊尼斯为哈弗洛克的《被缚的普罗米修斯》（*Prometheus Bound*，1950）作序，坦言该书是他撰写《变化中的时间观念》持久不变的背景。他们两人都呕心沥血，致力于研究思想与权力的关系。按照哈弗洛克的解说，普罗米修斯神话是一出戏剧，象征政治阶级追求权力的短期思想和知识阶级追求理解的长期思想之间的冲突，前者以宙斯为代表，后者以深谋远虑的普罗米修斯为代表，哈弗洛克用这个神话来揭示第一次世界大战及其余波。他们两人都认为，这两种思想都是人类事务之必需，这是因为权力的短期思想代表的是空间和控制问题，科学的长期思想代表的是时间问题以及对话、辩证和妥协的精神。在两次世界大战中，人们在思想上放弃了自己高尚的角色，去拥抱和服务权力。这就是朱利安·班达①所谓的"知识分子的背叛"。哈弗洛克写道：

> 20 世纪的第一次恶斗在 1914 年到 1918 年间爆发……这次大战是工厂、城市和人力资源的总体战。交战双方放弃了政治妥协，排除了一切达成协议的渠道，拒绝一切停火休战的考虑。交战目标不再受限，和平……被污名化，借以表达仇恨、恐惧和复仇的复杂心态。在这场恶斗中，科学的深思熟虑……不起作用，协议也没有任何史学、社会学、经济学的基础，甚至没有物理学和化学的基础。（Havelock，1950，p. 26）

换言之，手握政治权柄的人在公共领域施行知识垄断。他们苦心孤诣、专注眼前，只求满足自己的利益，短视的仇恨和复仇的欲望是他们的驱动力，他们在公共话语里有条不紊地灌输和利用仇恨和复仇情绪。权力对长远的前景和人类广阔的利益麻木不

---

① 朱利安·班达（Julien Benda，1867—1956），法国小说家、哲学家，著有《对欧洲民族的讲话》，所著《知识分子的背叛》指控一些知识分子是道德上的叛徒。

仁。学者的声音被压抑，甚至被纳入权力，成为国家的工具。这样的知识垄断建立在印刷和广播的大众传媒上，这种传媒强化了专注生活在当下的情绪，使人囿于新闻周期界定的世界里：这个世界每天一个周期，甚至以时刻为一个周期。我们被囿于当代新闻的生活，用以取代政治参与。时间的视野塌陷，囿于目前，远见卓识、长远谋划、为子孙后代着想均已过时。

在《变化中的时间观念》里，伊尼斯不再尝试进一步阐述有关时间、空间和媒介的理论。读者在书里找不到"何为变化中的时间观念"这个问题的答案。相反，他说，书中收录的几篇文章试图将《传播的偏向》和《帝国与传播》的主题用于解答现实的问题。那两本书的主题是什么？那就是现代媒介的空间偏向，也就是推进和延伸传播的疆界：从中心到边缘、从都会到内地推进，以求对环境实施决定性的控制，包括对环境中栖居人的控制。这样的偏向必然使时间缩小到当下的范围，缩小到每星期一个周期的尺度，缩小为即刻和短暂的世界。未来消失，化入现在了，一切事物以令人头晕目眩的速度变化，使人难以维持时间和文化的连续性。什么是压倒一切的问题？冷战使人纠结。他说，当前的危机是"政治仇视的思想组织"。在这些收录的文章里，他试图阐述他喜欢的一句经典名言：传播技术越改善，人的交流越困难。"理解他人的问题变得极其复杂，部分原因是传播技术的改善。"由于对当前的执着，由于霸权的实施，理解的问题就退居幕后，模糊不清了。他的结论是：

> 当前是真实的、连续不断的、复杂的，当前被视为一个独立的系统，它渗透到大多数脆弱的公共政策领域……超前眼光的思想家被捆住手脚，结果是战争的爆发，反过来，有远见的思想家受束缚也成为战争的原因。权力及助纣为虐的力量是思想的天敌，权力成为更严重的问题，因为"只图追求和巩固权力的心态本质上是鼠目寸光"。（Innis，1952，pp. v-vi）

基本上,《变化中的时间观念》是一篇加长的论文,所论者是围绕美国继英国崛起成为现代霸权帝国的诸多问题。"美国帝国主义取代并利用了英国帝国主义","加拿大经历了从殖民地到民族国家再到殖民地的过程"。帝国的统治不仅仗恃武力和强权,而且更重要的是依仗知识垄断。帝国不仅控制贸易线路,而且控制文化线路,控制艺术风格、语言、消费者的偏好和知识分子的思想。

美国帝国主义与英国帝国主义不同,它带来了一些独特的问题。首先,美国文化无情地反传统,因为其核心元素是机械式通信系统的产物,又得到这个系统的支持。这个系统有条不紊地、无情地摧毁文化活动所必需的持久元素。"机械式通信系统的豺狼虎豹时刻准备摧毁对英国的一切残存的温情,并且认为,如果英国威胁无所不能的美国商业主义,英国就无足轻重,就没有任何优势。"加拿大面临战后汹涌而来的美国文化产业,这股汹涌而来的洪流以电影和广播为先导,背后支撑它的是美国出版商占领"加拿大市场"的新一波冲击。对变革的执著是美国商业文化唯一的永恒特征。每一部电影、每一套广播节目、报刊的每一个问题都必须尽快忘却,成为历史,以便为下一部电影、下一台节目、下一个出版物让路,每一件文化产品都是独一无二、前无古人、无与伦比、非同凡响、卓尔不凡的——即使它和过去的产品难以区分、别无二致。

美国文化不仅没有持久的气质,被永无休止的变化纠缠,而且这个广袤的国家被一个地方主宰,这就是纽约市——美国的通信业之乡。结果,"加拿大作家不得不适应美国的标准,我们的诗人和画家沦为挂广告牌的推销员了"。

三种趋势在强化美国文化的权力。首先,19世纪末之前,英国的图书在美国再版时并不受版权保护,英国图书在美国出版的速度比美国本土的著作快。所以,美国作家转向新闻业,在这个脆弱、持久性较差的出版领域,他们能驾轻就熟。其次,《第一修正案》(First Amendment)不仅被视为美国宪法的一部分,而且被视为普世的权利,要根据美国人赋予的意义强加于人。根据伊尼斯的解读,《第一修正案》界定的自由绝对是眼光褊狭的。但就是这个褊狭的法案被当作武器挥舞,用来赋予并确保美国期刊的垄断地位,他们强制推行自己的期刊,不考虑民族的边界和传统。比如,在加拿大采编新闻时,许多美国记者对加拿大的新闻法置若罔闻,他们认为加拿大的新闻法有违他们的《第一修正案》。同时,《第一修正案》又被用来破坏言论自由,因为其目标是压制口语传统,把读者和收视者变成被动的旁观者,旁观者彼此是不交流的。最后,美国的经济和文化政策强化了加拿大内部的裂痕,在倚重美国市场的省份和倚重欧洲市场的省份之间打进楔子,在操英语的省份和操法语的魁北克省之间打进楔子。

伊尼斯把本书第一章"文化战略"描绘为梅西委员会(Massey Commission)的注脚,梅西委员会原名加拿大皇家艺术、科学和文学发展委员会(Royal Commission on the National Development in Arts, Sciences, and Letters),它主张保护和发展加拿大本土文化,以抗衡美国的商业主义文化。梅西委员会支持的观点继承了马修·阿诺德①《文化与无政府状态》(Culture and Anarchy)的思想,基本上是保守主义和民族主义的,同时,在支持英国高雅文化的传统方面,它又是反民粹主义的。伊尼斯在《文化战略》(The Strategy of Culture)这篇报告里支持的趋势则使人略感错愕,因为他整体上"反对作为规划或意识形态的民族主义,甚至强烈反对民族主义通常含有的排他性的、不宽容的精神"。

之所以持如此极端的立场,那是因为他认为,"我们加拿大人在为生存而斗争,美国广告,尤其是美国期刊广告的有害影

---

① 马修·阿诺德(Matthew Arnold,1822—1888),英国诗人、批评家、教育家,著有《多佛滩》、《郡莱布与罗斯托》、《文化与无政府主义》等。

响、美国商业主义强大而持久的冲击,表现在加拿大生活的一切方面,彰明昭著,一望而知……这些发展势头会对加拿大文化产生灾难性的影响。事实上,它们对加拿大的国民生活构成威胁"。

伊尼斯肯定加拿大相对于美国和欧洲的边陲地位,与此同时他坚称,加拿大人绝不是没有见识的乡巴佬。这不是狭隘、内向的民族主义。相反,他强调,加拿大拥有一整套宝贵的经验,这是有学识、有感悟的货真价实的文化,在适应独特的地理历史过程中形成的宝贵经验。他反对知识和文化的垄断,肯定约翰·杜威①的一条核心原理:如果任其各显神通,人们都能使自己的文化五彩缤纷,就像竞相绽放的百花一样。这些文化的价值就在于其姹紫嫣红的多样性,在于其蕴涵的适应、认识和理解的多种形式。不过,在维护这种多样性以抗衡"垄断的保守力量"的过程中,"边陲地区传播媒介的技术革新"必然会兴起。如果加拿大要抗衡"垄断的保守力量",加拿大政府就必须参与其中,开发足以抵抗美国商业主义诱惑的传播形式,唯有国家能创造让文化市场繁荣昌盛的条件。伊尼斯保守的一面表现在他的信念中:文化遗产是民族威望持久的基础,文化遗产的持久性胜过政治权力和商业利益。奇妙的是,同时期美国研究新闻自由的哈钦斯委员会(Hutchins Commission)得出了同样的结论②。

战后时期不仅产生了商业文化的跨国传播,更加严重的是产生了军事强权的问题。在本书收录的文章里,伊尼斯反思了美国社会的军事冲动及其对加拿大和世界隐含的后果。加拿大始终面临沦为美国第 51 个州的问题。在 20 世纪 40 年代末,加拿大面临

---

① 约翰·杜威(John Dewey, 1859—1952),美国哲学家、教育家和心理学家,实用主义学派创立者之一,机能主义心理学先驱,实用主义教育的倡导者。代表作有《经验和自然》、《学校与社会》、《哲学之改造》等。

② 参见该报告的中译本《一个自由而负责任的新闻界》,展江等译,中国人民大学出版社 2004 年版。

被拽进冷战的可能,更严重的是,它可能卷入多种多样的军事冒险。

在第二章里,伊尼斯论证,各国宪法普遍有一些基本的弱点,美国宪法的缺点尤甚,"通信的改进"使这些缺点更加严重。他认为,由于美国是在暴力革命中建立的,所以它很容易表现出过分的民族主义和爱国主义。至少以18世纪的标准来看,美国建立在大众民主之上,其宪法中嵌入了保护少数,使之免受群众狂热压迫的机制。然而由于传播技术的改进,这些机制已受到相当程度的削弱。传播技术的改进有利于直接鼓动民族感情,有助于总统对议会的优势,这就打破了立法、司法、行政的平衡,使行政部门成了帝国办事处。

他认为,美国宪法有两个根本的弱点:(1)总统是武装力量总司令,他在外交政策上拥有几乎不受制衡的控制权。诚然,总统必须得到国会同意才能进行军事冒险,可是一旦得到议会的同意,无论支持他的基础是多么脆弱,他实际上就可以像君主一样行事了。(2)由于总统选举日期固定且可以预知,所以外交政策在政治竞选中被牺牲了,这和议会体制里的选举不同。外交政策和外交风险都根据下次大选来精心策划。如此,政界对当下执著的倾向加以强化,甘愿为谋求短期选举利益而牺牲长远政治稳定的倾向也得到了强化。结果,政策就听命于打赢选战的谋略,而不是服从于国家利益,这就产生了政策的摇摆性和易变性。伊尼斯说,"罗斯福①总统确立了两党共治的外交政策,使外交政策更加稳定,但外交问题很容易受政党政治紧迫需要的支配。"

在这样的情况下,外交政策受军界支配就在所难免。"在很大程度上,美国外交政策的局限性是缺乏传统和连续性的结果,

---

① 富兰克林·D. 罗斯福(Franklin D. Roosevelt,1882—1945),美国民主党政治家,第32任美国总统(1933—1945),领导美国人民度过经济危机,赢得第二次世界大战的胜利。

是常常强调展示实力的结果。"美国政治倾向于使高级将领升迁为平民领袖，加强了总统个人的权力，在宪政权威的支持下，他拥有不顾国会意志干预战争的权力。想想麦卡锡①参议员的所作所为，你就可以明白他的观点。他看到，在冷战初期，政客有条不紊地动员公共舆论，煽动不安情绪，鼓动对实力最差的敌人也要用兵。伊尼斯把政客的煽动比喻为大象对老鼠的恐惧。

伊尼斯把加拿大在冷战期间独立自主的希望寄托在第三集团的培育上，他希望加拿大独立于两大强权，由于加拿大地处北美，这样的希望很难实现。虽然与其盟友在政治原则上达成了一致，他还是怀疑美国是否能维持霸权，这是因为和一切帝国一样，美帝国的首要目标必然是通过军备来建立和稳定自己的外围。帝国缔造者都渴望稳定，但帝国体制难以稳定的正是其边疆。面对它们获取的最后一块领地周边的混乱，帝国总是身不由己地要向外扩张，每一个刚稳定下来的地区总是会产生新的混乱，新的混乱又要求帝国决策者进行新的干预。如果在任何疆界内动武以稳定局势，毗邻边境的部落或邻国脆弱的和平就可能被打破。因此，帝国必然会遭到抵制，而帝国的统治者却将抵制视为目光短浅、故意作对、举动疯狂。

我故意用动词的现在时态来表述伊尼斯的种种解释，目的是委婉地暗示，伊尼斯仍在为我们论述政治、传播和帝国的问题，而我们仍然在思考冷战结束后的军事冲突。在这个方面，当新一代的精英掌握政治缰绳时，他喜欢引用的一段话使我们深受启发：

---

① 约瑟夫·雷蒙德·麦卡锡（Joseph Raymond McCarthy, 1908—1957），美国极右政治家，曾任参议院非美调查委员会主席，煽动反共十字军运动，指控数百位国务院官员，其名字成了迫害狂、政治投机和公开诽谤的代名词。1954年被解除参议院调查委员会主席职务，从此销声匿迹。

我认为，在过去的 30 年间，建设性的政治行动的最大障碍是专家对终极决策的影响，执迷不悟的专家的影响尤其是政治障碍，他们相信自己这一代人具有前无古人的优势。政治领袖至为重要的品质是：他们不仅要知道历代文献里世代积累的智慧和经验，而且要了解世代口传的实用的外交、行政和立法工作的智慧和经验。越是倚重大规模统计数字和计划，我们就越容易陷入一种危险：忽视个人的尊严和价值，忽视生命是不可分割的整体。［芝加哥大学社会思想委员会编《心灵的工程》(*Works of the Mind*，pp. 116-117)］

我们不可能完全同意伊尼斯有关政治、文化和传播的所有论述。必须承认，在他余生那个小小的窗口中，他的主张有时带有一丝夸张的甚至歇斯底里的调子。然而，这是严肃甚至典范的学术，他坚韧不拔地尝试在广阔的背景上钻研，竭力把历史和理论与实际的理解结合起来。按照他的理解，我们今天所谓的媒介研究不是一块隔绝的思想领域，而是我们用来研究当代生活最深层、最棘手问题的一条路径。

参考文献

Drache, Daniel. 1995. "Introduction" in *Staples, Markets and Cultural Change, Selected Essays of Harold Innis*, pp. xiii-lix. Montreal and Kingston: McGill and Queens University Press.

Havelock, E. A. 1950. *The Crucifixion of Intellectual Man*, Boston: Beacon Press.

Innis, Harold A. 1952. *Changing Concepts of Time*. Toronto: University of Toronto Press.

Maier, Charles A. 2002. "An American Empire?" *Harvard Magazine*, (December): pp. 26-31.

Niebuhr, Reinhold. 1952. *The Irony of American History*. New York: Scribners.

University of Chicago, Committee on Social Thought. 1947. *The Works of the Mind*, by Mortimer J. Adler et al., Edited by Robert B. Heywood. Chicago: University of Chicago Press.

Watson, A. John, 1977, "Harold Innis and Classical Scholarship." *Journal of Canadian Studies* 12, No. 5: pp. 45-61.

Weiner, Norbert, 1948. *Cybernetics: Or'Control and Communication in Animals and Machines*. Cambridge, Mass: MIT Press.

作者前言

本书尝试进一步阐述《传播的偏向》（1951）和《帝国与传播》（1950）所提出的与当前问题相关的主题。因此，引以为憾的是，它更鲜明反映的是那两本书的时代气质。本书的前两篇文章曾于1952年结集出版，书名为《文化战略》。其余三篇文章曾以讲稿印行，之后略有修改。感谢邀请我讲演的几所大学重印这些讲稿，我在每篇讲稿里也表达了感激之情。

我们设想，不同的文明以不同的方式看待空间观念和时间观念，而且，在同一文明里，不同时期、不同地域的态度也大不相同，印刷术以降的西方文明即为一例。即使在一个政治区域里，比如美国，不同地域的人对时间和空间的态度也迥然殊异，东部人和西部人的态度尤其悬殊。实际上，政治疆界和政治制度的特性就足以反映地区差异。在解释这些差异时，我们的着力点是传播技术的变革。现在，了解他人成了极端复杂的问题，部分原因在于传播技术的改进。

埃斯库罗斯①的悲剧《被缚的普罗米修斯》对本书的主题已作了有力的阐述，哈弗洛克的《知识分子的痛苦》（*The Crucifixion of Intellectual Man*，1950）也简要地论述了这一主题。19世纪的知识分子率先评估了时间的绝对虚无。"此刻"的观念渗入了公共政策最脆弱的领域，"此刻"的观念是真实、显著、复杂的，被当作独立系统的时刻，这是人在行为领域里实际预见力极端缩短的前景。预见者思想上的局限既是果，也是因。权力及其辅佐力是智慧的天敌，它们成了更加危险的敌人，因为"因追求权力和巩固权力而活跃的心理机制根本上是目光短浅的"（p.99）。但对那些惊呼危机来临而制造危机的人，我们是不能随声附和的。

哈罗德 · 伊尼斯

---

① 埃斯库罗斯（Aeschylus，公元前525？—前458），古希腊三大悲剧作家之一，著剧本80余部，仅存《被缚的普罗米修斯》、《波斯人》、《阿伽门农》等。

第一章　文化战略

以加拿大文学为特别参照：谨以此文作为梅西委员会①报告的注脚。

> 善待他们；凡有米西纳斯的地方，必然会出现贺拉斯和维吉尔②。
> ——马提雅尔③

> 有人抱怨，我们没有文学；这是内务部长的过错。
> ——拿破仑

本章题名"文化战略"，可以说，这是对朱利安·班达"政治仇恨的思想组织"一语的阐述[1]，也是发掘加拿大民族主义的

---

① 梅西委员会原名加拿大皇家艺术、科学和文学发展委员会，在文化问题上持保守主义和民族主义的立场。
② 米西纳斯、贺拉斯和维吉尔均为古罗马名人。米西纳斯是贵族，慷慨赞助文学艺术，贺拉斯和维吉尔是古罗马诗人。
③ 马提雅尔（Martialis, 40? —103/104?），古罗马诗人，有警句诗1,500余首存世。

尝试。"政治热情被渲染成普世、一贯、同质、持久和至上的关怀——在很大程度上，人人都能辨认廉价政治日报的货色。"[2]惠斯勒（Whistler）[3]等人称，人为的策略里引申不出艺术。他们说瑞士没有艺术，与加拿大有相似之处；加拿大不止一种语言，实行联邦制，依靠旅游业。一位杰出的加拿大画家说："我不敢肯定，未来的人看今天的艺术时，是否会把广告画、橱窗广告和柜台广告当作最典型的代表。"[4]

画家的油墨可能会被文字作品淹没，提出文化可能性的问题，可能徒劳无益。民族主义、地方观念、偏执态度和工业主义似乎太过分了。廉价纸张的供应产生大量低俗的文字作品，文学作品成系列发行，拥有许多订户，被当作装饰品。里柯克①这样的作家几乎仅此一人。他驾驭语言得心应手，轻松进入艺术境界，成为公认的大家。但正如彼得·麦克阿瑟（Peter McArthur）所言，连里柯克这样的大师也从未抨击过出版商。

但我们至少可以指出对文化利益似乎致命的东西。我们可以评估美国的文化水平，进而理解纽约作为书刊出版中心的重要地位，评估芝加哥商业印刷较高的成本。可以指出，如果文学戏剧依靠纽约报刊权威性的终极批评，那将是危险的。我们应该摆脱一家美国西部通讯社的忠告：如果你想促销，"那就给你的作品贴上纽约报纸的报头日期"。

我们可以指明利用民族主义的危险，无论是利用我们的民族主义还是其他人的民族主义都有危险。在这种情况下，破就是立。我们不追随英美，只追求加拿大气派，这未必就是狭隘。我们要靠自己的努力，要记住文化实力来自欧洲的现状。[5]我们可以指出自己文学的局限，还可以证明机械化尤其是摄影术产生的

---

① 斯蒂芬·里柯克（Stephen Leacock, 1869—1944），加拿大作家、政治经济学家，作品众多，文笔幽默，著有《政治学要素》、《文学的失误》、《无聊的小说》等。

扭曲。故事被迫承认插图的需求，而且受插图支配。[6]埃德加·华莱士①和菲利普斯·奥本海姆②依靠打字机创作，有些作家用口述录音机写惊险小说，机器的冲击力由此可见一斑。[7]他们的写作偏重速度和动作，供个人阅读的作品必须如此，这就损害了诗歌和戏剧的地位。在被印刷品淹没的新兴国家，这样的倾向尤其严重。

　　布尔克哈特③研究西方文明时持这样的观点[8]：国家和宗教是两大稳定的权力，它们总是竭力维护自己的地位，厚重的文化和它们协调一致，实际上，文化的本性和这两大权力是对立的。他说："艺术家、诗人和哲学家有两种职能，就是把时代和世界的内在意义带入理想的视界，将其作为不灭的记录传给千秋万代。"道格拉斯·科普兰④爵士归纳洛克斯比（P. H. Roxby）的话说："文化遗产是民族威望永恒的基础，其地位胜过政治或商业权益。"[9]洛克斯比写道："长远看来，一个民族对另一个民族的文化态度是确保真正理解和友谊的最佳途径，是良好商务和政治关系的保证。"[10]加拿大和美国的文化关系被严重忽视了，"加美关系"丛书的长列书单几乎没有表现出对文化关系的兴趣，这样的疏忽令人不安。

　　19世纪美国和加拿大出版业的关系对当前的加拿大文学有重要意义。19世纪的英国确立了小说的"暴政"，部分原因是

---

① 埃德加·华莱士（Edgar Wallace，1875—1932），英国著名小说家、戏剧家、记者，极其高产，最著名者为剧本《金刚》。

② 爱德华·菲利普斯·奥本海姆（Edward Phillips Oppenheim，1866—1946），英国高产作家，要者有《曼尼斯特的长臂》、《双重叛贼》、《盲人王国》、《伟大的化身》等。

③ 雅各布·布尔克哈特（Jacob Burckhardt，1818—1897），瑞士历史学家、文化艺术史家，强调研究文化艺术对认识历史的重大作用，著有《君士坦丁大帝时代》、《文艺复兴时期的意大利文明》、《意大利文艺复兴史》、《世界史观》等。

④ 道格拉斯·科普兰（Douglas Copland，1894—1971），澳大利亚教育家、经济学家、外交家。

英国剧作家没有得到足够的保护,所以法国剧本大量流进英国,并且,法国剧作家得到有计划、有步骤的鼓励[11]。另一个原因是,英国流通图书馆的垄断地位受到保护,三卷本的高价小说使借书比购书省钱。[12]高书价使英国的图书出口受到限制。美国没有流通图书馆,1891年制定版权法之前,外国图书又不受到保护。实际上,1790年5月31日美国版权法的第五条还"鼓励出版商重印英国作品"。所有这些因素都促成了美国人大规模重印英国人的作品,促使英国作家的作品首先在美国出版。[13]

1874年的美国立法将周报或日报发行的邮费减少到每磅2美分,无论距离长短。1879年3月3日的法案(第14段)规定,二等印刷品"必须正规发行,准时,每年四期,标注发行日期,期号连续标注"。1885年7月1日,纸皮书的邮费从每磅2美分降低到1美分,布面书的邮费是每磅8美分。这一立法反映了这样一个事实:市场对廉价图书的需求很强劲,出版的重点是英国或其他国家的图书,有名望的出版社已经造就了这样的市场。

在1891年版权法颁布之前,英国图书在北美经历了一个终极发展期,此间,加拿大人和进入美国的移民发挥了重要的作用,因为他们不受发行机制的约束。哈里法克斯市自由教会学院的数学教师乔治·蒙罗(George Munro)移居纽约,在比德尔和亚当斯出版社供职,经营10美分小说。1867年,他开始出版家用报纸《炉边指南》(*Fireside Companion*),积累了经验。1877年5月28日,他推出"滨海文库"(Seaside Library),4开本,廉价纸,每页两三列版面。据估计,一本常规645页的书可以用152页的4开本排印。到1883年下半年,4开本图书市场业已饱和,蒙罗遂转向口袋本袖珍书,虽然袖珍书的成本略高。1887年,他把批发价从25美分、20美分降到10美分、5美分。1889年,他出版每月一期的"美国作家文库"(Library of American Authors),纸皮书,12开本,"以吨计量发行"。1890年,他把

"滨海文库"转让给约翰·洛弗尔（J. W. Lovell）[14]，条件是三年期，每期届满需要重新购买，转让价是 5 万美元，外加每月支付 4500 美元。据估计，到 1890 年，"滨海文库"已售出 3000 万册，主要是通过美国新闻公司发行。

1872 年，乔治·洛弗尔之父约翰·洛弗尔在靠近蒙特利尔边境的美国一侧办了一家印刷所，专印英国图书，却不购买版权，然后以 12.5% 的关税出口到加拿大销售，其售价比从英国直接进口的图书略低。[15]1875 年，乔治·洛弗尔移居纽约，印行未经授权的廉价书。1881 年经营受挫之后，他仿照德国模式出封皮漂亮的袖珍本廉价书。1882 年，他启动便携的每月一批的"洛弗尔文库"（Lovell's Library），售价 20 美分，又发行"洛弗尔标准文库"（Lovell's Standard Library）的布面书，售价 1 美元。1885 年，他专营"洛弗尔书库"，把其余的业务出售给贝尔福德和克拉克公司。这个书库成了非常畅销的书系，每年售出 700 万册。由于 1887 年乔治·蒙罗降价经营，竞争更趋激烈。1888 年，洛弗尔从乔治·蒙罗的兄弟诺尔曼·W. 蒙罗（Norman W. Munro）的手里购得"蒙罗书库"（Munro Library）[16]。1884 年，乔治·蒙罗经营"滨河书库"（Riverside Library）失败，1877 年至 1879 年间将其出售，转向经营袖珍本"蒙罗书库"。1890 年，洛弗尔收购并控制"滨海书库"，同时又收购或租借其他廉价书商的印版。于是，他拥有一半以上的布面书、三分之二以上的纸皮书。以此为基础，在特洛印务公司的支持下，他组建了美国图书公司（United States Book Company），其资本为 350 万美元。

亚历山大·贝尔福德（Alexander Belford）和詹姆斯·克拉克（James Clarke）是多伦多贝尔福德兄弟公司的职员。他们移居芝加哥，组建罗斯和贝尔福德公司。1879 年，贝尔福德和克拉克公司受挫，经过重组，成为"铁路文学"出版商。他们创建了精密的零售系统，他们将书以高价卖给批发商，然后再以常规的价格发行，再后来就通过干货店和百货店以极低的价格卖书。其装帧花哨，封皮与内页用木浆、黏土和草浆制成的纸张反差强烈。1885年，这家公司又收购了"洛弗尔标准书库"，成为廉价布面书的最大生产商。由于1887年以后书价的急剧下跌，罗斯和贝尔福德公司于1889年破产。

5　　由于缺乏外版书的版权，出版商不得不想办法自保，那就是大批量生产基础上的低售价。由于美国新闻公司和邮政局有效的发行渠道，出版商的设备不断改进。1882年，滚筒印刷机开始启用，1886年，三家廉价书库出版商已经拥有自己的排版、印刷和装订工厂。他们用最廉价的纸张，不注意校订。纸张制造商被迫将质量好的纸张出售给大型印刷商和期刊出版商。铅版商即所谓"锯木厂"将铅版卖给出版商，出版商就用这些铅版印书。排字工工会[17]表示不满，由于书价急剧下跌，他们都认识到版权的重要意义。纸皮书邮费低，只及布面书邮费的六分之一到十分之一。据估计，在1887年印行的1022本图书中，三分之二的图书是以廉价的"书库"形式出售的。对新书的需求导致劣质的小说出版[18]。技术革新使纸张价格、印刷成本下跌，[19]书报供应和读者需求的缺口加大，对无须购买版权的外国书的需求也加大了。然而，外国书的供应毕竟有限，低档小说的市场又趋于饱和，所以通过4开本改12开本来增加销量是不可能了。由于劣质纸会很快变质，最后的结局是由报馆来消化新闻纸的供应。如此，出版商不得不把经营的重点转向美国作家，向他们支付版税。这样，期刊优势的基础就奠定下来了，这对美国和加拿大文学具有重大的意义。全国的广告业均有发展，对期刊读物形成新的要求。英国书价和美国书价的差异缩小，英国的三卷本小说在北美市场消失，因为1891年的美国版权法实施以后，两国的书价拉平了。如要在美国获得版权，英国的图书就必须在美国印行。[20]

在19世纪的最后10年里，行型活字铸排机的发明、新闻纸排印廉价的优势以及速印机的优势成为大发行量的基础，报业充分利用了大批量发行的优势，一切可以想象的手段都被调动起来投入报纸的发行。在19世纪90年代后期的纽约市，普利策报系和赫斯特报系的报纸大战尤其令人注目，千方百计的手腕包括耸人听闻的大标题、漫画和报道西班牙与美国的战争。每一个方向的圣战者都被调动起来去提升报纸的亲和力。

报纸的生产技术突然改进，杂志的读者人数也随之增加。月刊取代周刊，成为现代出版业的首要因素。1891年的版权法（Copyright Act）本身就承认了需要造就美国作家供应链的问题[21]，接着的问题是培养大批小说作家。到1900年，这支创作大军满足了杂志对稿源的需求。"扒粪"杂志[22]得到经验丰厚的报人比如林肯·史蒂芬斯（Lincoln Steffens）的支持，他撰写了"城市之耻"的系列文章。这些撰稿人运用那些耸人听闻的手腕，尤其追随赫斯特报系的手腕[23]。比如，麦克卢尔（S. S. McClure）把两家报纸的轰动手法用到廉价的新杂志上。他发动了一个革新的浪潮，西奥多·罗斯福①总统有效地利用了这样的革新。麦克卢尔向名作家支付巨额稿费，借以扩大发行量。他曾经是咖啡豆零售商，所以他知道农庄和小镇人的需求[24]。芒西（Munsey）[25]主办全小说杂志，追随星期日报纸和杂志栏目的风格，用光滑纸和更清晰的半色调技术印行，使小说成为全小说杂志发行量的基础，到1896年，他成了权势人物[26]。

妇女在购物中的地位使出版商专注女性杂志和广告。在费城，寇提斯（Curtis）有了一个重大的发现，在杂志里的读物迫使读者翻了一页又一页，不得不看广告，因为广告占用了大半的

---

① 西奥多·罗斯福（Theodore Roosevelt，1858—1919），第26任美国总统，俗称老罗斯福总统，多才多艺，著有《征服西部》、《1812年战争中的海战》、《给孩子们的信》等，留下24卷文集。

版面，这使杂志成为范围广阔、有利可图的生意经[27]。通过在全国性的大型杂志上做广告[28]，钢琴、高价自行车等商品占领了全国市场，在全国性杂志上打广告比在报纸上打广告的效果更好。出版商精心设计的版面令人注目，其诉求对象是高档收入的人群。全国性杂志有条不紊地向老牌的广告媒介发起攻击。依靠成药广告的宗教杂志感受到《主妇杂志》(Ladies' Home Journal)发起的圣战。1892年[29]，宗教杂志拒绝刊登医药广告，同时披露广告上流行药品的化学分析报告。随着大规模印刷业的增长，印刷商走上了广告商的方向，取代了单干广告商和广告公司的地位。印刷商的专业化和间接成本的增加使出版商有必要控制出版发行。广告文案写作的高手洛里墨（Lorimer）成为《星期六晚邮报》(Saturday Evening Post)的编辑，他赋予广告文案个人的气质[30]。1910年，寇提斯出版社购置了一台80万美元的四色印刷机，盖了一栋新楼，又创办了第三种杂志以包容农业内容。[31]

7　　从1905年到1915年，杂志的平均发行量从50万册增加到140万册。1922年是杂志的爆发期，到1937年，杂志的发行量达到300万册[32]。《读者文摘》(Reader's Digest)、《时代周刊》(Time)和《纽约客》(New Yorker)分别在1922年、1923年和1925年创刊。教育的发展、教材用量的增加使年轻人接受了印刷词和杂志的消费。作家的作品供不应求。妇女杂志由报纸的"图案"栏目衍生而来，例子有《图案》(Delineator)和巴特雷克(Butterick)报系的报纸。第一次世界大战以后，妇女杂志的发行量显著增加。彼时，妇女杂志达到巅峰，稿酬最优厚，成为作家的主要市场。杂志为争夺作者而激烈竞争，名望高的作家的要价扶摇直上[33]。通俗小说的专有权比连载文章的收益更为丰厚。"华丽"期刊里的畅销作品享有连载版权、电影、图书改编权和其他版权，其平均回报在7万到12.5万美元之间。作家转而开始集中精力为杂志撰稿，而不是写书了[34]。

作家为流行大刊撰稿时，由于这种刊物以广告为基础，他们和编辑就需要特别注意读者的需求。枯燥的风格绝对令人厌恶，连载的文章要考虑每期的结尾如何吊足读者的胃口，使之翘首盼望下一期的刊出。最大发行量的刊物能刊载有名望作家比较长的小说，但它们往往将每期节选的篇幅限定在12,000词，甚至短至5,000或4,500词。[35]这是因为刊物依靠广告，这就意味着，连载的文字"要根据工厂烟囱的活动来伸缩"。[36]作家受商业周期波动的影响特别明显。作家的名望依靠广告效益，广告是由编辑操作的，编辑推销广告的能力又是由作家促成的。如此，刊物的文章和故事[37]就具有商业主义倾向。乔治·埃德（George Ade）竟然留下了这样的文字："我想，我现在的任何文字都是卖得动的，即使是唯美的文字。"[38]

到20世纪20年代，报纸和广告影响杂志的手法很老到了。《纽约客》之类的期刊戏谑地调侃广告商，广告商也以其人之道还治其人之身。近年，《纽约客》反对公共建筑里喇叭广告的运动并非与广告业的竞争无关——这样的戏谑当然是搞笑。对广告文案严格限制的方针使《纽约客》成功，其宗旨是强调编辑独立于广告部。《纽约客》形成了新的风格，这一文风反过来导致了广告文案风格的革命。巴尔的摩的报人门肯（H. L. Mencken）①编辑并经营的《时髦者》（*Smart Set*）和《美国信使》（*American Mercury*）获得成功，发行量很大，这是对依赖广告的社会限制发起的直接攻击。他为报纸撰写书评，熟悉文学潮流，用《时髦者》吸引不能在老刊物上发文的新作家，他们乐意接受《时髦者》的高标准稿酬，借以获得名望。门肯本人是专栏作家，熟悉诽谤法，他有德国血统，第一次世界大战期间吃尽了疯狂宣传的

---

① 亨利·路易斯·门肯（Henry L. Mencken，1880—1956），美国著名报人、评论家、语言学家、散文家，曾任《太阳报》、《时髦者》编辑，创办《美国水星》杂志并任主编长达10年之久，代表作有巨著《美国语言》。

苦头。《美国信使》1924年创刊，定价50美分，每月发行量从起初的38,694份增加到1926年的77,921份。[39]揭秘成了一个时髦的新词，也成了有利可图的活动。他把《美国信使》办成高质量的刊物，旨在使普通人更体面[40]，他抨击清教①习俗，抨击英国图书，认可报刊新语的强大时尚，将其反映在巨著《美国语言》（*American Language*）里。

妇女杂志感受到清教习俗的束缚及其对广告的影响。博克②关注性教育。《图案》的编辑西奥多·德莱塞③的小说与审查制度冲突，但他以《美国悲剧》（*An American Tragedy*）胜出。门肯追随马克·吐温④和安布罗斯·比尔斯⑤的传统，他争取作家联盟支持德莱塞小说的批判立场[41]。加尔文教派对性主题伪善的执著立场[42]是德莱塞猛攻的核心题材。德莱塞是这一题材的主要艺术家，门肯是其高级祭司，他们决心打败"铁娘子圣女企图以温柔的拥抱扼杀美国小说家的企图"（H. H. Boyesen）。由于深知审查条例对广告业的价值，门肯抓住一期《美国信使》被禁的机会，抨击波士顿监察社团（Boston Watch and Ward Society），将其称

---

① 清教（puritanism），欧洲宗教改革运动产生的一个宗派，源于英国，提倡节俭勤劳，因教义与英国国教不相容而受迫害。清教徒17世纪移居美国，在东北部的"新英格兰"定居。他们工作勤奋，但思想趋于保守。

② 爱德华·威廉·博克（Edward William Bok，1863—1930），杂志编辑，普利策奖得主，主持《主妇杂志》编务30年。

③ 西奥多·德莱塞（Theodore Dreiser，1871—1945），美国小说家，代表作有《美国悲剧》、《嘉莉妹妹》、《欲望》三部曲等。

④ 马克·吐温（Mark Twain，1835—1910），美国作家，幽默大师，当过排字工、水手、记者，代表作有《汤姆·索亚历险记》、《哈克贝利·费恩历险记》、《傻子出国记》、《在密西西比河上》等。

⑤ 安布罗斯·比尔斯（Ambrose Bierce，1842—1914），美国小说家、新闻记者，著有《在人生中间》、《魔鬼词典》等。

为天主教和新教清教主义的堡垒[43]。他对斯科普斯①审判抱有浓厚的兴趣,追踪报道了1925年3月21日田纳西州州议会反对传授进化论的立法,表达了他反对宗教顽固立场的态度。

朗读习惯的式微导致审查制度重要性的下降。读者受印刷品吸引,开始对不适合交谈用的印刷材料感兴趣了。英国的乔治·穆尔②和美国的门肯利用这一变化抨击审查制度,审查再也不能被用作沽名钓誉的手段了。意味深长的是,广告商推动了变革的氛围,妇女不再担心在公共场合吸烟了。

即使在版权法颁布以前,从广告对报刊的影响看,广告对作家的影响也隐含着对图书的重要影响。"大多数人不再看书,他们看杂志和报纸。"(H. C. Baird)[44]图书经销和出版的成本高昂,19世纪90年代有限的图书发行渠道[45]即为明证。20世纪初,教材出版社的发展逐渐被百货公司的发展抵消。小型零售书店无法与图书经销商竞争,后者得到的报偿有钻石、皮毛和债券。20世纪初,图书邮购业务扩大,但其结果从一位读者的评价中可见一斑:"这一新奇的营销手法难以成功。"[46]1902年,豪威尔斯③写道:"大多数最优秀的文学作品首先在杂志里见光,大多数次优秀的文学作品首先以图书的形式出现。"公寓房价位上升,书架空间缺乏,到20世纪20年代时,这样的居住条件促成了借阅图

---

① 约翰·斯科普斯(John Scopes),田纳西州戴顿(Dayton)市一所中学的教师,因传授进化论而被地方政府告上法庭,原告律师威廉·杰宁斯·布赖恩(William Jennings Bryan)代表原教旨主义的神创论,被告律师克拉伦斯·达罗(Clarence Darrow,1857—1938)是美国最著名的诉讼律师。被告大胜,原告大败,轰动一时。

② 乔治·穆尔(George Moore,1873—1958),主编《心灵》杂志,著有《伦理学原理》《哲学研究》《反驳唯心主义》等。

③ 威廉·迪安·豪威尔斯(William Dean Howells,1837—1920),美国作家,曾主编《大西洋月刊》,著有《林肯传》《意大利游记》《现代意大利诗人》《现代实例》《赛拉斯·拉帕姆发迹记》等。

书馆的迅速发展。1926年以后，作为确保批量生产图书的经济手段，读书俱乐部迅速增加了[47]。然而，图书发行机制不足，出版业依赖英国和欧洲大陆的印刷设备[48]，这说明图书与报刊相比仍有局限。"双日培基"之类的出版社启用直接而强劲的广告推进政策，捧红了欧·亨利①这样的小说家[49]，但它们最主要的成果却是在不那么显眼的领域。

业绩突出的《斯克里布纳杂志》（*Scribner's*）的经验说明，广告对报纸产生直接的冲击，对图书产生间接的冲击。报馆编辑罗杰·伯林盖姆②[50]和《纽约时报》（*New York Times*）记者珀金斯（M. E. Perkins）都对自己公司的出版物产生了有力的影响。珀金斯关注价值意识和本土色调的重要意义，反对模仿英国和欧洲模式的风格，张扬"对美国物质主义冷嘲热讽的抨击"[51]。对他而言，伟大的书是对文人和大众都有吸引力的书。购书人是相当成功的人士，他认为，经济下层人士在图书馆把托马斯·沃尔夫③的书读得"破烂不堪"，这反映了他们的真实生活。[52]珀金斯谴责20年代对畅销书的疯狂追求，抨击报纸炒作畅销书作家作品的政策，批评"每月一书"俱乐部让公众只注意一本书的方针。[53]他关心的主要是报纸读者。为报纸撰稿的作家包括海明

---

① 欧·亨利（O. Henry，1862—1910），美国短篇小说大师，诙谐、幽默，代表作有小说集《白菜与国王》、《四百万》、《命运之路》等。
② 罗杰·伯林盖姆（Roger Burlingame，1889—1967），美国历史学家，曾主编《哈波》杂志，创作大量名人传记。
③ 托马斯·沃尔夫（Thomas Wolfe，1900—1938），20世纪美国最伟大的小说家之一，著有《安琪儿，望故乡》、《时间与河流》、《网与石》、《你不能再回家》、《远山》、《从死亡到清晨》等。

威①、埃德蒙·威尔逊②、斯坦利·彭内尔③、斯蒂芬·克莱恩④和德莱塞。珀金斯认为，大学里的文学和写作教学迫使学生透过过去的文学去看事物，朦胧暧昧，而不是用自己的眼睛去看事物，他认为两年的报馆工作经验胜过大学的两年学习。[54]他喜欢欧文·白璧德⑤所谓的"不加挑选的艺术"。商业主义的需求更直接地表现在避免论战。"销售部门总是想要小说，他们想把一切作品变成小说。"[55]公众和业内人士都喜欢10万词的图书，2.5万～3万词的小书常被吹胀为大篇幅的图书。

　　文学领域对商业主义有序的反叛长期遭受延宕和挫折，其遭遇甚过其他艺术领域。亨利·詹姆斯⑥逃到英国，在第一次世界

---

① 欧内斯特·海明威（Ernest Hemingway，1899—1961），美国小说家、"迷惘的一代"的主要代表、诺贝尔文学奖得主，代表作有《太阳照样升起》、《永别了，武器》、《丧钟为谁而鸣》等。

② 埃德蒙·威尔逊（Edmund Wilson，1895—1972），20世纪美国著名评论家，曾任美国《名利场》和《新共和》杂志编辑、《纽约客》评论主笔，代表作有《到芬兰车站》、《三重思想家》等。

③ 约瑟夫·斯坦利·彭内尔（Joseph Stanley Pennell，1857—1926），美国画家、作家，他那个时代主要的插图画家之一。

④ 斯蒂芬·克莱恩（Stephen Crane，1871—1900），美国小说家，代表作有《红色英勇勋章》。

⑤ 欧文·白璧德（Irving Babbitt，1865—1933年），美国哈佛大学教授、文学评论家、人文主义的领军人物，对20世纪中国的许多著名文人产生了重大的影响，代表作有《文学与美国大学》、《新拉奥孔》、《卢梭与浪漫主义》、《民主与领袖》、《论创造性》等。

⑥ 亨利·詹姆斯（Henry James，1843—1916），美国作家、评论家，晚年入英国国籍，作品涉及美国文化与欧洲文化的对立，从心理学角度反映现实主义的小说的先锋，著有《一位妇女的画像》、《鸽翼》、《波士顿人》、《金碗》、《小说的艺术》等。

大战以后，庞德①和T. S. 艾略特②随之跟进。"沃尔夫那一代人里的史学家……都记述了我们那一段难以名状的文化青春期，我们惆怅、烦恼，寻求外域文化之根。"[56]"你随时都能回归。"（海明威）但庞德却说："我们想要更高一级的作品，但目前的出版体制不愿意支付那么高的稿酬。"[57]"问题是如何在不生产过度的情况下生存。"[58]"图书业天怒人怨，遭到神谴，除了丛书之外，它不给任何出版物提供支持……"[59]"美国法律过去和现在都支持出版商和印刷商，总是和作家作对，而且作家越超前或反叛，法律就越是和他们作对。"[60]庞德说，在世的作家被挤出美国，"大体上，关税总是被当作邪恶和愚蠢的借口。"[61]即使在英国，从1912年到1932年，书商"竭力使任何值得一读的书绝版，不再发行"。舰队街③的"四个老顽固"实际上控制了英国印刷品的发行。[62]这些批评与出版商的广告政策有关。[63]

在美国，工业主义和广告业对文化的扭曲作用十分明显，例子俯拾即是。建筑术成了艺术一霸，拥有商业功利主义需求的优势。绘画和雕塑与商业结盟，享有公私收藏家的支持，受到五花八门奖项的鼓励。[64]诗歌成为记者们评论和搞笑的对象，是杂志补白的填料[65]，"不得不吸引美国中西部地区理发匠的妻子"[66]。"没有人为诗歌说话"，[67]在戏剧界，演员对现代艺术不感兴趣[68]，对传统的支持局限于有效地依靠莎士比亚，这对剧作家构成可怕的障碍。[69]商业演出的经纪人和报界评论家不

---

① 埃兹拉·庞德（Ezra Pound, 1885—1972），美国诗人、翻译家、学者，现代派主帅，对许多大名鼎鼎的作家产生了重大的影响。
② T. S. 艾略特（T. S. Eliot, 1888—1965），20世纪伟大的文学家、现代派诗人、剧作家、文学批判家，生于美国，卒于英国。著有《普鲁夫洛克情歌》、《荒原》、《四个四重奏》等，1948年诺贝尔文学奖得主。
③ 舰队街（Fleet Street），伦敦一条街道，因濒临舰队河而得名，几百年间英国报业总部的集中地，直到20世纪80年代。但时至今日，舰队街依旧是英国媒体的代名词。

愿意承认小剧场艺术作品的活力，不承认观众对这种想象力丰富的艺术作品的需求，[70]尤其不承认小剧场和电影竞争的活力。用乔治·让·内森①的话说，有声片可能是"旨在为机器人消费机器时代的戏剧"，如此，由于"浅薄和低能观众"的退场，剧场可能成了大赢家，不过，这样的变化成本太高，太令人痛苦。[71]

报刊彰显了机械化的巨大压力，这就导致传播业的高度垄断。垄断企业顽固的立场是继续、系统、无情地摧毁永久性的要素，而永久性的要素是文化活动必不可少的条件。强调变化成了垄断企业唯一持久的特征。托马斯·哈代②抱怨说，记叙文和散文正在失去有机的形式、对称和含蓄的力量，失去对低调陈述的倚重，正在变成没有结构的混合体。[72]

美国《权利法案》③保障新闻自由，美国邮政条例鼓励言论自由，其结果是商业力量的无限制发挥，是技术对传播的冲击，唯有商业主义本身才能调和这样的冲击。[73]传播垄断巨头八面威风，确保了从加拿大进口的木浆和纸张获得免除关税的优惠待遇，唯有一些地方政府才能对这些巨头的影响实施一定程度的制衡，它们禁止在政府控制的土地上伐木打纸浆。广告和读物形式的制成品输入加拿大时，联邦政府未予以限制，这样的举措反映了美国人坚持言论自由、鼓励垄断的影响。偶尔也有一些制衡这种影响的尝试，比如第一次世界大战期间禁止进口赫斯特系的报纸，又比如班尼特政府④根据美国期刊的广告内容征收关税。有

---

① 乔治·让·内森（George Jean Nathan，1882—1958），美国作家、编辑及评论家。
② 托马斯·哈代（Thomas Hardy，1840—1928），英国诗人、小说家，著有小说《德伯家的苔丝》、《还乡》、《卡斯特桥市长》、《无名的裘德》和诗剧《列王》等。
③ 《权利法案》（Bill of Rights），又译《人权法案》，含美国宪法第一至第十修正案，第一修正案保障言论自由。
④ 班尼特政府：以 R. B. Bennett 为总理的加拿大联邦政府（1930—1935）。

些机构对美国期刊的某些文章提出抗议,但除了抗议美国期刊的广告略有效果之外,其他抗议均效果不彰。为了抵消可能的阻碍,《时代周刊》和《读者文摘》之类的美国杂志出版了加拿大版。加拿大人受美国杂志征订单持续不断的轰炸,美国杂志里新出现的俏皮话成了他们茶余饭后的谈资。靠美国分厂产品广告支持的加拿大杂志与美国杂志竞争时,不得不效仿其格式、风格和内容。加拿大的作家不得不适应美国的标准。[74]我们的诗人和画家沦为广告推销人。有人说,扶持加拿大文学的唯一有效的办法是严格禁止一切带文字的美国期刊,而允许只有广告的期刊自由入境——这样的调侃足以显示现存问题之荒谬。如果用这样的办法,我们的贸易就可能有所促进,加拿大作家就可能放手解决加拿大文学的问题了。果真如此,他们在创作手法高超的广告文案上就可能占有一定的优势了。

12 加拿大出版商的书目揭示了美国公司或美国代理人在图书出版中的地位。许多商品的广告费是由报刊的发行量决定的,和报刊竞争广告版面时,图书出版商处在极其困难的地位,在很大程度上,图书被剥夺了反复打广告的机会,所以图书出版商很难和报刊竞争。[75]况且,许多出版商的广告需求直接与生产图书的原材料、纸张、资金和劳动力需求竞争,这就有效地限制了它们利用广告推销图书的可能性。美国人五花八门的竞争手法立即在加拿大产生冲击,读书俱乐部、大批量生产的口袋书汹涌而入,美国书刊摆上了书报摊,进了烟草店,打入杂货铺。书名的极端重要性也许是美国文化最重要的元素,在美国销售的英国书改了名,在英国销售的美国书也改了名,为了电影业的利益而改书名,这些手法都显示了书名的重要性[76],加拿大人也感觉到了。在报界,加拿大人对美联社等通讯社、《纽约时报》[77]和其他媒体的依赖更不必赘述了。在广播电视领域,美国台落地,对加拿大人实施没完没了的轰炸。

美国商业主义的冲击由于战争而变本加厉。第一次世界大战前，广告业的发展[78]促成商学院的建立，刺激了广告心理学教材的出版。美国宣传的有效性对欧洲国家产生影响。德国年轻人到美国报系、广告公司和出版社就业，学习如何制作新闻、如何使新闻成为带倾向性的艺术。论广告和宣传的美国著作被引进德国，翻译成德语。美国研究生受奖学金吸引到德国留学，参加德国市政府的实验。反过来，美国人也为德国交换教授提供教职，美国南部的大学中这一现象尤其突出。汉堡—美国联线成为有效的宣传组织。但德国人的经验[79]时间太短，和美国人[80]及英国人宣传的长效影响形成反差，[81]不过美国人和英国人宣传的有效性还是难以评估，因为已有的估计是宣传者自己提供的。

第一次世界大战以后，美国人在国内的宣传[82]强度更大。宣传效果的表现是：产联、劳联、农业等群体组织纷纷涌现。反酒馆同盟（Anti-Saloon League）游说施压，终于使国会通过了禁酒令。在大萧条期间，美国政府[83]大举向商界学习宣传技巧，充分利用新技术，比如无线电广播。美国参战以后，宣传工具[84]大大地扩张了。

美国人宣传的发展势头对加拿大文化造成灾难性的影响。实际上，这样的影响威胁着加拿大的民族生活。在美国商业主义不断的敲打下，加拿大英语族的文化生活和法语族的文化生活渐行渐远了。美国文化对法语族的影响受到法语屏障的制衡，但视觉媒介的影响受法语制衡的程度就小得多。1915年之前，法语的加拿大剧院受法国电影的影响，从1915年到1920年，法国电影被美国电影取代。广播业发展以后，说法语的加拿大人为保卫法语而积极参与广播剧本的创作和广播剧的播放。第二次世界大战期间，时事讽刺剧和法语小说受到新的刺激。美国的期刊里充斥着要加拿大加入美国的建议，美国技术变革对加拿大文化生活的影响展露无遗。应该说，其结果是，那时的美国期刊对加拿大人情感的考虑还比较多，如今，它们对加拿大人情感生活的考虑少得多，大概不会超过对宗教教派的考虑了。

13

民族生存需要我们精心谋划，以应对危险，战而胜之。在新技术发展中，加拿大人可以在不受"言论自由"诉求影响的传播媒介方面摆脱美国人的影响。一方面，加拿大报界突出加拿大新闻，但美国的影响还是很大。[85]另一方面，加拿大政府靠加拿大广播公司扮演积极的角色，以抵消美国广播业的影响。可以预期，加拿大政府在电视业将发挥更积极的作用。电影局组建了，其宗旨是削弱美国电影的压力。皇家艺术与科学发展委员会（Royal Commission on National Development in the Arts and Sciences）组建起来了，委员会的报告也发布了，其意义是表明我们加强民族立场的决心。美国分公司不愿意资助加拿大教育机构的研究工作，通过征税和联邦政府的拨款，这个问题解决了。加拿大大学对加拿大文学表现出很大的兴趣，但美术领域尚需更大的热情。加拿大作家协会之类的组织尝试用奖章等办法来支持加拿大文学。百老汇对一出法语加拿大戏剧的演绎引起说英语和说法语的加拿大人的一致怨恨，这就有力地说明，加拿大人对加拿大文化活动的强大支持有很大的潜力。

我们的确是在为生存而战。美国广告的有害影响在期刊领域尤甚，而美国商业主义强大的持久冲击力，在加拿大生活的各个方面都有所表现。传播系统的虎狼之师随时准备摧毁加拿大人对英国残存的一切感情，认为这种感情对美国商业主义无所不能的影响力构成威胁，所以它没有好处。这是对加拿大文化生活核心的打击。我们为提高自己在英联邦里的地位而感到自豪，由于这样的豪情，我们难以意识到，我们在北美的地位正处在消失的边缘。偏重北美大陆的倾向有助于我们摆脱英国而自治，结果却使我们的处境更加危险。只有坚持不懈地在战略重点上反对美国帝国主义，我们才能够确保生存。我们尝试建设性地探索传播媒介[86]的文化功能，并且在摆脱商业主义的路子上发展，如此，加拿大人还可以对美国人的文化生活作出贡献，还可以使他们摆脱对烟草和其他商品销售的依赖，并且在一定程度上补救美国版权法颁布之前商业主义造成的损失。

注　释

[1] 朱利安·班达（Julien Benda），《学者的背叛》（*The Great Betrayal*）(London, 1928), p. 21。

[2] Ibid., p. 7.

[3] 惠斯勒（J. M. Whistler），《结仇的柔性艺术》（*The Gentle Art of Making Enemies*）(New York, 1904)。

[4] 科尔盖特（William Colgate），《杰弗里一家》（*C. W. Jeffreys*）(Toronto, n. d.), p. 28。

[5] "除非造访美国的英国人意识到，他生活中的文明和他在大西洋彼岸体验的文明截然不同，否则他就会遭遇数不清的震撼。"[John Pollock, *Time's Chariot* (London, 1950), pp. 184-185] 波洛克（Pollock）认为，这种截然不同的文明在1880年以后出现，是美国内战和外国移民涌进美国的结果。英格兰尚有封建背景，所以它将政治分歧和个人关系控制在两个不同的部类中是有可能的。

[6] 惠斯勒（Whistler）抱怨绘画从属于文学。如果从另一个角度去叙述，他的抱怨就可以得到平衡（Newman Flower of Cassell & Co.）。他援引的材料选自一个陈旧的门类，即1870年以来积累的插图"库"。他挑选出一幅出色的插图，请一位年轻的作家来配文。见 *Just as it Happened* (London, 1951), p. 27。

[7] Ibid., p. 40. 另一方面，埃德加·华莱士澄清说，有人说他用口述录音机写书，那是"对我华莱士的宣传，我用钢笔写作"。见 Reginald Pound, *Their Moods and Mine* (London, 1939), p. 233. "口授的东西全是垃圾。"(George Moore) Ibid., p. 112. 由于报纸对阅读的影响，小说创作的意图是供读者快速阅读，所以它倚重较长的篇幅和详细的描写。"我不想读报纸上的文学作品。"(E. L. Godkin)

[8] 布尔克哈特（Jacob Burckhardt），《武力与自由》（*Force and Freedom: Reflections on History*）(New York, 1943)。

[9] 科普兰 (D. B. Copland),《国际关系里的文化与强权》(Culture versus Power in International Relations), 载 *Liberty and Learning*: *Essays in Honour of Sir James Hight* (Christchurch, 1950), p. 155。

[10] Ibid., p. 154.

[11] 法国的法兰西剧院享受政府补贴。19 世纪创建的剧作家协会培养人们对戏剧的兴趣,而不是对小说的兴趣。见马修斯 (Brander Matthews),《文学入门》(*Gateways to Literature and Other Essays*) (New York, 1912), p. 41;又见伊尼斯 (H. A. Innis),《现代国家的政治经济学》(*Political Economy in the Modern State*) (Toronto, 1946), pp. 35-55。

[12] 波拉德 (Graham Pollard) 序,布鲁塞尔 (I. R. Brussel),《英美首版书》(*Anglo-American First Editions*, 1826—1900) (New York, 1935), p. 10。

[13] Ibid., p. 11. See also H. A. Innis, *The Bias of Communication* (Toronto, 1951), pp. 171-172.

[14] 蒙罗的基金成为戴尔豪西大学 (Dalhousie University) 所得赠款的基础。

[15] 见萧弗 (R. H. Shove),《美国的廉价书生产》(*Cheap Book Production in the United States*, 1870 to 1891) (Urbana, 1937), p. 75。该书是一座信息富矿。

[16] 含 855 套铅版和 150 万册书,支付金额为 25 万美元。

[17] 排字工工会起初反对版权法,后来转向积极支持的态度。见 G. A. Tracy, *History of the Typographical Union* (Indianapolis, 1913), p. 450。

[18] 布鲁塞尔,《英美首版书》, p. 19。

[19] 1871 年,廉价的麦草新闻纸的价格是每磅 12 美分,优质的图书纸每磅 16 至 17 美分;1875 年,新闻纸降到每磅 9 美分,机制的优质图书纸降到每磅 10 至 11 美分;1889 年,新闻纸降到每磅 3.25 分,年历用纸降到每磅 6.5 至 7.5 美分。见 Shove, *Cheap Book Production*, p. 4。

[20] 未经授权的廉价书消失,吉卜林等作家的盗版书大量印行,彼时,书价上涨,印数减少。

[21] 哈丽特·蒙罗 (Harriet Monroe) 控诉《纽约世界报》(*New York World*)。该报未经授权刊印她为芝加哥世界博览会开幕式创作的颂诗;蒙罗胜诉,获赔 5,000 美元。这一判决加强了作家的地位。见哈丽特·蒙罗,

《诗人的一生》(*A Poet's Life：Seventy Years in a Changing World*)(New York,1938),pp.139-143。

[22] 里吉尔(C. C. Regier),《扒粪时代》(*The Era of the Muckrakers*)(Chapel Hill, N. C., 1932)。

[23] 门肯(H. L. Mencken),《偏见第一系列》(*Prejudices, First Series*)(New York, 1929), p.175。

[24] 麦克卢尔(S. S. McClure),《麦克卢尔自传》(*My Autobiography*)(New York, 1914)。

[25] 芒西(F. A. Munsey),《芒西出版社的诞生》(*The Founding of the Munsey Publishing-House*)(New York, 1907);又见布里特(George Britt),《40年赚4,000万:芒西传》(*Forty Years—Forty Millions：The Career of Frank A. Munsey*)(New York, 1935)。

[26] 塔辛(Algernon Tassin),《美国的杂志》(*The Magazine in America*)(New York, 1916), pp.342-343。

[27] 特雷因(Arthur Train),《我的开庭日》(*My Day in Court*)(New York, 1929), p.419。

[28] 普雷斯布利(Frank Presbrey),《广告的历史》(*The History and Development of Advertising*)(New York, 1929), p.339。

[29] Ibid., pp.531-532。又见《爱德华·博克传》(*The Americanization of Edward Bok：The Autobiography of a Dutch Boy Fifty Years After*)(New York, 1937),以及博克著《缅因州人博克》(*A Man from Maine*)(New York, 1923)。反对陈药广告的宣传促使尤金·菲尔德(Eugene Field)宣告,《主妇杂志》编辑的孙女莉迪亚·平卡姆(Lydia W. Pinkham)和爱德华·博克订婚。

[30] 博克,《缅因州人博克》, p.171。"编辑成功的诀窍轻而易举就学到手了;最高明的诀窍是拉广告。10页广告使他成功,5页广告使他失败。"《亨利·亚当斯自传》(*The Education of Henry Adams：An Autobiography*)(Boston, 1918), p.308。"广告艺术胜过创作艺术……四分之三的收入来自广告商……你只需接过现有的广告模式,重写文案。"W. E. Woodward, *Bunk* (New York, 1923), p.51。

[31] 博克,《缅因州人博克》,189页。

[32] 特雷因,《我的开庭日》,421 页。

[33] 唐尼(Fairfax Downey),《戴维斯得意的日子》[*Richard Harding Davis*, *His Day* (New York, 1933), p. 219]。

[34] Ibid., pp. 430-431, 433.

[35] 特雷因,《我的开庭日》,423-425 页。英国的弗兰考(Gilbert Frankau)认为,连载作品的市场正在消失,因为月刊读者没有耐心等待一月一期的分期连载,报纸偏爱短篇小说,因为"在这些日子里,报纸头版很激动人心。"见 Pound, *Their Moods and Mine*, p. 241。

[36] 特雷因,《我的开庭日》,420 页。加拿大杂志的发行量有限,每年只有圣诞节前两三个月的一个旺季;只有杂志才有足够的篇幅来刊发特写,尤其是短篇的特写,只有在紧随节日的季节里才可以刊发较长的特写。

[37] 特雷因,《我的开庭日》,440 页。

[38] 怀尔(F. W. Wile),《新闻就在你的眼前》(*News Is Where You Find It*)(Indianapolis, 1939), p. 36。

[39] 曼彻斯特(W. Manchester),《搅动一池春水》(*Disturber of the Peace: The Life of H. L. Mencken*)(New York, 1951), p. 15。

[40] Ibid., p. 155.

[41] Ibid., pp. 93-94.

[42] Ibid., p. 101.

[43] Ibid., p. 207. 波士顿监察社团试图压制霍尔(Radclyffe Hall)的《孤独泉》(*Well of Loneliness*),失败了,科微奇(Friede Covici)对此作了记述(Donald Friede, *The Mechanical Angel*)(New York, 1948), p. 94。

[44] 德比(J. C. Derby),《50 年的书生活》(*Fifty Years among Authors, Books and Publishers*)(New York, 1884), p. 559。

[45] 与征订销售伴生的是推销术的发展,在很大程度上,征订销售的成功端赖图书的势利外表,在文化水平不高的人中,势利的外表尤其显得威风。波士顿的两位图书推销员 Estes 和 Lauriat 业绩突出,1900 年后效力于 Walter Jackson 和 Harry E. Hooper。他们千方百计积极推销,把《大英百科全书》和《泰晤士报》捆绑在一起销售。

[46] 佩吉(W. H. Page),《出版人自白》(*A Publisher's Confession*)(New York, 1905), p. 27。

[47] 多德（E. H. Dodd），《多德家族一百年》（*The First Hundred Years：A History of the House of Dodd，Mead，1839-1939*）（New York，1939），p. 36。

[48] 塞耶（O. M. Sayer），《艺术界里的反叛》（*Revolt in the Arts*）（New York，1930）。

[49] 特雷因，《我的开庭日》，439 页。

[50] 伯林盖姆（Roger Burlingame），《我的多产书生涯》（*Of Making Many Books*）（New York，1946），p. 221。

[51] 惠洛克（J. H. Wheelock），《珀金斯书简》（*Editor to Author：The Letters of Maxwell E. Perkins*）（New York，1950），p. 8。

[52] Ibid., p. 184.

[53] Ibid., p. 128.

[54] Ibid., p. 267. "18 世纪认为庸俗的东西、19 世纪成为搜集素材对象的东西，如今都成为文学材料了；连穷人的生活实录都不再是简短的小书了。"见 H. W. Boynton, *Journalism and Literature and Other Essays* (Boston, 1904), p. 164。

[55] 惠洛克，《珀金斯书简》，84 页。

[56] 盖斯马（Maxwell Geismar），《两次世界大战之间的美国小说》（*Writers in Crisis：The American Novel between Two Wars*）（Boston，1942），p. 214。

[57] 《庞德书简》（*The Letters of Ezra Pound*，1907-1941），ed., D. D. Paige (New York，1950)，175 页。

[58] Ibid., p. viii.

[59] Ibid., p. 319.

[60] Ibid., p. 52.

[61] Ibid., p. 53. 又见梅伊（J. L. May），《雷因与 90 年代》（*John Lane and the Nineties*）（London，1936），p. 159。

[62] 《庞德书简》，239－240 页。

[63] Ibid., p. 337.

[64] 哈丽特·蒙罗，《诗人的一生》，241 页。

[65] Ibid., p. 247. 研究补白对卡门（Bliss Carman）诗歌的空间的要求会使人受益。

[66] Ibid., p. 288.

[67] Ibid., p. 242.

[68] 内森说,"大多数人都平庸,无论哪一个民族都是如此……十足的愚昧,常常一望而知,暴露无遗。"见 The Intimate Note-books of George Jean Nathan (New York, 1932), p. 144。

[69] 菲斯克夫人致哈丽特·蒙罗的信,见蒙罗《诗人的一生》,pp. 176-177。

[70] Ibid., p. 419.

[71] 见约翰·欧文(St. John Ervine),《所谓电影艺术》(The Alleged Art of the Cinema) (n. p., March 15, 1934)。"那时的演员受到的关注大大超过现在。杰出的演员岂止是吸引人,看他们演戏时,观众激动、惊叹、敬畏,近乎歇斯底里,看得目不转睛。你们有些人可能会打断我的话问,'你肯定不是说,我们的爸爸妈妈爷爷奶奶和我们今天受电影明星影响一样吧?他们也受演员的影响吗?'我向你们保证,他们崇拜偶像的热情超过你们。毕竟,你们的偶像是形象,只不过是光辉的影子。他们的偶像就像他们自己,是有血有肉的人,偶像就在他们跟前表演;演员也知道,崇拜者就在剧场。我们毕恭毕敬,成为激励他们表演的因素。他们穿越聚光灯的磁力在一定程度上就是我们的磁力。相反,今天的你们和演员的表演没有关系,你们只看到他们表演的结果。他们的表演,更准确地说那难以计数的排练过程,发生在遥远的地方,发生在好莱坞等地的摄影棚里。那种表演是几月几年之前发生的事情了。那些移动的影子和下一次表演或下一次录制时的动作一模一样,一成不变。他们的声音被放大,由机器录制,让你们听,其抑扬顿挫是一丝不变的。由此可见,剧场有胜过电影的优势,由于这些优势,剧场会继续生存下去。"Sir Max Beerbohm in The Listener, Oct. 11, 1945, p. 397。

[72] 梅伊,《雷因与90年代》,177页。

[73] 辛克莱(Upton Sinclair),《鬼推磨:美国文学研究》(Money Writes! A Study of American Literature) (Long Beach, Calif., 1927)。

[74] 一位加拿大作家抱怨说,他为一家美国妇女杂志撰稿,6万词被砍到4万词,分两期连载;相反,同样的稿子在英国刊发时又被扩写为8万词。加拿大作家应能成为六角形手风琴的行家里手。

[75] 惠洛克,《珀金斯书简》,138页。

[76] 见法雷尔(J. T. Farrell),《在美国写作的命运》(The Fate of

Writing in America)(n. p., n. d.)。又见米勒(W. T. Miller),《图书业》(*The Book Industry*)(New York, 1949)。"战前,加拿大书业的朋友常常对英国出版商说,他们的读者偏爱开本更大、外观更漂亮的美国书。北美的读者想要得到金钱的价值,他们习惯用开本和重量来衡量书的价值。有一个关于加拿大图书经销商的流行故事,他拿出一种新到的英国书,作为预送本送给一位旅游者,让他经销,同时问道,'你能销售多少册?'那位旅游者即把书还给他,连翻也不翻就对他说,'一本也卖不出去。'经销商很恼火,问道,'一本也卖不动?你翻都没翻呀。'旅游者回答说,'不用看,这本书重量不够。'"见 Michael Joseph, *The Adventure of Publishing*(London, 1949), p. 131。

[77] 起初的报纸"呆板、沉闷,以忠实和透彻达到目的,以体量和可靠赢得了读者的青睐"。见富勒(G. M. Fuller),《报纸的麻痹》(The Paralysis of the Press)*American Mercury*, Feb., 1926, p. 160。

[78] 见威尔·欧文(Will Irwin),《宣传与新闻》(*Propaganda and the News*)(New York, 1936)。有一段文字记述了一位加拿大百货店的广告代理,他谈及自己对英国广告和新闻思想的看法。见 Michael Joseph《自传》(*Autobiography of a Journalist* edited with an introduction)(London, n. d.), p. 45, p. 50。该书作者接受了这位加拿大人的建议,为商店写广告文案,投身新闻业,书里收录了该商店的广告(p. 66)。随后,广告手法被引进了政治运动的宣传造势。

[79] 维耶勒克(G. S. Viereck),《散布仇恨的细菌》(*Spreading Germs of Hate*)(New York, 1930)。

[80] 莫克等(James R. Mock and Cedric Larson),《语词制胜》(*Words That Won the War:The Story of the Committee on Public Information*, 1917—1919)(Princeton, N. J., 1939)。

[81] 里顿(Neville Lytton),《报纸与报人》(*The Press and the General Staff*)(London, 1921);斯图尔特(Sir Campbell Stuart),《克卢总部的秘密》(*Secrets of Crewe House:The Story of a Famous Campaign*)(London, 1920);米里斯(Walter Millis),《走向战争》(*Road to War:America 1914—1917*)(Boston, 1935);斯夸尔斯(James Squires),《英国的宣传》(*British Propaganda at Home and in the United States from 1914 to 1917*)(Cambridge, Mass., 1935);拉斯韦尔(H. D. Lasswell),《世界大战中的宣传技巧》

(*Propaganda Technique in the World War*)(London,1927)。

[82] 里戈尔(O. W. Riegel),《以动员破解混乱》(*Mobilizing for Chaos:The Story of the New Propaganda*)(New Haven,Conn.,1939)。

[83] 迈克尔(George Michael),《宣传材料》(*Handout*)(New York,1935);罗斯滕(L. C. Rosten),《驻华盛顿记者》(*The Washington Correspondents*)(New York,1937)。

[84]《短波宣传》(*Propaganda by Short Wave*)ed.,H. L. Childs and J. R. Whitton(Princeton, N. J.,1943);罗洛(C. J. Rolo),《无线电广播参战》(*Radio Goes to War:The "Fourth Front"*)(New York,1940)。

[85] "对新闻报道90%的内容,我都抱怀疑的态度。大多数的新闻足以误导人,却不足以提供必要的信息。"温哥华资深记者访谈录。见恩斯特(M. L. Ernst),《首要的自由》(*The First Freedom*)(New York,1946),以及布鲁克(Herbert Brucker),《信息自由》(*Freedom of Information*)(New York,1949)。

[86] 在一定程度上,问题的核心是围绕不同媒介不同功能的混乱认识。文学经纪人刻意利用技术革新的需求,对一件艺术品进行改写或改编,使之成为图书、杂志文章或电影。见布朗(Curtis Brown),《接触》(*Contacts*)(London,1935)。萧伯纳不允许别人将他的剧本改编成电影。他说,在银幕上看过他的戏以后,谁也不愿意再进剧场去看这些戏了;剧作家会受到伤害,因为电影省略了大量的对白(Ibid.,p.51)。制片人想要每一组镜头产生"冲击力"(Ibid., p.33)。机械化需求的是一致性。报纸关注新闻和当前的话题;图书、戏剧、电影和小说都围绕报纸的老板转圈圈。图书屈从于广告的需求,为电影、商业公司百年庆典纪念册、无线电广播和杂志文章的广告服务。《圣经》的场景被用来为戏剧和电影服务。莎士比亚的剧本主要是以文字的形式供人学习和研究。报纸连载故事和广播剧本以及小说则不同,它们倚重的是人们普遍感兴趣的题材。任何新思想都立即受到疯狂的攻击,被糟蹋致死。至于好莱坞那了无生趣的对白,科布(Irvin Cobb)批评说,那些擅长新奇词语的高手情愿沉默,直到他们自己的货色兜售完毕后才开口批评。

第二章　美国宪法的军事意涵

第一节　理解美国政策

本章[1]尝试理解美国的政策。我们加拿大人有特殊的义务去理解美国人的政策，既是为了我们自己的利益，也是为了世界其他人民的利益。理解自己的国家困难重重，理解美国这样一个历史既复杂又不稳定的国家尤其困难。对美国最深刻的研究出自法国人托克维尔①和英国人布赖斯②。加拿大人靠得太近，难以得地利之便去从事有效的研究。他们受传统束缚，在加拿大英语区，这一束缚尤其明显。在美国革命后离开美国移居加拿大的联合王国忠诚者身上，传统的束缚表现得十分清楚，法语区的加拿大人还多了语言的障碍。笔者不敢假装能做到绝对客观，我相信大多数读者也难以做到很客观，但我们将勉力为之。

---

① 阿历皮西·德·托克维尔（Alexis de Tocqueville，1805—1859），法国作家、政治家，曾游历美国，所著《美国的民主》成为经典，该书分析了美国政府制度的优缺点。
② 詹姆斯·布赖斯（James Bryce，1838—1922），英国外交家、史学家，曾任驻美大使，著有《美利坚合众国》（3卷）。

无论怎么看美国革命，我们都要承认，那是通过武装反叛英国完成的。对英国人而言，那场战争的后果算不了什么。我们记得，在1812年的战争中，一个英国人得知英国军人烧毁了华盛顿的消息时说的话：他原本以为，那是他在梦中死去的消息。相反，对美国人而言，战争的结局是拼死的斗争。革命总留下难以抚平的伤痕，凡是被革命烈火焚烧的民族，必然留下民族主义和群众爱国主义（crowd-patriotism）的极端沙文主义烙印。[2] 这些国家养成了去个人化的社会关系、政治结构和理想，他们的警语多半是由群众宣传的痉挛性反应决定的。"公共政策就在每个人良心的门口。我们的公民身份啮食了我们的个性。"[3] 美国宪法的建构者似乎认识到了这样的危险：他们打造了一种工具，对多数人侵犯个体地位的情况设定了诸多的限制，但这一工具也有危险。[4] 由于传播技术的改进，这样的保护机制有所变化、逐渐式微，政府的权力越来越大，参议员麦卡锡就彰显了这样的变化。

华盛顿及其19世纪的继任者放弃了对欧洲的兴趣，但在对棉田日益增长的需求出现以后，他们在南北美洲稳步扩大美国的影响。增长的需求意味着向西部和南部扩张，为了维持南北平衡，他们又向北方扩张。向南部扩张以牺牲法帝国为代价，其突出表现是杰斐逊①任内与拿破仑达成购买路易斯安那②的交易；向北方扩张以牺牲英帝国为代价，刘易斯和克拉克③受命向西北探

---

① 托马斯·杰斐逊（Thomas Jefferson，1743—1826），美国政治家，美国第3任总统，《独立宣言》的起草人。
② 购买路易斯安那（Louisiana Purchase），1802年，美国政府趁拿破仑对英作战急需军费，购买北美一大片名曰"路易斯安那"的土地，使美国的领土扩大一倍多，密西西比河成为美国内河，为美国向西扩张至太平洋沿岸创造了条件。
③ 刘易斯和克拉克探险（Lewis & Clark Exploration），1803年至1806年，刘易斯和克拉克两人受命于杰斐逊总统，从刚刚购买的路易斯安那西北出发探险，直到太平洋沿岸。

险，阿斯特①建立了阿斯托利亚贸易站。

稍后向南的扩张有 1823 年提出的门罗主义②保驾护航。门罗主义警告欧洲列强不得染指南美，旨在兼并得克萨斯和加利福尼亚等地，意在牺牲西班牙帝国和墨西哥共和国的利益。"缅因"号军舰在古巴爆炸以后，分崩离析的西班牙帝国的残余殖民地最后被美国夺取，波多黎各和菲律宾也成了美国的殖民地。南方的扩张既缓解又加重了英帝国从北方施加的压力。两国的边界最后固定在今天的加拿大边境上。"西华德的冰箱"——阿拉斯加于 1867 年从俄国购得。这些扩张使我们想起迪斯雷利③的一句话，波兰被欧洲列强瓜分④后，他在一次早餐会上问："我们午餐吃什么？"

第二节　美国历任总统及两党政治

美国革命的爆发是向意识形态战争的回归，英国内战⑤以后，意识形态的战争在很大程度上已经消失。[5]民主民族主义和"大众军"（mass army）成为战争的基础。[6]乔治·华盛顿⑥曾在英国对法国的七年战争中任军官，有一定的作战经验，因而担任了革命军的领袖。革命立竿见影的意义在这位弗吉尼亚军人的地位中

---

① 约翰·雅各布·阿斯特（John Jacob Astor，1763—1848），美国皮货商、金融家，1810 年在哥伦比亚河流域建立了阿斯托利亚贸易站。
② 门罗主义（Monroe Doctrine），1823 年美国第 5 任总统詹姆斯·门罗［1817—1825］在国情咨文中提出，主张"美洲人的美洲"，排挤欧洲列强，从此将美洲当成自己的后院。
③ 本杰明·迪斯雷利（Benjamin Disraeli，1804—1881），英国政治家、小说家，两度任英国首相。
④ 波兰 1772 年、1793 年和 1795 年三次被欧洲列强瓜分，领土和人口所剩无几。
⑤ 英国内战是 17 世纪英国资产阶级革命的主要斗争形式，是议会派和保皇派之间的斗争，共两次内战，后王朝复辟。
⑥ 乔治·华盛顿（George Washington，1732—1799），美国首任总统，连任两届。

显而易见。革命的大陆军不可能由新英格兰的将军统率。[7]武装斗争的成功不仅使殖民地独立，而且产生了稳定的联邦政府。向西部扩张的兴趣和联邦主义者建立强大中央政府的建议不无关系。在1783年致汉密尔顿①的信中，华盛顿说中央政府应有"行使一切职能的权力"。[8]他对联邦主义者的同情反映在大陆会议②各州代表表达的关切中，这些代表担心各州宪法的激进特征所隐含的危险，因为各州宪法是由革命者起草的。"我们的主要危险来自于我们宪法里的民主条文中。"（埃德蒙·伦道夫③在制宪会议上的讲话）[9]保守主义再加上对分权理论的强调，加强了行政的权力，比如，总统任陆军和海军总司令，总统享有恩赐任命官员的权力，国务卿和陆军部长只为总统负责，财政部长之外的内阁官员也只为总统负责。总统成为行政权力的焦点。1787年，弗吉尼亚州批准联邦宪法，华盛顿对各州的领导权得以确保，他的影响和性格给美国留下了印记。

在建国的过程中，第一任总统的影响和威望为政府的运行打上了难以磨灭的烙印。然而，华盛顿想要使参议院成为枢密院似的顾问机构的努力却遭遇挫折。参议院决议，内阁成员要向参议院提交书面报告，不能列席参议院会议，内阁只能向总统提供咨询。另一个抵制总统干预的举措是强调参议院的委员会体制，参议员的秘密受到保护，任何群体包括新闻界都不得损害参议员的秘密。

---

① 亚历山大·汉密尔顿（Alexander Hamilton, 1757? —1804），美国政治家，曾任财政部长，建立中央银行，主张加强联邦政府权力，与杰斐逊的政治主张对立。
② 大陆会议（1774—1789），英属13个北美殖民地的立法机构，共两届。
③ 埃德蒙·伦道夫（Edmund Randolph, 1753—1813），美国政治家，1787年出席制宪会议时拒绝在联邦宪法上签字，次年在弗吉尼亚州改变态度，敦促州议会代表批准联邦宪法。

第二任总统亚当斯①的当选含有这样一层意思：新英格兰②在革命及后续影响里的作用得到了承认。他继承了维护总统职位威望的任务，但他发现，面对代表中部各州商业利益的汉密尔顿，他难以维持新英格兰和南方脆弱的平衡。由于汉密尔顿的坚持，华盛顿总统调动4个州的民兵镇压1794年的威士忌暴动③。1798年，汉密尔顿又建议政府里的朋友们准备向法国开战，国会谋划组建紧急状态军队，扩编常规军。在他的影响下，华盛顿同意亲自挂帅，由于其威望，他能挑选领军的将军。亚当斯和汉密尔顿冲突的结果以亚当斯谋求连任失败而告终，这就削弱了联邦主义者的地位。

杰斐逊反对联邦宪法权力集中化的倾向，他和追随者的观点反映在《独立宣言》和联邦条例④中。他强调土地、农夫和劳工的立场，反对金融和商业的利益。1791年，他偕同麦迪逊⑤沿哈得孙河上行，奠定基础，形成"美国历史上时间最长、最不协调、最有效的政治同盟：南方农场主和北方都市大亨的联盟"[10]。杰斐逊和联邦党人不同，联邦党人认为，联邦的存活依靠刀剑。杰斐逊却说："我希望，没有一个美国人对欧洲的根本政策视而不见，那是封锁南北美洲海路和陆路的政策，那是最凶恶、最血

---

① 约翰·亚当斯（John Adams，1735－1826），第2任美国总统［1797－1801］，参与《独立宣言》起草、对英国和谈，著有《政府断想》、《美利坚合众国政府宪法一辩》。
② 新英格兰——今美国东北部6州：缅因州、新罕布什尔州、佛蒙特州、罗得岛州、康涅狄格州和马萨诸塞州。
③ 威士忌暴动（Whisky Rebellion），宾州西部3,000余名农民反对交纳威士忌酒税，举行暴动，汉密尔顿亲率1,500余名民兵镇压。
④ 联邦条例（Articles of Confederation），1871年第二届大陆会议拟定的宪法，条例规定建立一个松散的联邦，各州保持独立，中央政府几乎没有权力。
⑤ 詹姆斯·麦迪逊（James Madison，1751－1836），美国政治家、第4任总统［1809－1817］，《独立宣言》起草人之一。

腥的较量。"[11]杰斐逊是南方的代表。虽然他说"我们特有的安全系于我们的成文宪法",但他做出兼并路易斯安那、获得新奥尔良出海口的决策时,并没有按照宪法的要求征询国会的意见。他为纽约大亨和南方的联盟增加了西部的领土。

杰斐逊连任两届,另一位弗吉尼亚人麦迪逊继任,得到了新增的领土。1812年4月14日,国会正式决议,以珀尔河为界,将珀尔河以西的土地并入新近购买的路易斯安那,一个月以后,他又兼并了密西西比领地的东部。1813年,美国军队迫使莫比尔港的西班牙驻军投降。亨利·克莱①和众议院外事委员会说服国会于1812年6月18日向英国宣战。"征服加拿大是你们力所能及之举。""这场战争、战前的措施、实施战争的方式毫无疑问都是南进和西进的政策,而不是那些商业州的政策。"(乔赛亚·昆西②语)[12]1814年12月5日,麦迪逊提议增加陆军和海军拨款,并组建军事学院。

麦迪逊连任两届,继任的门罗总统也连任两届〔1817—1824〕。门罗也是弗吉尼亚人,曾在革命军服役。彼时,联邦党③人式微,他不再遭遇官方的反对力量,但由于他所在的民主共和党缺乏纪律约束,所以他无法确保国会里的凝聚力。比如,虽然众议院的军备法案遭到总统和陆军部长的反对,却仍然"以压倒优势通过,虽然细节上有许多不足"。[13]1822年,门罗承认拉丁美洲几个共和国摆脱西班牙帝国独立,在亚当斯④的坚持下,他在1823年12月2日的声明中加入了门罗主义,那是对俄国人蚕

---

① 亨利·克莱(Henry Clay,1777—1852),美国政治家,曾任众议院议长,"战鹰派",推动1812年的美英战争,五次竞选总统,均告失败。
② 乔赛亚·昆西(Josiah Quincy,1744—1775),美国律师、政界领袖。
③ 联邦党(Federalist Party),代表种植园主、商人、银行家和制造商利益。
④ 约翰·昆西·亚当斯(John Quincy Adams,1767—1848),门罗总统的国务卿、第6任美国总统〔1825—1829〕。

食美洲西北部的抗议。

1812年美英战争获胜,1820年门罗连任,联邦党这个政治因素最后被摧毁。议会党团威望和权力的下跌为1824年的自由选举开辟了道路。新英格兰的影响上升,反映在约翰·昆西·亚当斯竞选总统成功上,像他的父亲约翰·亚当斯一样,他只任了一届。

继任总统安德鲁·杰克逊(Andrew Jackson)[1829—1837]是南卡罗来纳州人,革命战争期间曾被英国人俘虏囚禁。在1812年的美英战争中,他率领西部民兵与佐治亚州、亚拉巴马州的印第安人作战,在新奥尔良摧毁了爱德华·帕克南(Edward Pakenham)将军率领的英军。1817年,他追击袭扰印第安人,打进西班牙人的领地,占领潘萨科拉,拿掉西班牙总督,旋即攻入佛罗里达,任佛罗里达都督。杰克逊扬名全国,成为民众心目中的英雄,他把军事组织引进美国政治。1825年,他建成了全国性的政治机器。为了确保纪律和宣传,有组织的政党报业旋即诞生,加速了联邦党的消亡、催生出的华盛顿报业垄断的小型、分裂、狠辣、桀骜不驯[14]的新闻界被取而代之。1812年前后,《国民通讯员报》(National Intelligencer)[15]曾经是杰斐逊、麦迪逊、门罗和约翰·昆西·亚当斯鼓动战争情绪的喉舌,发行量大,有日报、周二报和周报三种。[16]与其相反,杰克逊及其追随者所办的报刊贴近选民。1828年杰克逊当选总统以后,《合众国电讯报》(United States Telegraph)和《华盛顿环球报》(Washington Globe)成为政府达成党派政治目标的喉舌。[17]杰克逊论功行赏,以鼓舞军队士气,"不抢掠,无粮饷"。州政治的组织者被擢升到全国性的舞台。1832年,杰克逊被提名为候选人谋求连任,总统候选人提名会的制度开始实施,以三分之二多数表决方式保护南部的地位。这一制度的新闻价值明显,总统候选人成为主要政治考虑的制度出现了。在杰克逊和继任总统马丁·范布伦(Martin Van Buren)[1837—1841]时期,他的竞选手法更见精致。就任总统前，范布伦是纽约州众议员。为了公众消费，杰克逊"厨房内阁"①里的报人吹捧总统否决权，他们的报道流通广泛。范布伦尝试满足地方集团的需求时，这个总统提名制度遭遇的困难是显而易见的。"令人讨厌的关税法"②引起争论，来自南卡罗来纳的副总统卡尔洪（John Calhoun）反对国会制定的关税法，赞同废止这一法案，公开捍卫州的权利，此举导致国会通过"动用军队法"③。根据这一法案，总统有权调动陆军和海军强制执行国会通过的法案。分离的龙牙露出来了。

为了满足支持杰克逊和范布伦两人的组织需求，在1838年的较量以后，追随者尝试组织辉格党④，其主要基础是反共济党⑤的情绪[18]。为了削弱范布伦总统的地位，为了利用战争英雄的新闻价值，纽约州的辉格党人威廉·西沃德（William Henry Seward）和瑟洛·威德（Thurlow Weed）成功提名哈里森⑥为总统候选人。哈里森1811年曾在蒂普卡努河对印第安人作战，1812年又被擢升为西北军统帅。他们发动猛烈的竞选攻势，突出"原木小屋和苹果酒"的口号，以此为号召，他在1841年胜选。哈里森就任后旋即去世，副总统泰勒⑦继任，泰勒是弗吉尼亚人。

---

① "厨房内阁"（Kitchen Cabinet），杰克逊总统的私人顾问团，在白宫厨房议事，故名。
② "令人讨厌的关税法"（Tariff of Abominations），由于不利于南方经济，南方政客贬之为"令人讨厌"，故名。
③ "动用军队法"（Force Act），1833年国会应杰克逊总统的请求而获得通过，授权总统在南卡罗来纳动用军队强制执行联邦法律，副总统卡尔洪与总统杰克逊分手，民主党内产生裂痕。
④ 辉格党（Whig Party），始创于19世纪30年代，50年代瓦解，仅存26年。
⑤ 反共济党（Anti-Masonic），美国历史上第一个"第三党"，1828年成立，昙花一现。
⑥ 威廉·亨利·哈里森（William Henry Harrison，1773—1841），第9任美国总统，就任一个月后逝于任内。
⑦ 约翰·泰勒（John Tyler，1790—1862），第10任美国总统。

1836年，得克萨斯从墨西哥分离出来，泰勒任期即将届满时，得克萨斯于1845年7月4日正式被美国兼并。得克萨斯争端击碎了克莱1844年问鼎总统宝座的希望，削弱了辉格党。

来自北卡罗来纳的波尔克[①]是总统竞选提名里冒出的一匹黑马。他咄咄逼人地要求与英国解决俄勒冈边界，其口号是"经纬线50度—45度，否则开战"。1846年，他的划界主张获得成功。其逼人姿态意在增加北方州的数量，以平衡兼并得克萨斯、新墨西哥和加利福尼亚加入后，美国南方州的数量。加利福尼亚的美国人得到波尔克的暗示，宣布加利福尼亚为独立州。波尔克命令扎卡里·泰勒[②]将军占领格兰德河左岸。不胜其烦的墨西哥人忍无可忍，终于犯错回击，双方交战，美方很快获胜。1847年，林肯在国会发难，强烈要求波尔克总统明示流血冲突的地点，要求国会决议感谢泰勒将军，决议的附带条文是，波尔克总统"不必要地、违宪地"发动战争。[19]辉格党人指责波尔克[20]强行发动战争，目的是拓宽奴隶制的范围。通过林肯的活动和《芝加哥论坛报》（Chicago Tribune）之类的喉舌，反对南方人在新领地咄咄逼人态势的声音越来越高亢了。

手腕高明的报人和政客瑟洛·威德再次出手，在泰勒将军当选总统的竞选中扮演了积极的角色，弗吉尼亚人泰勒是1847年2月在布埃纳维斯塔战胜墨西哥人的英雄。胜利后不出一个月，他在艾奥瓦州获得总统竞选人提名，稍后即在总统竞选中胜出。副总统菲尔莫尔[③]是纽约人，在泰勒去世后继任总统。像许多副总统一样，他和政府的政策不协调，接任总统后就扭转了前任的政策。他同情南方，是第一位清洗同党的总统，他反对辉格党人提

---

① 詹姆斯·诺克斯·波尔克（J. K. Polk, 1795—1849），第11任美国总统。
② 扎卡里·泰勒（Zachary Taylor, 1784—1850），第12任美国总统。
③ 米拉德·菲尔莫尔（Millard Fillmore, 1800—1874），第13任美国总统，辉格党最后一位当选总统者。

名的国会议员,因为他们曾经反对众议院议长亨利·克莱在国会提出的防止内战的妥协案。[21] 1852年,辉格党人提名挥师墨西哥城的温菲尔德·斯科特(Winfield Scott)将军竞选总统,但斯科特被皮尔斯①击败。报界利用斯科特言论大做文章,比如他说"我从来就不看《纽约先驱报》"(*New York Herald*),"那是一口吞下不知其味的清水汤。"

北方不能再靠提名将军竞选总统来抵消南方的影响,南北双方的斗争临近摊牌。北方的策略在很大程度上是自挖墙脚,因为总统竞选中认可英雄的地位强化了军界的力量。辉格党[22]被支持"自有土地运动"的共和党取代。种植园制度导致印第安人和墨西哥人的土地被夺取。从墨西哥获得战利品的扩张政策毒化了政治体制,新领地的获得加剧了南北方的对抗。加利福尼亚的淘金热使争夺第一条横跨大陆铁路控制权的斗争更加激烈。皮尔斯政府的陆军部部长杰斐逊·戴维斯②是新罕布什尔人,是在泰勒将军麾下战胜墨西哥人的英雄。他坚持太平洋铁路沿南部边界布局,以便将加利福尼亚和墨西哥湾各州连在一起。相反,北方伊利诺伊的民主党人斯蒂芬·道格拉斯(Stephen Douglas)则要求太平洋铁路穿越内布拉斯加。

南方选战手腕高明,其表现是,由北方提名的两位总统候选人和当选的总统皮尔斯和布坎南③都比较弱。布坎南的优势在于,他出使英国时拒绝穿觐见英王的朝服[23],是宾夕法尼亚州籍的唯一一位总统。南北方的妥协包括1854年签署有关英国殖民地的

---

① 富兰克林·皮尔斯(Franklin Pierce, 1804—1869),第14任美国总统 [1853—1857]。

② 杰斐逊·戴维斯(Jefferson Davis, 1808—1889),分离主义者,南部同盟("美利坚同盟国")总统,著有《南部同盟的兴衰》。

③ 詹姆斯·布坎南(James Buchanan, 1791—1868),第15任美国总统,无力扭转局势,内战终于爆发。

互惠协议，该协议意在拓展北方的影响，以平衡南方的扩张。最后，联邦最高法院对德雷德·斯科特案①的裁决反映了南方的影响。共和党人提名的林肯（Lincoln）来自中西部，他的当选终结了南方的扩张。1865年，杰斐逊·戴维斯在西点军校的同窗罗伯特·E·李（Robert E. Lee）成为南部同盟军队的总司令。善战的将军加入南军，迫使北方加强分散指挥的将领之间通信的效率，他们用电报协调行动，在格兰特（Grant）将军麾下，北军改善通信，获得成功。北军将领效率不高，战局久拖不决，伤亡加重，对南方的仇视加重。谢尔曼（Sherman）将军长驱直入打到佐治亚州海滨，战况之惨烈反映在他的话中。他说："战争就是地狱。"妥协的前景黯淡。美国内战中复活的意识形态战争为20世纪创造了先例。

　　内战结束时，一支为国家服务的军队出现了。总统及其政府高高凌驾于各州之上。华盛顿成为意义重大的首都，州政府的地位大不如前。南方应邀加入与其截然不同的北方，但内战造就了一个更加固化的南方，与脱离联邦前的南方大不相同了。意识形态的战争被推向极端。北方强加的和平比战争更加苦涩。战争的牺牲和胜利使共和党成为新英格兰、中西部农民、关心补贴的老兵和黑人的神圣事业。安德鲁·约翰逊②总统最后受到国会和州政府的蔑视。到1865年，南部各州民选的政府被军事区取代，每个区由一位将军担任长官。格兰特③总统是老练的军人，他的政府是老练政治家打造的政府。到约翰逊总统时，老练政治家打造的政府已经退化，因为约翰逊仿照其他副总统的先例，逆转了

---

① 即德雷德·斯科特诉桑福德案（Dred Scott vs. Sanford）中，根据联邦最高法院的裁决，逃奴斯科特败诉，不能获得自由，致使1820年的密苏里妥协案无效，严重损害了最高法院的威望。
② 安德鲁·约翰逊（Andrew Johnson，1808—1875），第17任美国总统。
③ 尤利塞斯·S·格兰特（Ulysses S. Grant，1822—1885），第18任美国总统。

前任总统林肯的政策。和杰斐逊·戴维斯一样，格兰特把军人强势的品格带进民事的管理。他想兼并南方的圣多明各，他的雄心被参议院外事委员会主席萨姆纳（Charles Sumner）挫败。萨姆纳被南卡罗来纳州的众议员布鲁克斯（John Brooks）殴打，此事引起北方人的忌恨[24]。布鲁克斯的意见相反，他坚持兼并北方的加拿大[25]。

在共和国大军的联邦老兵的强大支持下，谢里登（Philip Sheridan）将军麾下的陆军少将海斯①在1876年的总统竞选中险胜。在和参议院交手中，电报成了他调动公共舆论的有效工具。他掌握了任免权，"国会长期压制政府的局面结束了"（H. J. Eckenrode）。由于军队的强势，由于战后南方的仇恨，格兰特总统无法恢复南方的白人统治。在海斯总统任内，由于南方人在民主党内的内聚力强大，北方退出南方的趋势启动了。到1894年，这一趋势完成，黑人成了三等公民，法律上他们自由了，却没有选举权。另一方面，海斯开启了一个不幸的先例，他动用军队镇压西弗吉尼亚、宾夕法尼亚和马里兰三州的罢工。

继任海斯的是加菲尔德②。他在希罗一战中一举成名，任陆军少将。竞选总统时，他击败民主党候选人汉考克（Winfield Scott Hancock）将军，汉考克是葛底斯堡战役的北军统帅，"体重280磅的好人"（W. O. Bartlett语）。加菲尔德得到《纽约论坛报》（*New York Tribune*）怀特洛·里德（Whitelaw Reid）的支持，1880年挫败了康克林（Roescoe Conkling）和《纽约先驱报》（*New York Herald*）对格兰特任第三届总统的提名。[26]国会让步，授予总统任免政府官员的权力，这引起各界对文官制度改革的关切，但由于参议院的强势必然会严格控制分肥式的任命，

---

① 拉瑟福德·B·海斯（Rutherford B. Hayes, 1822—1893），第19任美国总统。
② 詹姆斯·艾伯拉姆·加菲尔德（James Abram Garfield, 1831—1881），第20任美国总统，1881年7月2日被一个谋官未成者枪杀，是美国历史上第二位被暗杀的总统。

所以严格的业绩制也不可能。导致了林肯被刺的因素、恶性的个人恩怨、内战、对伟大事业兴趣的消失、分肥制的变本加厉，最终以加菲尔德被刺而告终。[27] 在随后的竞选中，克利夫兰 (Grover Cleveland) 击败布莱恩 (James Blaine)，民主党重回白宫。加菲尔德的副总统阿瑟 (Chester A. Arthur) 1881 年当选总统，但和通常的情况不一样，他没有逆转加菲尔德的政策。

1885 年，民主党重回白宫。克利夫兰①摆脱了共和党人煽起的仇恨，但民主党经验不足、纪律不严。在和参议院交手的过程中，克利夫兰进一步强化了行政权力。1887 年 12 月，他因关税讲话而受挫，1888 年争取连任时，克利夫兰被本杰明·哈里森②击败。[28] 本杰明·哈里森的祖父威廉·亨利·哈里森 1840 年当选总统，他的曾祖父威廉·亨利·哈里森是《独立宣言》的签署人之一。本杰明·哈里森是美国政治里的最后一位贵族，内战时任北军准将。

1890 年的麦金莱关税法 (Mckinley Tariff) 不受欢迎，经济萧条持续。1892 年，本杰明·哈里森竞选连任失败，克利夫兰再次当选，重回白宫。但民主党纪律的松弛和萧条的继续使他败北。忽视货币改革、强调关税法反映了南方影响的复活，所以布兰德 (Richard Bland) 1893 年"分道扬镳"的讲话对他提出警告，东西部的民主党人因此分裂。克利夫兰的虚弱和他加强总统权力的举措不无关系。虽然是民主党人，但他仿照身为共和党人的海斯总统的先例，派兵阻止芝加哥普尔曼工人罢工。这就摧毁了州政府维护商业安全的最后一点的主权残余，而商业安全有赖于州政府的权力。[29] 克利夫兰的国务卿理查德·奥尔尼 (Richard Olney)[30] 认为，"一个欧洲国家和一个美洲国家的任何持久的政

---

① 格罗弗·克利夫兰 (Grover Cleveland, 1837—1908)，第 22、24 任美国总统，1889 年被哈里森击败，但 1893 年再次当选总统。
② 本杰明·哈里森 (Benjamin Harrison, 1833—1901)，第 23 任美国总统。

治联盟都是不自然、不适当的"。加拿大人对这句话感兴趣。关于英国和委内瑞拉的争端，他向美国驻伦敦公使发出煽动性的指示，克利夫兰致函国会，复活了对抗英国的情绪。海军得到复兴，马汉①论海军的著作产生了重大的影响。

克利夫兰政府对英国强硬的调子旨在吸引爱尔兰族的选票，因为北方的民主党是围绕纽约州的爱尔兰裔美国人建立的。[31] 1884 年总统竞选时，共和党候选人布莱恩的支持者攻击克利夫兰，说民主党是"朗姆酒、天主教加造反"，但这反而使布莱恩败北。[32] 反过来，1888 年总统竞选的结果之所以翻盘，这和英国驻美国公使萨克维尔-韦斯特（Sackville-West）的一封信有关系。他上了当，竟然说：英国的最大利益就是让克利夫兰重回白宫。[33] 在那一年的竞选中，指控民主党人顺从南方联盟的招数成为最后的绝唱。1896 年，西部开发中的"无限制铸造银币运动"使金本位的东部民主党人退出政治，民主党较弱的元素浮出水面。[34]

1896 年，反映西部货币改革要求的民主党候选人布赖恩（William Bryan）败北，麦金英②胜出。在内战时，他从列兵干起，战争结束时晋升上校。英国与委内瑞拉的争端激起的战争狂热持续发酵，导致美国向西班牙宣战的呼声高涨。1898 年 4 月，国会向西班牙宣战。"在一定程度上，麦金利服从公众的压力，他害怕在秋季的选举中失去选票。"[35] "从格兰德河到北冰洋，只应该有一面国旗、一个国家！"这是参议院外事委员会主席洛奇的战争叫嚣。至于菲律宾群岛，麦金利断言，"除了全部占领、教育他们、开化他们、让他们改信基督教之外，我们别无他途"。

---

① 阿尔弗雷德·赛耶·马汉（Alfred Thayer Mahan，1840—1914），美国海军军官、军事理论家，著有《海权对历史的影响》、《海权对法国革命及帝国的影响》、《海权的影响与 1812 年战争的关系》、《海军战略》等。

② 威廉·麦金利（William McKinley，1843—1901），第 25 任美国总统。

如此，对菲律宾人的长期敌视随即开始。[36]夏威夷群岛被兼并，部分原因是，保卫菲律宾需要夏威夷。在和平协定中，西班牙割让了波多黎各。

在古巴战争期间，西奥多·罗斯福成为上帝给报人的恩赐，他招募了"义勇骑兵团"参战。在战地记者戴维斯（Richard Harding Davis）的帮助下，他占据了各大报的头版，成为万众瞩目的中心。[37]他当选纽约州州长，在麦金利总统第二届任期内成为副总统，麦金利被刺后继任总统，1901年到1909年连任两届。他的仕途得益于煽情的报界，尤其得益于比尔斯（Ambrose Gwinett Bierce）的评论和赫斯特报系的报道，他们的报刊支持民主党。[38]这就是当时民众对中央政府权力信赖的背景，"达此目的，我越过参众两院领袖直接向人民诉求，人民是我们两院领袖的主人"。[39]克利夫兰周日晚讲演，以便占据周一报纸的版面[40]；罗斯福则利用人民跟随周一报纸的习惯，把重要的讲话放在周日，迫使沉闷的周一报纸用特写报道他的讲话。[41]他提前拟定讲稿，在发布讲话前交给报界，避免不必要的电报费。[42]报纸对他活动的兴趣来自于他对新闻的感觉，以及他对托拉斯的关切，这使国际报业公司托拉斯败北，印刷品价格降低。"我抓住运河区，让国会去辩论。"巴拿马爆发了"最公正、最名副其实的革命"[43]。不顾国会的反对，罗斯福派遣美国舰队到太平洋去向日本人展示实力。在他的压力下，加拿大在阿拉斯加争端中的声索权被牺牲了。[44]关于最高法院法官的委任，他写道："除非他是民主党人，我判断他是不适合这一职位的，保守的政界人士……"[45]他用一句话概括自己的立场："……我的确拓宽了行政权力的使用范围。"[46]

1909年，由罗斯福和共和党提名的塔夫脱①当选总统。1900

---

① 威廉·H·塔夫脱（W. H. Taft，1857—1930），第27任美国总统。

年至 1904 年，塔夫脱曾任菲律宾总督，1904 年起，他任陆军部长。此后，他完成重组巴拿马运河的工作，使之被称为"一座宜人小岛，簇拥在他周围的人知道自己想要的是什么"。1911 年，塔夫脱试图和加拿大签订互惠协议，但罗斯福总统对阿拉斯加边界的态度激起加拿大人的敌视，导致协定的流产。海斯和克利夫兰以后，行政权力加大，众议院议长成为政府和国会交流的重要渠道。1889 年，共和党人取得了众议院和参议院的优势，夺取总统大位，T. B. 里德（T. B. Reed）担任众议院议长。里德长期担任缅因州众议员，他使议长的地位显著提高。民主党的弱势、共和党人里德和坎农（Joseph Gurney Cannon）两届众议院议长地位的提高，促使民主党 1910 年的反弹。那年以后，议长再也不得进入众议院规则委员会，失去了委任常设委员会的权力。结果，总统失去了能与议会打交道的一个人，共和党内的派别纷争促使前总统罗斯福另立山头，以求东山再起，从而导致了 1912 年民主党人威尔逊①当选总统。

威尔逊当选总统不仅是共和党内斗造成困难的结果，而且是民主党纪律和团结稳步改善的结果。民主党领袖钱普·克拉克（Champ Clark）有关 1911 年的互惠协议的言论在加拿大产生了很坏的影响，使他竞选民主党总统候选人失败。[47] 威尔逊是弗吉尼亚人、新泽西州州长，他当选总统说明民主党内的南方影响回归了。长期在野后执政的民主党在关税和货币改革上采取了咄咄逼人的立法政策。威尔逊险胜连任，恩赐任命在维护党内纪律中发挥了重要作用。林赛·罗杰斯（Lindsay Rogers）认为，战争爆发以后，威尔逊就将国王、首相、总司令、经济独裁者、国务卿

---

① 托马斯·伍德罗·威尔逊（Thomas Woodrow Wilson, 1856—1924），第 28 任美国总统，出席巴黎和会，提出"威尔逊方案"，参与组建国际联盟，但共和党人控制的国会拒绝批准"威尔逊方案"，致使美国未能参加国联。

集于一身。约瑟夫斯·丹尼尔斯①说："我的党扛起了这场战争的责任。"共和党人被排除在巴黎和会代表团之外，这说明，威尔逊的许诺是党派政治。

战争对政府的重压使威尔逊的健康每况愈下，国会拒不批准加入国际联盟，共和党的沃伦·哈定②当选总统。"参议院小集团是懦弱无能的艳丽而完美的花朵，这个小集团自命不凡，掌管共和党全国代表大会。"(《纽约时报》)[48]乔治·哈维（George Harvey）上校在威尔逊当选总统中发挥了重要作用，但威尔逊害怕对手攻击他得到纽约利益集团尤其是摩根公司的支持。他的担心不无道理，民主党提名他参加总统竞选的原因之一是，布赖恩抨击钱普·克拉克依靠纽约支持。威尔逊先疏远哈定，继后又对其感兴趣，任命他出使英国。[49]罗斯福认为，爱尔兰问题的解决是"推进美英友谊最重要的事情"。[50]哈维积极参与建立"爱尔兰自由国家"的运动，削弱了爱尔兰裔选民对民主党的支持。哈维还积极促成《四强条约》③，用以终结英日联盟。在谈判实现英美两国主张中，哈维发挥了重要作用。

哈定在任内去世，来自新罕布什尔州的副总统卡尔文·柯立芝④继任总统。1928年，民主党总统候选人阿尔弗雷德·史密斯（Alfred Emanuel）[51]被共和党的胡佛击败，宗教问题是重要原因，就像1860年的共和党全国代表大会上西沃德[52]败在

---

① 约瑟夫斯·丹尼尔斯（Josephus Daniels，1862—1948），美国记者、民主党人、政治家、民主党竞选主管，著有《威尔逊时代》、《北卡罗来纳州的编辑》、《衣着随便的外交家》等。
② 沃伦·哈定（Warren Harding，1865—1923），第29任美国总统，被美国人评为最糟糕的总统。
③ 《四强条约》（Four Power Treaty），1922年2月华盛顿会议限制军备的条约，规定美、英、日、法、意的战舰吨位的比率为 $5:5:3:1.75:1.75$。
④ 卡尔文·柯立芝（Calvin Coolidge，1872—1933），第30任美国总统。

林肯手下一样。胡佛①竞选连任被罗斯福击败,原因之一是他偏爱记者马克·沙利文(Mark Sullivan),引起不满,使若干行政部门难以和新闻界有效沟通,而民主党竞选的组织者查尔斯·迈克耳孙(Charles Michelson)又把胡佛抹黑。民主党用《国会记录》(*Congressional Record*)杂志的特权避免了诽谤法的指控。[53]

内战余波的灾难性后果长期存在。威尔逊总统在位时难以感到舒服自在,共和党人对他倡导的巴黎和会持排斥的态度,和约条文被迫不断调整,直到1929年失败,以及富兰克林·罗斯福总统的当选等等,都是内战余波未了的表现。富兰克林·罗斯福曾任纽约州州长,他充分利用西奥多·罗斯福有条不紊使罗斯福家姓摆脱贵族联想的努力。[54]他尽力控制恩赐委任,越过国会用广播直接对民众讲话,获得劳工的坚定支持,这使他能强势主导民主党事务,使民主党能主导国会,直到今天。"广播……对总统候选人的最大考验"是罗斯福"唯一充分放手与民众接触的手段"。[55]他对公共舆论极其敏感,对宗教团体的舆论尤其敏感。[56]政治图景为之剧变,在哈定、柯立芝、胡佛任内,白宫不受重视,国会极端强势,游说集团代表的商业利益集团立场强硬,到罗斯福任内,政府强势,恩赐任命大行其道。[57]到1938年,巨额的救济款被转用于军备。[58]连联邦最高法院的首席法官休斯(Charles Hughes)也说,经过一番苦斗[59],总体上同情国会的联邦宪法转而更加同情政府。最后,财政部预算局的迁移使总统能直接掌控政府的一切活动。

受《人权法案》(Bill of Rights)保护的新闻界造成的失衡在西美战争中见效了。报纸进行的"审判"有增无减,第一次世界

---

① 赫伯特·胡佛(Herbert Hoover,1874—1964),第31任美国总统。

大战后出现的歇斯底里也是新闻界造成失衡的结果。霍姆斯①写道:"20年前,一次微小的震动传遍世界,社会主义一词传到人们耳中,我当时就想,而且现在仍然认为,恐惧被转化成了教义,这是联邦宪法和习惯法②里没有的教义。"歇斯底里的效果记录在案,反映在报界对议会和最高法院的影响中(明显不同的意见只能证明报界的力量)。结果,权力日益向政府转移,引起政府对武力的依赖。用布鲁克斯·亚当斯③的话说:"在公共物权的集体行使中,美国民主显然决定性地失败了。"

总统控制恩赐任命和自己政党的权力由于无线电广播的使用而得到提升,而且由于他考虑军事因素而有所加强。军事因素的重要性加强了总统一人领导的权力,他有权不顾公共舆论和国会而干预战争。在引导或迫使国会承认并接受他的权力和地位时,他不得不谨慎小心、深思熟虑。第一次世界大战和第二次世界大战期间,民主党和总统的地位得到加强,无线电广播的使用尤其加深了行政和立法部门的鸿沟,致使行政和立法部门不得不依靠中介联系。威尔逊总统依靠众议院,富兰克林·罗斯福依靠霍普金斯④[60]。相比而言,英国首相得到政党的合作和议会的支持。

---

① 奥利弗·温德尔·霍姆斯(Oliver Wendell Holmes, 1841—1935),美国最高法院法官,与文学家父亲同名,常持自由派的观点,与其他法官意见相左,著有《习惯法》。
② 习惯法(common law),起源于英国王室法官的裁决,是不成文法,传到美洲后,成为人民反抗政府压迫性法令的基本法,习惯法中人们所熟悉的原则有《独立宣言》和《人权法案》中提到的权利。
③ 布鲁克斯·亚当斯(Brooks Adams, 1848—1927),美国历史学家,著有《新帝国》、《社会革命理论》等。
④ 哈里·霍普金斯(Harry Hopkins, 1890—1946),罗斯福的得力助手、私人使节,协调同盟国战时政策。

英国议会传统的巩固使丘吉尔①的败选和重新当选都成为可能。相反,美国民主党长期主导政坛的局面虽然有助于从罗斯福到杜鲁门(Truman)的权力转移,但同时意味着,变化只能是人事的变化包括内阁成员的变化。在纽芬兰草拟《大西洋宪章》②时,丘吉尔必须随时随地和英国内阁保持接触,而罗斯福则可以独行其是,这使美国人感到惊讶。

美国人办外交缺乏连续性,[61]虽然1924年的罗杰斯法案③是对职业外交官工作的鼓励,但美国外交还是因个人的情况而改变,[62]这和英国、俄国外交明显的连续性形成鲜明的对比。结果是美国外交对欧洲的兴趣比较小,对拉丁美洲的兴趣比较大,这就意味着对拉美国家驻美公使更感兴趣,当这些公使干练而勤勉时,美国外交界对拉美尤其感兴趣。[63]美国人和英国代表谈判的困难在布雷顿森林会议④中是显而易见的。英国谈判人经常听见美国人说,他们过不了国会那一关。美国谈判人判断国会和公共舆论的政治宽容度成了他们谈判的一个决定因素。

第三节 美国的扩张与战争政策

英国议会党和圆颅党的冲突,即绝对君主制和绝对议会制的冲突迁移到了北美。稍早建立的南方殖民地反映的是贵族组织的

---

① 温斯顿·丘吉尔(Winston Churchill,1874—1965),英国政治家,两度出任英国首相,第二次世界大战期间同盟国巨头之一,多才多艺,擅演说,1953年因其《第二次世界大战回忆录》而获诺贝尔文学奖。
② 《大西洋宪章》(Atlantic Charter),1941年8月13日,罗斯福和丘吉尔在纽芬兰海面的军舰上签署,反法西斯同盟自此逐渐形成。
③ 罗杰斯法案(Rogers Act),美国国会1924年通过,规定外交人员的调动和待遇,以有助于职业外交官工作的连续性。
④ 布雷顿森林会议(Bretton Woods),1944年7月在美国新罕布什尔州布雷顿森林的华盛顿山大饭店举行,故名,即联合国货币及金融会议,促成了世界银行和国际货币基金组织的建立。

影响，北方的殖民地反映的则是清教徒组织的影响。北方殖民地的独立要求和贸易有关，而南方殖民地的独立要求则是和土地有关。乔治·华盛顿曾在殖民地战争中和法国人作战，这一经验是他被任命为革命战争军事领袖的基础，也是他连任两届总统的基础。继任他的是新英格兰的代表约翰·亚当斯，亚当斯只任了一届。从1801年到1825年的三任总统分别是杰斐逊、麦迪逊和门罗，三人都连任两届，都是弗吉尼亚人。新英格兰的约翰·昆西·亚当斯只任了一届，南卡罗来纳的安德鲁·杰克逊连任两届。1837年当选的范布伦也是民主党人，是首位来自中部州的总统。那时，中部和北部州建立了辉格党，该党强调候选人的军事威望，这使得哈里森当选总统，随即又使约翰·泰勒当选，泰勒是弗吉尼亚人。继后的波尔克是北卡罗来纳人，代表民主党竞选成功。随后，辉格党人提名的另一位战争英雄扎卡里·泰勒，趁他的战功被人们记忆犹新，也成功当选，扎卡里·泰勒是弗吉尼亚人。1852年和1856年，民主党人提名比较弱的北方人皮尔斯和布坎南，竞选成功。1861年以前，除了2位总统外，13位总统都是民主党人；在13位总统中，9位是南方人，其余4位是北方人。然而，从1800年到1860年的杰斐逊革命之后，共和党的政策占主导地位，从1860年直到1932年。[64]

　　内战前的一个时期，南方代表尤其是弗吉尼亚和军界的代表雄踞政坛，这是种植业制度活力的体现，也反映了该制度对更多更好土地的需求。西班牙人、印第安人和墨西哥人的弱势使咄咄逼人的美国政府稳步向西扩张领土。向西南部的扩张同时刺激了向西北部的扩张，间或还损害了英国的利益，缅因州和俄勒冈州就是兼并自英国的土地，同时又损害了俄国在北太平洋海岸的利益。随后，向西扩张不再有新的土地时，美国南方人试图在濒临北部的边界上扩大奴隶贸易，这样的摩擦最终导致内战的爆发。

内战结束以后，几任总统均从北方选出，在很大程度上，他们代表的是胜利的北方军。此间，加拿大的民族主义日益强烈，这使美国北方咄咄逼人的政策受到制衡，其表现是围绕《华盛顿条约》的渔业争端、阿拉斯加边界争端和1911年在互惠协议上的分歧。继续进行对西班牙的战争是美国人咄咄逼人政策的新形式，这一政策在新的领土扩张中见效了。

西奥多·罗斯福吹嘘的那种行政权力的扩张、传播技术尤其是无线电技术的改进都加强了总统的地位。大萧条以后和战争期间总统控制了巨额的经费，致使他能控制本党。七条政治原理即所谓五饼二鱼①的分配运用得更加有效了。恩赐的任命和助手的任命根据国会议员的名册来分配。[65] 在直接靠多数票提名总统候选人的制度中，中产阶级的城市选民尤其是纽约选民留下了他们的印记。在提名总统候选人的干部会议制度被废除以后，[66] 每州选举两位参议员，而他们主要是城市中产阶级的代表，这就加大了摩擦的可能性。[67] 众议院反映城市选民的影响，但由于众议员人数众多，可能遭遇恶性党派之争和掠夺性利益之争，也可能遭遇愚蠢的规则之争，众议院议长坎农②强制推行的规则即为一例。1925年以后，朗沃斯（Longworth）、斯内尔（Snell）和提尔森（Tilson）三人把持下的众议院的愚蠢规则亦是这样的例子。[68] 这套把戏被描绘成世界上最严重的有组织的自卑情结。

政府行政部门的权力增大，都市中心的重要性继续提高，政党的政策不如以前那样依靠总统一人。也许，家族的姓氏仍然是总统选举里的一个因素，哈里森、罗斯福和塔夫脱三个姓

---

① 五饼二鱼（Five Loaves and Two Fishes），典出《圣经》故事，耶稣在"僧多粥少"的情况下分配食物，满足很多人的需要。

② 约瑟夫·格尼·坎农（Joseph Gurney Cannon，1836—1926），1903—1911年任众议院议长，压制少数派，实为独裁者，被政敌称为"沙皇"。

影响，北方的殖民地反映的则是清教徒组织的影响。北方殖民地的独立要求和贸易有关，而南方殖民地的独立要求则是和土地有关。乔治·华盛顿曾在殖民地战争中和法国人作战，这一经验是他被任命为革命战争军事领袖的基础，也是他连任两届总统的基础。继任他的是新英格兰的代表约翰·亚当斯，亚当斯只任了一届。从1801年到1825年的三任总统分别是杰斐逊、麦迪逊和门罗，三人都连任两届，都是弗吉尼亚人。新英格兰的约翰·昆西·亚当斯只任了一届，南卡罗来纳的安德鲁·杰克逊连任两届。1837年当选的范布伦也是民主党人，是首位来自中部州的总统。那时，中部和北部州建立了辉格党，该党强调候选人的军事威望，这使得哈里森当选总统，随即又使约翰·泰勒当选，泰勒是弗吉尼亚人。继后的波尔克是北卡罗来纳人，代表民主党竞选成功。随后，辉格党人提名的另一位战争英雄扎卡里·泰勒，趁他的战功被人们记忆犹新，也成功当选，扎卡里·泰勒是弗吉尼亚人。1852年和1856年，民主党人提名比较弱的北方人皮尔斯和布坎南，竞选成功。1861年以前，除了2位总统外，13位总统都是民主党人；在13位总统中，9位是南方人，其余4位是北方人。然而，从1800年到1860年的杰斐逊革命之后，共和党的政策占主导地位，从1860年直到1932年。[64]

  内战前的一个时期，南方代表尤其是弗吉尼亚和军界的代表雄踞政坛，这是种植业制度活力的体现，也反映了该制度对更多更好土地的需求。西班牙人、印第安人和墨西哥人的弱势使咄咄逼人的美国政府稳步向西扩张领土。向西南部的扩张同时刺激了向西北部的扩张，间或还损害了英国的利益，缅因州和俄勒冈州就是兼并自英国的土地，同时又损害了俄国在北太平洋海岸的利益。随后，向西扩张不再有新的土地时，美国南方人试图在濒临北部的边界上扩大奴隶贸易，这样的摩擦最终导致内战的爆发。

内战结束以后，几任总统均从北方选出，在很大程度上，他们代表的是胜利的北方军。此间，加拿大的民族主义日益强烈，这使美国北方咄咄逼人的政策受到制衡，其表现是围绕《华盛顿条约》的渔业争端、阿拉斯加边界争端和1911年在互惠协议上的分歧。继续进行对西班牙的战争是美国人咄咄逼人政策的新形式，这一政策在新的领土扩张中见效了。

西奥多·罗斯福吹嘘的那种行政权力的扩张、传播技术尤其是无线电技术的改进都加强了总统的地位。大萧条以后和战争期间总统控制了巨额的经费，致使他能控制本党。七条政治原理即所谓五饼二鱼①的分配运用得更加有效了。恩赐的任命和助手的任命根据国会议员的名册来分配。[65]在直接靠多数票提名总统候选人的制度中，中产阶级的城市选民尤其是纽约选民留下了他们的印记。在提名总统候选人的干部会议制度被废除以后，[66]每州选举两位参议员，而他们主要是城市中产阶级的代表，这就加大了摩擦的可能性。[67]众议院反映城市选民的影响，但由于众议员人数众多，可能遭遇恶性党派之争和掠夺性利益之争，也可能遭遇愚蠢的规则之争，众议院议长坎农②强制推行的规则即为一例。1925年以后，朗沃斯（Longworth）、斯内尔（Snell）和提尔森（Tilson）三人把持下的众议院的愚蠢规则亦是这样的例子。[68]这套把戏被描绘成世界上最严重的有组织的自卑情结。

政府行政部门的权力增大，都市中心的重要性继续提高，政党的政策不如以前那样依靠总统一人。也许，家族的姓氏仍然是总统选举里的一个因素，哈里森、罗斯福和塔夫脱三个姓

---

① 五饼二鱼（Five Loaves and Two Fishes），典出《圣经》故事，耶稣在"僧多粥少"的情况下分配食物，满足很多人的需要。

② 约瑟夫·格尼·坎农（Joseph Gurney Cannon, 1836—1926），1903—1911年任众议院议长，压制少数派，实为独裁者，被政敌称为"沙皇"。

氏足以为证，谋杀[69]的危险可以靠加强特勤来控制。过去，副总统曾经从党内败选的少数派中遴选，这样的副总统继任总统时，往往处在比较弱势的地位。[70]从1800年到1900年，只有一位副总统范布伦靠一己之力竞选总统成功。[71]近来，副总统成了一个地区代表，旨在代表一个人口密集的州支持总统。得克萨斯人加纳（John Nance Garner）、艾奥瓦人华莱士（Henry Agard Wallace）和密苏里人杜鲁门（Harry S. Truman）相继担任富兰克林·罗斯福的副总统，他们就行使这样的功能。1900年以后，三位副总统凭借自己的力量竞选总统获得成功，他们是西奥多·罗斯福、柯立芝和杜鲁门。

蒂尔登①之所以发迹，是因为纽约州重要，因为靠抨击腐败可以实现政治生涯的迅速升迁。他抨击特威德集团②，以民主党总统候选人身份对战共和党总统候选人海斯。克利夫兰在布法罗扬名显声是因为他抨击腐败；富兰克林·罗斯福的崛起和他曾任纽约市警察局局长不无关系；查尔斯·休斯（Charles Hughes）以共和党总统候选人身份对战民主党威尔逊，是因为他在调查保险业的案子中崭露头角；托马斯·杜威③的政治地位显赫，是因为他曾以检察官的身份和犯罪集团斗争。赫斯特④使尽浑身解数

---

① 塞缪尔·琼斯·蒂尔登（Samuel Jones Tilden, 1814—1886），以民主党总统候选人身份对战共和党候选人海斯，以一张选票之差惜败。
② 特威德集团（Tweed ring），1860—1871年间活跃在纽约市的一个政治组织，头目为威廉·马西·特威德（William Marcy Tweed），以卑鄙和犯罪手段控制纽约市民主党总部。
③ 托马斯·杜威（Thomas Dewey, 1902—1971），美国政治家，曾任纽约州地方检察官、纽约州州长，1944年和1948年两度以共和党候选人竞逐总统宝座，惜败。
④ 威廉·伦道夫·赫斯特（William Randolph Hearst, 1863—1951），美国报业大王、企业家，赫斯特国际集团（Hearst Corporation）的创始人。赫斯特是一位在新闻史上饱受争议的人物，被称为新闻界的"希特勒"、"黄色新闻大王"。

竞选纽约市市长、纽约州州长，均告失败，纽约州政治斗争之激烈，[72]由此可见一斑。柯立芝因处理波士顿警察罢工而全国闻名。纽约州的问题多如牛毛，政治却相对健康，原因之一也许是政治人物可以靠抨击腐败成名吧。

总统知道自己的权力来自于选举，他必须随时警惕政策对选举的意义。在外交政策上，选举的结果在几个方向上是显而易见的。外交决策的时机和投票的时间是精心谋划的，更准确地说，选举和时间的关系要精心谋划。缜密的时间安排迫使人着力于问题的操弄或解决。1948年选举前夕，杜鲁门先生决定承认巴勒斯坦，以加强民主党在纽约州的地位，当时的州长是共和党人杜威。一段紧张的战争时期大大加强了政府的行政权力。在安全的军事和秘密大面积模糊的背景中，反对党无法有效地讨论大多数关键的政策要素。战争期间，共和党人接受任命进入内阁，外交事务由两党共治的责任形成。这个问题的解决可以是任命一位反对党的将军，比如艾森豪威尔（Eisenhower），不过，西点军校从未产生优秀的政治家，这位将军实际拥有超过总统的权力，这可能使他感到满意。富兰克林·罗斯福个人对海军感兴趣，他让军方专家拥有更多的自由决策权。[73]然而，这样的自由可能使总统陷入武力量的股掌之中。对条约的批准，参议院拥有三分之二票的裁决权，这能有效地制衡总统的外交政策。德国、俄国和英国的代表团都利用了美国参议院的这一裁决权，[74]但这一制衡机制对美国及其武装力量的发展没有多大好处。实际上，参议院相当乐意应自己党派的需求与武装力量合作。

在20世纪，战争大大推进了工业发展，进而增加了行政部门面对的问题。封锁和以封锁相威胁的政策增加了政府对国内产业的依赖。"就缓减失业而言，武装力量的全面提升"一直是必不可少的。我们必须要借"战争来解决失业问题，以防止国内的无政府主义状态，而不仅仅是靠战争来抵御外来侵略以保护就业（即有序的生活）"。"对我们的经济体制而言，依靠战争比依靠产业更加重要。""倘若敌人并不存在,那就必须要制造一个敌人。"[75] "没有刺激国内市场的战争暴行故事,战争的进行就是不可能的。"[76]

第四节　上帝眷顾幼儿、醉汉和美国?

以上是个人斗胆放言,但我并不假装了解美国,我不能评估党派斗争在美国国内的意义。然而为了和平,我们必须竭尽全力理解美国行为的效应,而且要理解我们自己的行为所产生的效应。我们从来就没有南斯拉夫人对俄国那样的勇气,我们从来就不曾产生铁托①那样的领袖。我们回应美国的需求,有时热情,有时抗争。英联邦成员国反击渥太华协定②里包含的霍利—斯姆特关税法③,但我们加拿大人始终是北美的一部分。19世纪北美大陆小麦产量的剧增与俄国革命直接相关,与德国的田地均分主义、法国关税率的提高、英格兰的市场调整也不无关系。为了确保食糖供给的独立性,德国人对食糖强征关税,迫使甘蔗降价,促成西班牙美洲殖民地的反叛,也使美国人能充分利用西班牙帝国的瓦解。[77]美国国会1924年立法通过的移民配额制加剧了意大利的人口问题,助推了法西斯主义的形成。1934年的白银购买协定④、随

---

① 约瑟普•布罗兹•铁托(Josip Broz Tito, 1892—1980),反法西斯战士、前南斯拉夫领袖、20世纪重要政治人物、不结盟运动领袖,敢于反苏反霸,对东西两大阵营都不即不离。

② 渥太华协定(Ottawa Agreements),1932年渥太华会议前后,英美在加拿大展开了激烈的经济争夺。英国利用渥太华协定来框定加拿大,以便加强和巩固帝国经济,扭转经济颓势;而美国也积极拉拢加拿大,以渗透并瓦解英国的"经济堡垒",获取本国经济发展空间;加拿大面对英美的争夺,则采取有效措施,游刃于英美之间,以谋取本国的利益。

③ 霍利—斯姆特关税法(Hawley-Smoot Tariff),美国历史上关税率最高的关税法之一,1930年通过,由两党议员提案,胡佛总统签署。

④ 1934年美国国会通过白银购买法(Silver Purchase Act),旨在帮助美国走出经济危机,却给中国经济带来严重灾难。这里所谓白银购买协定指美国政府为此与其他主要西方国家达成的协议。

之被破坏的中国货币制度与中国的革命有直接关系。北美的保护主义政策、打入美洲市场的困难使美国不得不输出美元,同时又使其他国家难以获取美元。结果就造成庞大的军备支出。用已故卡尔·贝克①的话说:我们不了解的东西使我们很受伤。

《独立宣言》和联邦宪法确定了美国成文宪法的分割属性(divisive nature),华盛顿和亚当斯实行集中化,从杰斐逊到林肯偏重的是非集中化,林肯之后又转向集中化——先是共和党执政的集中化,继后是民主党的集中化。如此就出现这样的景象:有时政府行政部门的权力被弱化,有时其权力又得到加强,这样的权力转移很大程度上取决于占主导地位的传播媒介。美国的成文宪法和英国的不成文宪法引起的权力变化趋势形成强烈的对比。在英国,首相的权力未被分割,他对议会负责。在美国,"政党寻求派别、阶级和企业集团的妥协,""坦率地说,美国人对逻辑的规范或'永恒的'原则不感兴趣。"[78]英国人的特征是实施政党代表制,而不是地区代表制,这一特征不见于美国。[79]"最深刻的美国政治思想家不断寻求个人私利(selfish interests)之间的妥协,并在其中看到自由政府的基本原理。"卡尔洪②说,"消极的权力……造就宪法,积极的权力……造就政府。消极的权力是行动的力量;积极的权力是阻止或抑制行动的力量。两种力量的结合建构立宪的政府"[80]。对消极力量的强调,对利维坦③的恐惧,对州权力被削弱的担心,都由于战争和工业革命推进的强大的联邦政府而得到缓减。[81]在美国宪法的影响下,

---

① 卡尔·贝克尔(Carl Becker, 1873—1945),美国历史学家、美国科学院院士,著有《18世纪哲学家的天城》、《论〈独立宣言〉政治思想史研究》等。
② 卡尔洪(Calhoun, 1782—1850),美国政治家、副总统(1829—1832),其著作当时影响很大。
③ 利维坦(Leviathan),典出《圣经·约伯记》,怪兽、恶魔,像巨鳄,坚甲,利齿,口鼻喷火,腹有尖刺,令人生畏。

对武力的依赖日益成为必需的要义。英国的情况相反，除了克伦威尔①和军队压制议会不长的时期以及惠灵顿②公爵担任首相的时期以外，武力越来越受制于议会的权威。虽然陆军和海军的影响不可小觑，但将军出任首相在英国是不可思议的事情，美国的情况相反，将军出任总统几乎成了惯例。奥斯特罗果尔斯基③说，上帝眷顾儿童、醉汉和美国。我希望，上帝偶尔也看看其他方向，眷顾我们这些其他人，并希望，我这句话不被人视为亵渎上帝。

注　释

[1] 1951 年在 Salmagundi 俱乐部会上宣讲。

[2] 马丁（E. D. Martin），《群众行为》（*The Behavior of Crowds: A Psychological Study*）（New York，1920），p. 223。

[3] Ibid.，p. 248.

[4] Ibid.，p. 249."若要判断一个国家是否真的自由，最可靠的检验就是多数人所享受到的安全指数。""我所谓的自由是：每个人履行他的义务时，他是否确实会受到保护，而不受权威和多数人、习惯和舆论的影响……受少数人的压制是坏事，受多数人的压制更是坏事。"（Lord Acton）见波洛克（John Pollock, Bt.），《时间的车轮》（*Time's Chariot*）（London，1950），pp. 166-167。

[5] 富勒（J. F. C. Fuller），《军备与历史》（*Armament and History*）

---

① 奥利弗·克伦威尔（Oliver Cromwell，1599—1658），英国军人、政治家和宗教领袖，内战时（1642—1649）率领国会军战胜王党军，处死查理一世，后任英格兰、苏格兰和爱尔兰护国公（1653—1658）。

② 阿瑟·韦尔斯利·惠灵顿（Arthur Wellesley Duke of Wellington，1769—1852），英国陆军元帅、首相，1815 年率英普联军击败拿破仑，曾反对《改革法案》（1831—1832）、镇压 1848 年宪章运动。

③ 奥斯特罗果尔斯基（Moisey Ostrogorski，1854—1921），白俄罗斯政治学家，首创对政党组织进行比较研究，著有《民主政治与政党》等。

(London,1946),p.101。

[6] Ibid.,p.109.

[7] 阿加(Herbert Agar),《美国的总统、政党和宪法》(*The United States: The Presidents, the Parties and the Constitution*)(London,1950),p.28。"因为事实上,大陆军三分之一以上的将军曾经是小客店老板;他们之所以当上将军,多半是因为有这样的履历。小老板接触公众,地位不高,但其处事原则和人格却广为人知。"Smyth; cited by Kittredge,《老农及其年历》(*The Old Farmer and His Almanack*)(Cambridge, Mass.,1920),p.264。

[8] 阿加,《美国的总统、政党和宪法》,37页。

[9] Ibid.,p.45.

[10] Ibid.,p.88.

[11] 当然,华盛顿的告别演说是另一种调子:"迄今为止,我们避免了与外部世界的任何国家长期结盟,我的意思是说,我们现在拥有不结盟的自由。"

[12] 转引自阿加,《美国的总统、政党和宪法》,174页。

[13] Ibid.,p.200.

[14] 1798年的曼彻斯特暴乱后,英格兰流亡者詹姆斯·奇瑟姆(James Cheetham)以克林顿(Clinton)主办的日报《美国公民》(*American Citizen*)为阵地,试图打破艾伦·布尔(Aaron Burr)在纽约的强势地位。杰斐逊系的强大报纸《曙光女神》(*Aurora*)的编辑威廉·杜安(William Duane)嫉恨麦迪逊和加勒廷(Gallatin),因为他们没有雇用他。加勒廷提议的航行法未获通过的原因就在这里,两军对垒的局面加速了。

[15] 《国民通讯员报》的前身是约瑟夫·盖尔斯(Joseph Gales)主办的费城的《独立报》(*Independent Gazetteer*)。盖尔斯曾经是《谢菲尔德纪事报》(*Sheffield Register*)的编辑和老板。1795年,他被控煽动叛乱,被迫流亡。1800年,《谢菲尔德纪事报》被史密斯(S. H. Smith)收购,并迁至华盛顿。

[16] 麦克卢尔(A. K. McClure),《半世纪生涯回忆》(*Recollections of Half a Century*)(Salem,1902),pp.37-39。

[17] 波拉德(J. E. Pollard),《总统与新闻界》(*The Presidents and the Press*)(New York,1937),p.147。

[18] 1830年，反共济会党把西沃德（Seward）送进纽约州参议院；1835年，它又使李特纳（Joseph Ritner）当选宾夕法尼亚州州长，并支持J. Q. Adams，William Wirt，Francis Granger和Thurlow Weed等人结盟。它在佛蒙特州支持总统候选人沃特（Wirt）和埃尔梅克（Ellmaker）。见孔顿（C. T. Congdon），《记者生涯忆旧》(*Reminiscences of a Journalist*)（Boston，1880），p. 29。

[19] 哈珀（R. S. Harper），《林肯与报界》(*Lincoln and the Press*)（New York，1951），p. 9。

[20] 巴恩斯（T. W. Barnes），《瑟洛·威德回忆录》(*Memoir of Thurlow Weed*)（Boston，1884），p. 172。

[21] 斯托达德（H. L. Stoddard），《贺拉斯·格里利传》(*Horace Greeley，Printer，Editor，Crusader*)（New York，1946），p. 149。

[22] 辉格党人没有赢得选民的直接选票。据传，韦伯斯特（Daniel Webster）说，他们应该"走下论坛，与选民握手"。这句话无数次以最大字号上了民主党人的报纸。相反，州长克利福德（J. A. Clifford）鲁莽地说，民主党人"人格低劣，人数少得可怜"。孔顿，《记者生涯忆旧》，61页。

[23] 波拉德，《总统与新闻界》，293页。

[24] 孔顿，《记者生涯忆旧》，253页。

[25]《亨利·亚当斯自传》(*The Education of Henry Adams: An Autobiography*)（Boston，1918），p. 275。

[26] 波拉德，《总统与新闻界》，480—486页。

[27] 阿加，《美国的总统、政党和宪法》，533页。

[28] 邮政部长助理卡拉克森（J. S. Clarkson）曾从事教育和新闻工作，据传，他1884年向3.8万所邮局分发竞选材料，以确保哈里森战胜布莱恩入主白宫。Herbert Quick，《奎克自传》(*One Man's Life*)（Indianapolis，1925），p. 220。

许多时候，邮政部都成了政党和组织的地方指挥部，成为党派政治策划的大本营。"有利于邮政局长本地的材料从来就不是经过邮局的正规渠道发行的，而是作为对本党的服务投递的，带有政治色彩；同时，通过正常渠道给对方阵营支持者的邮件却被扣留，不予投递。许多邮局醒目展示令人厌恶和烦恼的明信片。民主党人查询邮件时，邮局人员常常以嘲弄的口气叫他们看那些明信片。"(Cleveland) Cited by Agar, Ibid., p. 550.

[29] 麦克卢尔,《半世纪生涯回忆》,131 页。

[30] 奥尔尼用 1799 年 1 月 30 日的一条法律威胁《纽约世界报》,抱怨它对英国在委内瑞拉争议中的外交政策施加的影响。J. L. Heaton,《历史一页》(*The Story of a Page*)(New York, 1913), p. 112, p. 122。

[31] 艾伯特(W. J. Abbott),《看世界变化》(*Watching the World Go By*)(Boston, 1933), p. 74。康尼岛的店主 J. Y. McKane 没有得到克利夫兰的支持,所以积极反对他。福特(James L. Ford),《文字生涯 40 余年》(*Forty-Odd Years in the Literary Shop*)(New York, 1921), pp. 345—346。

[32] 漫画家纳斯特(Thomas Nast)为格兰特的当选作了有效的宣传;吉兰(Bernard Gillam)在《小精灵》(*Puck*)里描绘的"文身人"(The Tattooed Man)特别有效,他借此支持克利夫兰。福特,《文字生涯 40 余年》,299 页。Conkling 不支持布莱恩,放言"我没有卷入那些犯罪勾当",这是攻击布莱恩的重磅炸弹。

[33] 艾伯特,《看世界变化》,103 页。克利夫兰要英国公使收回那句话。大概,这一争执引起英国人反制,他们公布 1887 年美国准备购买加拿大滨海省的旧闻,这一旧闻成了美国报纸的快讯。

[34] 维尔普利(J. D. Whelpley),《美国公共舆论》(*American Public Opinion*)(London, 1914), p. 18。

[35] 阿加,《美国的总统、政党和宪法》,624 页。

[36] Ibid., p. 625.

[37] 评述西奥多·罗斯福麾下的"莽骑兵"时,杜利先生写道:"'如果你想要了解一位英雄,这就是你该拜读的传记。'……我要是他,我就会把这个书名改为《孤军深入在古巴》。'"艾利斯(Elmer Ellis),《杜利先生笔下的美国》(*Mr. Dooley's America*)(New York, 1941), p. 145。

[38] 艾伯特,《看世界变化》,139 页。

[39] 阿加,《美国的总统、政党和宪法》,639 页。

[40] 波拉德,《总统与新闻界》,517 页。

[41] 艾伯特,《看世界变化》,244 页。

[42] 戴维斯(Oscar King Davis),《西奥多·罗斯福政治生涯揭秘》(*Released for Publication: Some Inside Political History of Theodore Roo-*

sevelt and His Times，1898-1918) (Boston，1925)，p. 102。

[43] 阿加，《美国的总统、政党和宪法》，650 页。

[44] Ibid.，p. 626.

[45] Ibid.，p. 644.

[46] Ibid.，p. 638.

[47] C. B. 戴维斯（C. B. Davis），《伟大的美国小说》(*The Great American Novel*) (New York，1938)，p. 146。丹尼尔斯（Josephus Daniels）声称，如果有无线电广播助选，他也会像胡佛那样胜出。见科尔尼（James Kerney），《威尔逊的政治教育》(*The Political Education of Woodrow Wilson*) (New York，1926)。

[48] 转引自阿加，《美国的总统、政党和宪法》，675 页。

[49] 约翰逊（W. F. Johnson），《乔治·哈维》(*George Harvey*) (Boston，1929)，p. 286 ff。

[50] 1909 年与新西兰总理约瑟夫·沃德（Joseph Ward）的谈话，见吉尔万（James Kirwan），《我的冒险生涯》(*My Life's Adventure*) (London，1936)，p. 226。

[51] 柯立芝说，"我本不想参加竞选"。这句话究竟对"萨科—万泽蒂"案子的最终结局有何复杂的意义，参见一段惊人的记述：《我们亲眼所见》(*We Saw It Happen*)，ed. H. W. Baldwin and Shepard Stone (New York，1938)。

[52] 1838 年，在天主教会大主教休斯的支持下，西沃德当选纽约州州长。此前，他主张天主教徒和新教徒分享学校基金，结果就得罪了宾夕法尼亚州强大的政党。麦克卢尔，《半世纪生涯回忆》，216 页。

[53] 波拉德，《总统与新闻界》，743—745 页。

[54] 本特利（E. C. Bentley），《昔日》(*Those Days*) (London，1940)，p. 198。

[55] 谢伍德（R. E. Sherwood），《罗斯福与霍普金斯》(*Roosevelt and Hopkins*) (New York，1950)，p. 184，pp. 186-187。罗斯福的讲稿字斟句酌，不是用其书面文章的外观来评判，而是用其在广播上播出时的效果来衡量。语词的数量、讲话的速度都经过了精心的计算 (p. 217，p. 297)。耐人寻味的是，广播问世之前，没有一位杰出的演说家成功当选总统。麦克卢尔（A. K. McClure），《我们制造总统》(*Our Presidents and How We Make*

Them)(New York, 1900), p. 88。我们还可以说，布莱恩和蒂尔登竞选总统时，没有竞选团队辅佐，结果均告失败，它们是仅有的两位不依靠竞选团队的人。Ibid., p. 312。

[56] 谢伍德，《罗斯福与霍普金斯》，384 页。

[57] 塔格维尔（R. G. Tugwell），《新政：政府的衰落》（"The New Deal：The Decline of Government"），载 *Western Political Quarterly*，June 1951, pp. 295—312。关于总统和国会围绕政府工作的冲突，见海因曼（C. S. Hyneman），《民主政治里的官僚主义》（*Bureaucracy in a Democracy*）（New York, 1950）。

[58] 谢伍德，《罗斯福与霍普金斯》，101 页。

[59] 阿尔索普等（J. Alsop and T. Catledge），《168 天的拉锯战》（*The 168 Days*）（New York, 1938）。

[60] 谢伍德，《罗斯福与霍普金斯》，931—933 页。伊克斯 1940 年抱怨霍普金斯说，霍普金斯"连县一级的会议也没有参加过，也不知道如何参与这样的会议。可是如今他却在掌管全国的代表大会。真不知羞耻"。见《法利回忆录：罗斯福岁月》（J. A. Farley, *Jim Farley's Story：The Roosevelt Years*）（New York, 1948），p. 297。

[61] 驻外使团是分肥制的附属物，是政客玩的橄榄球。维尔普利，《美国公共舆论》，113 页，121 页。

[62] 皮尔森等（Drew Pearson and R. S. Allen），《华盛顿的旋转木马》（*Washington Merry-Go-Round*）（New York, 1931），p. 140。

[63] Ibid., p. 30, p. 46。

[64] 麦克卢尔，《我们制造总统》，21 页。

[65] 迈克尔，《宣传材料》，73 页。

[66] 关于对初选的批评，见斯塔克波尔（C. J. Stackpole），《幕后：50 年报纸编辑生涯》（*Behind the Scenes with a Newspaperman：Fifty Years in the Life of an Editor*）（Philadelphia, 1927）。

[67] 霍尔柯姆（A. N. Holcombe），《美国政治里的中产阶级》（*The Middle Classes in American Politics*）（Cambridge, Mass., 1940），p. 104。

[68] 皮尔森等，《华盛顿的旋转木马》，217—219 页。

[69] 关于无政府主义和柯尔特左轮枪对商界和政界露骨独裁的消逝有

何影响,这个问题尚无仔细研究。见 Emma Goldman,*Living My Life* (New York,1934)。

[70] 斯托达德(H. L. Stoddard),《我所知道的总统和政界人士:从格兰特到柯立芝》(*As I Knew Them: Presidents and Politicians from Grant to Coolidge*)(New York,1927),p. 123。

[71] 麦克卢尔,《我们制造总统》,25 页。

[72] 纽约州的民主党成了美国的政治工作坊。1925 年以后,全国的政治领袖都被推动着效仿其组织工作路线,重点是让妇女进委员会享有平等的发言权。1932 年和 1936 年,妇女选票成为总统选举的重要因素。见法利(James A. Farley),《选票背后》(*Behind the Ballots: The Personal History of a Politician*)(New York,1938),p. 55,p. 160。

[73] 丘吉尔对军队的控制要大得多。见谢伍德,《罗斯福与霍普金斯》,246 页。

[74] 俄裔牧师 Count Cassini 和德裔牧师 Von Holheben 通过报纸向参议院诉求,反对总统的政策,获得成功。见《亨利·亚当斯自传》,375 页。

[75] 富勒,《军备与历史》,164—165 页。

[76] 本特利,《昔日》,184 页。

[77] 亚当斯(Brooks Adams),《美国的经济优势》(*America's Economic Supremacy*)(New York,1900),pp. 36-41。

[78] 阿加,《美国的总统、政党和宪法》,vii 页。

[79] 美国建国之父对英国的自治制度不太感兴趣。"州的法律和习惯也已确定,代表必须是他那个选区的居民。"见亚历山大(D. A. S. Alexander),《众议院的历史和议事程序》(*History and Procedure of the House of Representatives*)(Boston,1916),p. 5。结果,最能干的人的迁移就受到控制了。相反,在吸引和确保挑选最有才干的个人方面,英国政党的效果就好得多,因为他们不考虑代表的居住地。

[80] 阿加,《美国的总统、政党和宪法》,vii 页。

[81] Ibid.,p. xiii.

第三章　罗马法与英帝国

第一节　律师在英国议会里的主导地位

在庆贺新不伦瑞克建省150周年的讲演中，我来关心一下对该省的生活发挥了重要作用的一个国家看来是稳妥的，这个国家就是美国。为了应对殖民地的反叛，第二英帝国①加强北美防卫，新不伦瑞克省就是这些战略计划的产物之一。新斯科舍省分为三个地区：布雷顿角、新不伦瑞克和新斯科舍，以便其自成核心，调动力量组织防卫。联合王国保王党（United Empire Loyalists）从美国移民到新不伦瑞克，牢记美国反叛者对他们故国的敌视。宾夕法尼亚州印刷史上的显赫人物克里斯托弗·索尔（Christopher Sauer）在新不伦瑞克办了第一家报纸。正如你们的校历所示，贵校之诞生是由于保王党对自己孩子的教育感兴趣。以1787年校庆的文字为例，"在这个乳臭未干的省里，创建一所文理学

---

① 第二英帝国，以1783年为界，历史学家将英帝国划分为第一英帝国和第二英帝国。

院既有必要，又很合宜"。

詹姆斯·布赖斯（James Bryce）强调英帝国和罗马帝国的相似性，尤其强调罗马法和习惯法分别对两个帝国所起的作用，他试图借此阐述英帝国的问题。[1]在布赖斯修订自己的论著准备出版的1914年，英帝国正在经历关键的变革。此后，威斯敏斯特法①使英联邦得到发展，爱尔兰、印度和纽芬兰的地位有了变化，这些变化是需要我们重新考虑的。

在他三卷本的《美利坚合众国》（*The American Commonwealth*）里，布赖斯的名字永远和英帝国的首次重大变革联系在一起。美国革命是英国习惯法局限性的结果："习惯法是不成文准则和习惯的古老的集合。"（布莱克斯通②语）英国、美国和其他国家的许多学者业已对英国习惯法做了大量的探讨。麦克尔韦因（C. H. McIlwain）对17世纪的习惯法做了描述[2]，彼时，议会力量的影响反映在克伦威尔政权对斯图亚特王朝的取代。都铎王朝的绝对权力被议会的绝对权力取代，这两种绝对权力都被认为是对习惯法的侵犯。在1610年的伯恩汉姆案子（Bonham Case）中，爱德华·柯克③爵士捍卫习惯法的立场。"当议会的法案与常人的公议和理性相抵触、令人反感或难以执行时，习惯法就会控制它，并将其判为无效。"但克伦威尔执政时的议会并不承认这样的局限，1689年革命法律至上时也不承认这样的局限。北美殖民地是在英国议会至上时期前建立的，它们不可能接受这

---

① 威斯敏斯特法（Statute of Westminster），1931年12月11日英国议会通过，确认各自治领自由。
② 威廉·布莱克斯通（Sir William Blackstone，1723—1780），英国法学家，著有《英国法律评论》、《英国法律分析》等。
③ 爱德华·柯克（Sir Edward Coke，1552—1634），英国法学家和政治人物，1613年被任命为王座法院首席法官后，又常被称作柯克大法官。

样的局限。詹姆斯·奥蒂斯①重申柯克的立场。1773年3月2日，马萨诸塞议会拒绝承认英国议会的至上地位。"我们认为，根据封建原则，一切权力归英王，这些原则不赋予我们议会的概念。"英国经历了议会至上、损害习惯法的历史，英国殖民地决心捍卫习惯法的立场，[3]制定了制衡立法机构权力的宪法。

至于英国如何采取许多步骤、殖民地如何留在英帝国之内，则没有必要在此赘述，这些殖民地制定宪法，规避了第一帝国的灾难。滨海省份成功建立了第二帝国，防止了第一帝国的灾难，建立了负责任的政府。在英国，自然法承认议会的局限，在殖民地，自然法承认合众国的细密机制，故保护习惯法的必要性就无从谈起。在英国，自然法下的议会的影响彰显于改革法案②中，在19世纪的公民选举权的延伸里亦得到彰显。[4]下院权力增强，上院权力削弱，宪法中反对自然法效应的元素亦稳步削弱。这一变革过程的特点是漫长而艰苦的斗争，这一特点至今犹在，但1911年的立法决定性地终结了贵族的权力。"王权被踩在下院脚下，上院被踩在政党核心小组的脚下。"[5]

英国内部的变化对帝国具有深刻的含义。实际上，1911年的立法和爱尔兰问题直接相关，和建立地方自治③（Home Rule）也有直接的关系。被击败的保守党反对受爱尔兰议员和劳工议员支持的自由党，先是在下院持反对的立场，最后是在北爱尔兰问题上持反对的立场。军队和北爱尔兰的领袖联手、和保守党领袖勾搭的故事令人作呕，伯恩（M. J. Bonn）教授对此做了描绘，[6]他将其视为欧洲法西斯的开端，没有必要在此赘述。议会首次受

---

① 詹姆斯·奥蒂斯（James Otis，1725—1783），美国独立战争时期政治家、律师，主张殖民地任命的天赋权利，所著《英国殖民地权利的维护和证明》就根据自然法的原则写成。
② 改革法案（Reform Bills），1832、1867、1884年英国议会选举的改革法案。
③ 地方自治（Home Rule），尤指1870年至1913年的爱尔兰自治。

到武力的公开蔑视，那一定程度上是对议会的成功挑战。在第一次世界大战期间，爱尔兰对英国议会的反对更加坚定，导致 1916 年的复活节起义，最终导致条约的签订和爱尔兰共和国的建立。面对议会里的阻挠策略，习惯法的议会难以为继，议会里的阻挠策略是在爱尔兰问题的议事过程中形成的。

有人认为，[7]在土著居民被灭绝的地方（如美洲和澳洲），英帝国主义成功了，在官僚体制能建立起来的地方（如印度），它也成功了，但在强大的文化影响主导移民屯集的地方（如爱尔兰），英帝国主义失败了。这样的观点忽略了习惯法的作用。在习惯法中训练有素的人，比如圣雄甘地（Gandhi），很快就看到习惯法保护个人权利的可能性。在伦敦的训练以后，他在南非发动保护印度移民的运动，颇为有效。利用他在南非形成的抗争手段，他对印度和巴基斯坦的建国作出了有力的贡献。习惯法应有之义是对本地习俗的关怀，它促成了用和平手段或小型反叛手段而导致的英联邦的发展。

由于立法重要性的增长，尤其是在 1832 年改革法案之后立法重要性的增长，律师在议会里制定和解释法律的过程中开始扮演重要的角色。习惯法的国家偏爱选举律师进议会，几乎排斥记者，这和罗马法的国家形成对比，罗马法的国家偏爱推选记者当议员。在习惯法的国家里，国家是习惯和传统的一部分，革命传统受到削弱。[8]马克思（Marx）关于国家消亡的论述指的是罗马法的国家，而不是习惯法的国家。习惯法的传统使政治成为法律的一部分，它强调国家和法律的关系，其隐含命题是吸收政治能量，忽略文化发展，政治能量和文化发展是罗马法国家的特征。将习惯法传统强加于罗马法国家会遭遇危险，罗马法国家的议会制度运转困难，就是这样的危险。

48 律师在议会里占主导地位所隐含的命题,见于亨利·泰勒①的论述中:

> 律师出身的政界人士(若有律师执业经验)有一个优点,和其他背景的政界人士相比,他们更用心处理政务。他们克尽厥职,并无特别的不足。在实际生活中,理性有可能颠覆判断,乍一看,这可能是一种悖论。观照事物时,若贴得太近,好奇心太重,就可能会无法把握其本真的形象。经过法律研究和律师职业培育的天赋精确的推理能力以后,他们的政治智慧和生活智慧就是要知道,如何将这些天赋和培育的能力搁置一边,如何在恰当的时机靠直觉的把握来得出结论,就是要用那种几乎无意识的过程去取代一连串的论述,凭借这种直觉,即使不曾有过推理能力的训练,天赋理解力强的人也可以在瞬间求解普通生活问题的答案。
>
> 法律出身者常见的缺陷在于,看问题太执著,不能用问题要素的恰当比例来看问题,他们不知道应该抛弃多少问题的表象,才能把观照的主题纳入判断力的范围之内。在审视硕大的客体时,应该对判断的对称和视角要素作一些调整:由于其小,有些考虑因素要视若无睹,远处的景物应该隐没在消失点里。律师常将案子的大量细节抠得太死,却不能从总体上予以把握,仿佛要挖地三尺去翻找一粒种子。要言之,律师往往以观察之完全和精确为目的,这固然好,但总体上看,这一点视角与政治事务的多重维度不成比例,至少与其中的一些类别不成比例。[9]

对许多律师而言,一切事实都是免费的、平等的,诚哉

---

① 亨利·泰勒(Henry Taylor, 1800—1886),英国诗人、剧作家、政界人士。

斯言。

第二节 习惯法的性质与意涵

简单说一说律师职业的工作环境，或许能更清楚地说明司法界的重要作用。法庭内的布局突出庭审过程攸关生死的权力和权威。审判台高高在上，与法庭的其余部分严格分离，法官的地位令人注目。审判台之下是证人席、辩护人席、公诉人席，其余为公众席。法庭布局令人敬畏的传统，对法庭尊严的坚持，严禁吸烟，严禁嚼口香糖，严禁朗读书面文本等，诸如此类的规定激起人们对寻求真相和公正的关注。

对这些传统的侵蚀清楚表现在报界和刑事律师进行拍照的要求中。庭审为年轻律师提供了宣传自己的可能性。连最高法院的法官似乎也乐见自己的照片上报纸。律师对犯罪细节表现出强烈的兴趣，但他们不喜欢专攻刑法，而是喜欢兼攻民法和刑法。据信，专攻刑法对人格和名誉都会产生有害的影响。

庭审过程依靠口语传统，其表现是：证人宣誓要讲真相、讲全部真相、只讲真相。事实的确定依靠律师的盘问、反问和反复的盘问。原告律师和被告律师的攻防旨在核查和提供证据，法官或陪审团根据证据判案。证据提出并确定之后，双方律师通过争辩确定适用于庭审事实的法律。法庭用语和举止体现了对法庭的尊重，对法官表示抗辩前要说"尊敬的法官大人"。对年轻律师的忠告代代相传："对法官说话的语气绝不能以下犯上。"这句话既反映了法律界人士的自负，又突出了法官地位之重要。

口语传统的重要性还有一个显而易见的表现，它可以制衡律师和证人的夸张言语。这一传统扎根在读写文化普及之前的背景中，口语证词而不是书面证词的传统在庭审和陪审制度中坚持下来。如此，习惯法始终能回应一切阶级的意见，包括目不识丁阶级的意见。相比它和教会及宗教的联系，口语传统与法庭的联系可能更加有效，因为这里没有繁复的仪式和经文，虽然法庭要求出庭人手抚《圣经》宣誓，还可能对伪证处以重罚。不过，口语传统与法庭的联系还是不如它和教会及宗教的联系。英国法庭要求授权人出庭，而不是用授权书出庭，其设想是，授权人写定授权书以后还可能改变想法。在北美，由于授权人千里迢迢出庭可能有困难，英国法庭这一规定逐渐放松要求，法庭逐渐依靠书面证词了。

口语传统的优势容许庭审过程中的变化，其表现是能揭示证据和论辩的缺陷。证人的品格暴露无遗，意向的作用更容易确立。在准备出庭的过程中，律师要深入研究自己证人和其他证人的特征，要评估双方的优势和劣势，以便制定令人满意的策略。习惯法非常强调客观研究出庭人及其特征。习惯法的成功与个人主义息息相关，使法庭有必要关心境遇对人的影响以及人对环境的影响。忘记大法官的教诲是危险的："窘困者并不是真正意义上的自由人。"[10] "环境条件的力量往往摧毁平等，正是因为这样一个因素，立法的权力应该维护平等"［卢梭（Rousseau）语］。

强调口语传统的重要意义时，有必要牢记文字传统和印刷传统的作用。相比而言，英国法庭更嫉妒它们的地位，案件审理时，法庭阻止报纸议论案情。大量的公开渲染对评审团构成严重问题，因为报纸反映的舆论可能会影响他们的判断。[11] 庭审记录的报告机械化了，这可能是另一个微妙的问题。法庭上问答的措辞用语和宣誓的记录有关，而庭审记录是法官考虑和判决案子的基础，这样的问答记录可能会模糊口语传统给人留下的鲜明印象。对记录的关心暗含这样一种倾向：对适合阅读的问题感兴趣，忽略口语给人的短暂印象。在适应文字记录和速记的过程中，口语传统被仔细地扭曲了。专注庭审记录的倾向利弊皆有：这使法官研究案情时不带感情、客观冷静，此其利；但它又可能助长法庭久拖不决，法官可能由于年迈或有倾向性而不太看重司法公正时当机立断的重要意义，此其弊。但也有人说，即使在有宣誓书的情况下，最终还是会真相大白——这样的言论亦有道理。

司法界自身对执法产生重要影响。司法界人士总是很注意同行工作的艺术性，总是不断评估同行的能力，以及法官审理案子的能力。司法界的封建特征表现在"法官大人"、"我的朋友"、"我博学的朋友"等法律用语中。不过，现在法律用语的风格更加平凡、平实了，连产权转让证书也不再被描绘为"陈腐的蠢话如同乱麻，那些靠此盈利的家伙用迂腐的滥调和既得的利益来维持这种纠结不清的文风"[12]。

控辩双方律师的攻防能力的竞争表露无遗。双方都执著于推进自己的利益，言辞极端刻薄，官司失利时都极尽批判之能事。但司法同行的礼节给法庭上的冲突退火降温，严格限制了刻薄的攻击。法庭上的冲突满足控辩双方的需要，庭外同行的礼仪却得到维持。法庭的保护、律师代表当事人的利益，都有助于确保对事实的考问，即使令人难堪的问题也可以提出来，不过，考问的实际运行却受到律师能力的局限，反映在律师所得酬金的额度和当事人支付律师酬金的额度中。律师的能力得以维持，法官的能力却受到局限，律师稳赚大钱可能会给法官留下深刻的印象。似乎有这样一个趋势：大公司总是能得到律师的保护，而律师能成功保护大企业的利益，因而能挣得大笔酬金。企业法律诉讼的成功依靠律师的能力，当然还依靠律师事务所的规模。大型律师事务所拥有巨量的资源，拥有各种专业知识的律师，能吸引精力充沛、训练有素的年轻律师。律师工作要求高强度的勤勉工作，唯有年轻人能付出大量的精力。一般人的印象是，律师相对英年早逝，其原因大概就在这里吧。

由于法律的数量剧增，案例的汇编、索引和节略的数量大增，大型律师事务所的优势日益彰显。由于基础法律文本包括教材、评论等文献的增多，司法印刷品进一步增多。由于索引和汇编的增加，律师养成了怠惰的习惯，他们忽视对案例彻底和系统的阅览，所以就需要更多的索引。大笔经费的藏书、大量节本文献的使用往往有利于盈利丰厚的事务所，助长了司法界的商业主义倾向。书面传统、油印件和机印书传统日益重要，与此同时，法庭的地位有所下降，法律的性质有所变化。[13]

遗嘱的执行多半交给了信托官员，托收账户的执行交给了收账代理商。保险公司和放贷公司的按揭服务显著增加，结果导致司法界的专业化，大型律师事务所的业务随之增加。同理，公司的工作也高度专业化，它们将法律事务托付给大型法律事务所，汽车事故的法律事务交给了保险公司的律师，司法专家更加关注所得税法，他们不得不和注册会计师争夺这一块业务。劳工法成了专家的领域。行政性质的董事会兴起，其结果是对专家的需求，而不是对律师的需求。法律的变化尾随个人主义向集体主义的变化而变化。法学院的年轻毕业生对机关工作感兴趣，而不是对法院工作感兴趣。这对法庭是很不利的。

由于司法特有的专业化，对司法专业的要求日益增加。现代法庭审理案子时，法官要对范围广、技术性强的问题有所了解。专家以证人身份出庭时，无论其是会计师、经济师、工程师或医师的身份，他们都必须回答费尽心机的考问和交叉考问；律师则必须掌握审理案子涉及的专业知识。克拉伦斯·达罗①的习惯是，"除非我事先知道一个问题的答案，否则我是不会问那个问题的"。一般的律师都尊奉这一规律。律师必须非常信赖自己的能力，相信自己能掌握一切证据，能适应法庭需要他回答的一切问题。律师不得不高度注意具体的问题，执著于了解问题的细节。也许，和其他法系相比，看重口语传统的习惯法对事实的查证更有兴趣，事实比原则更为重要。比如，习惯法国家的论辩式诉讼程序（litigious procedure）强调外围证据，相比而言，法典化国

---

① 克拉伦斯·达罗（Clarence Darrow，1857—1938），美国著名的辩护律师，1925年在进化论的案子中为斯科普斯（John Scopes）辩护，大胜，著有《犯罪的原因和处置》、《我的一生》等。

家则偏重诘问式诉讼程序（inquisitorial procedure）。陪审团制度意义重大，因为怕引起陪审团的误解，所以反对用传闻作证，这和其他法制形成鲜明的对比，也给自己制造了障碍。比如，直接向售货员取证更容易，虽然调取商店的售货记录是更确定无疑的证据，但难度要大一些。

习惯法体系强调事实，自有其优势，在培根①阐述的那种对科学传统和工业发展有利的社会里，其优势显而易见。习惯法社会强调新闻，在这一点上，其优势更加醒目。律师们对当下的报纸关注的问题都感兴趣。但这些优势亦有局限：时间连续性方面的考虑常被忽略，长远的因素亦被漠视。法律方面的训练导致昙花一现的工作。他们不得不掌握案子错综复杂的各个方面，然而一旦结案，他们就将其忘记，迅速转入另一件案子去掌握那错综复杂的细节。记忆常被忽略，一般原理的吸引力受到局限，总体理论常被漠视。法律可能成为"大胆断言、巧言维护"的任何东西。对时间问题的忽略意味着对理论问题缺乏兴趣。相反，罗马法传统关心原理，将最优秀的思想才俊吸引到学术领域，鼓励其对学术理论和理论思辨的兴趣。如此，对时间延续问题的兴趣就可能培养起来了。不过，已故的霍姆斯大法官说："人们想要知道，在什么情况下，需要走多远去冒险并去反对比自己强大得多的力量，因此，弄清楚什么时候应该惧怕这样的危险就成了很庄重的事情。我们研究的目的就是通过法庭的功能去预测，公共力量的危险在什么情况下突然发生……法学思想的每一点新的努力最重要的、几乎全部的意义，就是使这些预测更加准确，并且对其进行概括，将其组建成一个完全整合一体的系统。"[14] "法律是利益的界定，

---

① 弗兰西斯·培根（Francis Bacon，1561—1626），英国散文作、哲学家、政治家，古典经验论始祖，近代实验科学方法鼻祖，著有《论科学的价值和发展》、《新工具》、《学问的进步》，他的大量散文作品在一般读者中产生了深远的影响。

道德是利益的评价。"[柯库诺夫（Korkunov)① 语]。

由于企业高薪吸引律师，吸引他们当法官或参政的可能性就削弱了，但由于所得税条例的优惠和休假的预期，法官工作比以前更受欢迎。有人指出，英国人区分出庭律师和初级律师的政策使经济收入对司法界的影响有所缓和，相反，加拿大律师的待遇是两种政策皆而有之，这就大大加重了商务和金融对司法人才的影响。经济萧条时，律师酬金标准降低，他们就可能比较快地转向政治活动。他们不喜欢在渥太华定居，和联邦法庭相比，省一级法庭的名望有所上升，其吸引力相应增强。在一定程度上，这可以解释为何省级法院任命的法官水平相当高。因为省一级法院法官的薪金是统一的，而且小省的生活花销比较低，业务工作又比较少，所以小省法官的职位有极大的吸引力。

于是，律师们对参政兴味盎然，卸任的省长当上了省法院的大法官。如此，政界可能受律师的支配，政治可能向其利益倾斜。当然，联邦最高法院和省法院法官的任命要受制于宗教、地域和语言等因素。以魁北克省为例，由于民法[15]和习惯法的重要性，又由于法语族和英语族的要求，联邦最高法院就有三位法官是魁北克人，同理，安大略省也有三人被任命为联邦最高法院的法官，而且其中之一必须是爱尔兰裔。滨海省有一位最高法院法官，西部省有两位最高法院的法官。法官任命中严格的惯例反映了司法界捍卫自身利益的权力。自由党主导众议院、参议院和最高法院，这显示法学知识的垄断地位。由于向皇家顾问团上诉条例的废除，法官任命条例的限制将接受更加严格的检验，它们可能对联邦政府的成功产生重要的影响。

由于律师的高薪诱人，法律界人士不太愿意接受任命去当法官，这可能使司法界分裂为两个群体。受命担任法官的律师认识

---

① 尼古拉·M·柯库诺夫（Nikolai M. Korkunov, 1853? —1904），俄国法学家，著有《法学通论》(*General Theory of Law*)。

到政治活动的重要意义。他们的训练使他们能适应政治生活的残酷无情。从政者要刻苦钻研、能言善辩，还要经常与公众见面。他们进入议会，通过立法产生直接的影响，从政以后可能会被任命为法官，而执业律师必须要在他们主审的法院出庭。成功的执业律师不得不解释成功的政界律师制定的法律，不得不在他们面前出庭。习惯法传统培训的律师，无论其进入议会或法院，都关心立法，他们主导的立法要反映公共舆论的公约数，还要反映他们着重事实的习惯法训练传统。司法训练使他们有能力确定和把握事实的陈述，如此，议会就有了阵容强大的、特别适应立法各种需求的力量。虽然文官队伍强大的主要政党可能会给反对党的力量造成障碍，但议会中强大的司法界人士还是能确保立法的顺利进行。

律师具有司法训练的优势，其表现是精力高度集中的能力（律师最多能同时受理5个案子），他们能在短时间内掌握事实，从政律师的成功清楚地表明了这样的优势。律师出身的总理办事效率高，且不说其他效率高手，大卫·劳埃德·乔治①就足以说明从政律师的工作效率了。他说，"我能驾驭任何一组专家发现的结果。"[16]虽然政界人士没有退休金，但议会还是吸引了律师，因为议员的政治活动使其被任命为法官的可能性大大增加。新手参政的生活有风险，政界人士又不享受退休金，他们争取担任法官或挤进参议院的角逐就更为激烈。难怪有人笔下的美国最高法院是这样一番景象："法院虽小，且油水不多，却是司法这一行的精华，其政治脉搏很强劲。"[17]

习惯法的程序传统强调法庭审理和议会辩论的口语传统，其背景是不同情社会科学，因为社会科学强调的是书面传统。当然，如果律师的训练里添加社会科学课目，社会科学家的训练添

---

① 大卫·劳埃德·乔治（David Lloyd George，1863—1945），英国首相［1916—1922］。

加法学课程,那就有助于法学和社会科学解决两者之间关系的困难,实现两者之间关系的和谐,然而,这又可能削弱两者独特的贡献。司法训练使人能快速从一个复杂的案子转入另一件复杂的案子,这样的训练使人难以深入问题,其优势就受到抵消了。社会科学训练开发驾驭复杂问题的能力,却使人难以迅速从一个问题转入另一个问题,于是,社会科学训练的优势也要打一点折扣。社会科学解决问题的过程冗长乏味,法庭所需的攻防快速而有效,两者形成鲜明的对比。杂交固有优势,但杂交的优势又很快逆转为杂交的劣势。法庭能接受的社会科学人是问答能力强的人,他们提问的方式要让律师听得很清楚,他们答问的方式也要让律师听得明白。这种社会科学人难以在同事中提高自己的声望,而且似乎终将失去在律师中的声望,律师瞧不起他们枝蔓丛生的社会科学。社科工作者关心精心编织的抽象概念,往往忽视比例感,忽视实际的事情,相反,律师执著于比例感和事实。出庭的社科工作者必然关心眼前的问题,在理论开发和应用方面受到局限。他们往往成为宣讲者,反映当事人的观点。最丰厚的钱包产生最优秀的经济学人。已故的霍姆斯大法官也许说得不对:"就理性的法律研究而言,埋首文字的人也许是注重当下的人,但面向未来的人是统计学家和经济学大师,"[18] "每一位律师都要努力读懂经济学。"不过,他的另一段话无疑很中肯:"目前,政治经济学和法学分离,这似乎说明,哲学研究任重而道远。"[19] 社会科学和官僚体制的职能就是抵消习惯法对唯名论的执著。无疑,司法界的等级制削弱了教会和军界的等级制。商界有效的等级制形成了,影响不小,这对司法界的等级制构成危险。律师在商界的地位使其在法庭上的地位得到加强,反过来,他们在法庭上的地位又加强了他们在商界的地位。

第三节　罗马法在英帝国的影响

上一节讲习惯法的性质和意涵。这一节探讨罗马法在英帝国的影响。在一定程度上，英帝国是口语传统和书面传统平衡的结果，也是习惯法和罗马法平衡的结果。[20] 罗马法的元素，尤其它在教会法里的反映，在宗教改革后的英国被保留下来，但罗马法在英帝国的重要性逐渐削弱，这一结果在英联邦显而易见。教廷的神授权力被议会的神授权力取代，根本大法的观念被淹没，最终加速了美国革命的爆发，美国宪法的宗旨就是恢复根本大法，保护其地位。联邦政府出现了，宪法赋予法院强大的权力，法院的职能是保卫根本大法，它反对议会神授的权力，将神圣的权力赋予美利坚合众国。英国没有成文宪法，最后却能驾驭帝国的问题，并能消化罗马法的元素，更准确地说是将其撒播到脱离英帝国的地区，比如美国，或传播到坚持独立自主却留在英联邦的国家。"我相信，民主国家能统治其他国家。"（克里昂①语）

罗马法元素在英帝国其他地区的影响更强大，其清楚表现是，小块的殖民地坚持独立自主和神授权力。[21] 联邦制的兴起，以及围绕联邦制观念的冲突最终以合众国的内战而告终。短时期内，罗马法的意义削弱，北方至上的地位反映了合众国神授权力的重要意义，就反对各州的神授权力而言，北方至上的观念是必不可少的条件。由于民主党的建立，南方的影响回归了，各州的神授权力原则得到保护，对合众国的神授权力的强调表现在无形文化比如生活方式中。英联邦国家尤其是加拿大和澳大利亚，都效仿美国联邦政府的模式。

与成文宪法相关的法律问题在报业中很常见。1737 年，安德

---

① 克里昂（Cleon，公元前？—前422），古雅典统帅，在伯罗奔尼撒战争中反对与斯巴达媾和。

鲁·汉密尔顿①律师在殖民地纽约的一件案子中，成功地说服陪审团作出彼得·曾格（Peter Zenger）无罪的裁决，由此确立了新闻自由的基础。他使律师尤其是现存律师成为政治事务中主导的力量。[22]新闻界和司法界的关系之所以重要，那是由于美国宪法第六条有明文规定："本宪法及依照本宪法所制定之合众国法律以及根据合众国权力所缔结或将缔结的一切条约，均为全国的最高法律，即使与任何一州的宪法或法律相抵触，各州的法官仍应遵守。任何一州宪法或法律中的任何内容与之抵触时，均不得违反本宪法。"这第六条"赋予美国法庭的权力使其他任何国家的法庭都望尘莫及。它使律师受理案子的范围很广，一些案子是其他国家不可能发生的——美国宪法第六条使法律和政治联姻"（F. W. Lehman）。[23]

在政治关系中，美国联邦最高法院占据关键的位置，表现在最高法院法官的任命中，还表现在杜利先生②的评价中，他说，最高法院追随选举。基本大法休眠时，或最高法院法官马歇尔（Marshall）去世时，比如从1835年到1910年这段时间，二元联邦主义、警界权力的理论、授权立法的禁忌、正当法律手续衍生出的理论、契约自由的自由观等政治关系逐一形成。最后，以司法复审理论为背景，由此积累的各种理论大大加强了最高法院在宪法解释中的地位。[24]改进的传播技术使议会和法院更灵活，使之对公共舆论的回应更迅捷。"在内战期间，法院支持一切多数公众的要求，就像和平时期为某种民意的目的在警察权力的名目

---

① 安德鲁·汉密尔顿（Andrew Hamilton, 1676—1741），美国殖民地时代律师，《纽约时报》发行人彼得·曾格被控诽谤罪，汉密尔顿为其辩护，胜出，这一案子在美国司法史上有重要地位。

② 杜利先生（Mr. Dooley），原名芬利·彼得·邓恩（Finley Peter Dunne, 1867—1936），美国作家、幽默家、记者，以笔名"杜利先生"为芝加哥的《时代先驱报》等报纸撰写幽默短文。

下核准没收财产一样。"[25]联邦最高法院裁决逃奴斯科特败诉,动摇了人们认为最高法院不偏不倚的信心,海斯险胜蒂尔登当选总统时人们对最高法院的信心同样受到损害①。[26]西奥多·罗斯福总统对最高法院法官霍姆斯在北方证券公司诉美国案(Northern Securities Co. v. United States)裁决中的立场表示不满,他说,霍姆斯连香蕉那样的软脊梁也没有。②

第一次世界大战后,司法部长帕尔默③用压制手腕施政,克拉伦斯·达罗批评他说,帕尔默"干净利落地用武力和暴力推翻了一种形式的政府"。[27]手腕之一是用"颠覆罪"(Overthrow Act)治罪:"用口头或书面信息,或者用暴力或其他任何手段去推翻得到美国公民支持的代议制政府。"[28]红色恐怖④以后,最高法院的法官分为自由派和保守派,直到富兰克林·罗斯福政府时期[29]。两派法官势均力敌、一位法官左右全局的局面形成,改革最高法院的需要由此而生。罗斯福总统自认为,他在纽约州州长任期内能和纽约上诉法庭密切合作,所以入主白宫后,他就急于在最高法院委任新的法官,以便和最高法院商议社会经济改革。[30]他试图改造最高法院,遭到失败,但他成功地确保了最高法院法官总体上有利于改革的平衡。比如,最高法院就美国诉美联社(United

---

① 共和党候选人海斯与民主党人蒂尔登竞选总统,海斯的民众普选票明显少,却靠多出一张选举人票而当选。与之类似,2000年的总统竞选,小布什靠佛罗里达州的重新计票和最高法院的裁决而胜出。
② 西奥多·罗斯福总统坚定不移地推进反托拉斯法,联邦政府起诉北方证券公司收购几家铁路公司受阻,北方证券起诉联邦政府,案子闹到最高法院,北方证券败诉,被迫解散。在5∶4的法官投票中,被罗斯福任命的新法官居然支持北方证券公司,引起罗斯福不满。
③ 米切尔·帕尔默(Mitchell Palmer,1872—1936),威尔逊总统的司法部长,类似20世纪60年代迫害进步人士的麦卡锡参议员。
④ 红色恐怖(Red scare),这里专指俄国革命后在美国渲染的反共活动,这种活动在第二次世界大战后的冷战时期和"9·11"以后又有复辟。

States v. Associated Press 326 U.S. 20)一案的裁决是:"第一修正案保障的新闻自由并不庇护出于私利而压制自由……诚然,政府不能阻碍思想的自由流动,但如果非政府的集团对这一宪法保障的自由进行限制,第一修正案并不会给它们提供避风港。"

新闻自由对公民在国会和法庭里地位的影响是灾难性的。1951年3月29日,兰德①法官在西德尼·希尔曼(Sidney Hillman)的讲演中说:"告密者最卑鄙的行为受到议会辩论的挑战,由此激发的条件反射是公众的歇斯底里。真正的言论自由已沦为笑柄,一个人的社会经济生活可能被一场鸡尾酒会的闲聊糟蹋得不成样子。"在法庭上,"训练有素的律师诱导出的是事实而不是真相。有人说,法庭上的誓词应该被解读为'我庄重宣誓,我按照作证的规定作出最佳的回答,以应对法官允许的最优秀的律师提出最佳的问题'"。[31] "对证人只能就事实作证进行限制,那是把真相钉死在棺材里。"[32] "我们凭借人的感官获取真相的方法粗暴而笨拙,令人难以置信。"[33]

对律师而言,"最重要的事情是让法官按照自己的方式判决"[34]。成功的刑事辩护律师达罗刻意诉诸公众的舆论,借以影响法官。至于陪审团,按照他的判断,老人比年轻人更仁慈宽厚,爱尔兰人和犹太人最容易动怜悯之情,他应该尽量规避富人、长老派教徒和路德派教徒。[35] 他很关注的是如何"教育"陪审团成员。[36]

第四节 帝国主义在美国抬头

美国和英联邦国家试图捍卫自己的基本大法,这使其帝国主义倾向胜过母国。我们在上文追溯了习惯法在英国重新抬头、帝国主义式微的趋势。在这一节里,我们转向其他盎格鲁—撒克逊地区相反的趋势:习惯法式微、帝国主义抬头。在成为美国的13

---

① 兰德(Justice Rand,1885—1969),美国最高法院法官。

个英国殖民地中,权力受到宪法的保护。土地控制权握在各州手中,但在滨海殖民地之外的大陆内地,土地握在联邦政府手中,直到州政府成立并被合众国接纳。合众国在北美大陆的扩张直达太平洋海滨,在阿拉斯加、夏威夷、菲律宾等地区之外,新的控制体系形成了。据说,英帝国是在心不在焉的情况下建立起来的,相反,美帝国是在帝国主义的狂热时期发展壮大的,这种狂热见诸这样的口号:"美国的天命"、"经纬线50度—45度,否则开战"。在其他一些时期,美国也受制于帝国主义狂热,购买路易斯安那就是这样的表现。在加拿大,我们也看见美帝国主义以各种形式发酵:两国的渔业争端、美国人抗议我们修筑加拿大太平洋铁路、在阿拉斯加划界时西奥多·罗斯福总统发出的威胁,无不是美国的帝国主义在起作用。重要的是,其他国家开始看清美帝国主义的本性了。美国的出版物抗议英国任命的一些内阁成员。美国一个公共团体竟然通过决议,要求解决爱尔兰问题。典型的乔治三世①阴魂!

19世纪末,美国对扩张的痴迷从北美发展到海外。华盛顿总统的孤立主义被麦金利总统的帝国主义取代。不过,这是个问心有愧的帝国主义,是粗暴得难以置信的帝国主义。我们再以西奥多·罗斯福在阿拉斯加边界争端中的手腕为例,还以他在巴拿马运河谈判中的谋略来说明问题。其粗野态度最露骨的表现是美国谈判代表坎贝尔的一句话。他问:"总统先生,在朋友之间,宪法算什么?"1911年,美加关税互惠协议在被加拿大摈弃后,美国的良心重新抬头,美国进口加拿大新闻纸的关税有所降低,旨在进一步加强大国尤其英国使用巴拿马运河的举措被迫撤销。加拿大拒绝美加关税互惠协议,这是加拿大对美帝国主义的抗议,美国共和党竞选失败在一定程度上也使美帝国主义遭到挫败。民

---

① 乔治三世(George Ⅲ,1738—1820),英国国王[1760—1820],多次的精神错乱为他的晚年笼罩上一层阴云。

主党人威尔逊当选、威尔逊勉强卷入第一次世界大战、决定参战后表现出来的高尚情操、共和党人控制的国会拒不接受民主党人威尔逊总统倡议组建的国际联盟，这一切都是美国人对自己的帝国主义走向感到不安的表现。

然而，这样的不安反而进一步推动了帝国主义的兴趣。给欧洲国家的借贷被理解为欧洲人的欠债，美国人要他们支付利息和本金。柯立芝总统说："他们租借了我们的钱，难道不是吗？"由于美国人坚持要债务人还债，债务人请求美国人放贷的诉求反而增强了，因为他们要贷款才有钱偿还美国人的利息。德国人的战争赔款负担靠国内外的一些方案来缓减，德国国内的措施是通货膨胀，国外的措施是杨格计划和道威斯计划①，这一旋转木马似的变化始于哈定总统对正常化的兴趣，终于胡佛总统诚恳地声明，他认为，世界业已进入一个崭新的金融时代，技术进步足以支持生活水平的无止境提高。不幸的是，连胡佛总统的担保也不足以预防1929年的金融崩溃和继之而起的大萧条。用纸牌精心搭建的房子土崩瓦解了。英国放弃了金本位，希特勒（Hitler）上台，罗斯福当选总统，良心不安的帝国主义和内心不安的孤立主义都没有成功。

如此，经济萧条就打上了回归孤立主义和国内政策的烙印。富兰克林·罗斯福确认梭罗②的思想，断言：我们唯一的恐惧就是对恐惧的恐惧。美国关注的是旨在保护自己、不卷入国际事务的立法。孤立主义政策的表现是高关税，尤其是斯姆特－霍利关

---

① 杨格计划（Young plan）和道威斯计划（Dawes plan），1924年，战胜国制定道威斯计划，规定德国的赔款支付；1929年，德国借口经济危机，无力执行道威斯计划，战胜国以杨格计划取而代之；该计划降低德国的赔款额，取消对德国的经济管制；后德国停付赔款，计划夭折。

② 亨利·大卫·梭罗（Henry David Thoreau, 1817—1862），美国著名思想家、文学家，远离尘嚣、结庐而居，著有《论公民的不服从》、《瓦尔登湖》等。

税法①。这样的高关税迫使其他国家反制、报复，突出表现是英联邦的渥太华协议。在这段美国退却的时期，希特勒在德国启动了迅速扩张的计划，墨索里尼（Mussolini）在意大利启动了类似的计划，日本进攻满洲，②英国卷入了一连串的策略动作，爱德华八世退位③，国王和王后访问慕尼黑，这些举措旨在推迟难以避免的斗争，使英国尽可能做好一切准备。北美人觉得，英国不愿打仗，只有在受到极端挑衅时英国才会参战。结果无需赘述，因为我们对这场战争的历史再熟悉不过了，对导向我们不满后果的各个阶段都记忆犹新。

第一次世界大战的教训在第二次世界大战中充分发挥了作用。在1934年以后漫长的备战时期中，控制系统建立起来，战争一爆发就立刻用上了。加拿大人完善的设施被美国宣传家利用起来，用来演示改进美国控制手段的可能性，结果，阅读美国宣传文献的加拿大人就形成了美国优越的印象。美国人用聪明的租借法案去规避向盟国大笔贷款的危险。由于吸取了第一次世界大战的教训，第二次世界大战以后的和平就有了新的发展。经历两次大战以后，东西方都怕德国，都没有签订和约，而是由利益相关者分割德国。第一次世界大战后的和平时期，美国人向德国人贷款使之能偿还战争赔款，第二次世界大战以后，美国人害怕从战争走向和平的进程逆转，这样的恐惧心理

---

① 斯姆特－霍利关税法（Smoot-Hawley Tariff Act），亦称霍利－斯姆特关税法，1930年7月17日出台，因两位国会议员而得名；历史证明，该法案加剧了美国的大萧条。
② 中国东北。
③ 1936年，爱德华八世放弃了英国王位。退位原因有两个版本：传统版本是不爱江山爱美人，要同心爱的女人辛普森夫人结婚；近年解密的美国情报显示，与爱德华八世相爱的辛普森夫人是个纳粹政权的狂热支持者，爱德华八世本人有通敌之嫌。

有助于强调军备的政策，从马歇尔计划[①]到大西洋公约[②]的举措确保了充分的就业。加强军备的政策成为确保维持出口和就业的必要条件。

强调共产主义的威胁成为劝说美国人自己做主的重要元素。由我来评价美国外交政策并不明智，聪明的办法是引述美国作家的论述。阿奇博尔德·麦克利什[③]在《大西洋月刊》（Atlantic Monthly）（1949年8月号）撰文《征服美国》（The Conguest of America），他声称："一个民族完全被另一个民族在思想上和道德上主宰，史无前例，从1946年到1949年，美国人就这样被俄国人主宰了4年之久。美国外交政策是俄国外交政策的镜像。无论俄国人做什么，我们都反其道而行之。"哈罗德·伊克斯[④]在《新共和》（New Republic）（1950年10月17日）上撰文称："由于我们害怕俄国，我们被俄国人征服了。""谢天谢地，罗斯福如今看不见我们匍匐在地、摇尾乞怜的样子，美国更伟大、更强大了，可是它不是跪在地上，而是匍匐在地，被它自己想象中的危险吓倒了。"也许，局外人比这些作家更能识破这些言论的真相。在非美活动委员会的勾当里，在告密者借尸还魂的恐怖统治里，在指控前共产党人的骗局、审判和惩罚里，在德国和意大利传来

[①] 马歇尔计划（The Marshall Plan），亦名欧洲复兴计划，第二次世界大战后美国向西欧各国进行经济援助的计划，4年之久的计划（1947—1951）提供援助达130亿美元。

[②] 大西洋公约（Atlantic Pact），后更名北大西洋公约组织（NATO），1949年冷战期间组建的军事组织。冷战虽已结束，"北约"反而强化了。

[③] 阿奇博尔德·麦克利什（Archibald MacLeish，1892—1982），美国诗人、三次普利策奖得主，曾任国会图书馆馆长。

[④] 哈罗德·伊克斯（Harold Ickes，1874—1952），罗斯福政府内阁部长，著有《棘手的第三任期》、《无罪》等。

的自杀谣言里，外人更能看清这些言论的真相。在罗素①笔下，极权主义国家是迫使人民永远过狂热生活的国家。如今的我们似乎不得不过永远仇恨的生活。美国的团结和内聚力是靠仇恨英国达成的，就像爱尔兰人利用人们对英国的仇视必然引起对俄国的敌视一样。

第五节　加拿大习惯法传统的式微

加拿大形成了自己特有的帝国主义，在很大程度上，是对美帝国主义压力的回应。新斯科舍加入加拿大联邦有一个条件：联邦的资源应该用来迫使美国承认新斯科舍省的渔业权益。加拿大毫不犹豫地阻止纽芬兰和美国达成协议，因为该协议似乎对加拿大在渔业谈判中的地位构成威胁。1840年的加拿大《联邦法案》(Act of Union)旨在使安大略和魁北克发展交通运输，以便迎战美国的竞争。联邦向西扩张，遏制了美国的蚕食。开发草原诸省的自治领政策显然是要支持加拿大太平洋铁路，土地政策旨在遏制美国的侵略。加拿大帝国主义的属性可见于日益坚守民族主义的情绪，其表现是：加美互惠协议的挫败，《凡尔赛和约》的签署，《威斯敏斯特法》②的出台，最后是纽芬兰省加入联邦。如果搜集一些堪比美国帝国主义的口号，以说明我们加拿大人的帝国主义野心，那也不难。其实，一句口号足以说明问题，我们在世纪初曾自负地夸口说："20世纪是加拿大的世纪。"

美帝国主义对加拿大的压力表现在范围很广的活动中。由于

---

① 伯特兰·罗素（Bertrand Russell，1872—1970），英国哲学家、数学家、逻辑学家、社会评论家、作家，分析哲学主要创始人，对符号逻辑、逻辑实证论和数学体系的发展产生重大影响，著有《数学原理》、《西方哲学史》、《哲学问题》、《数理逻辑导论》，获1950年诺贝尔文学奖。
② 《威斯敏斯特法》（Statute of Westminster），英国议会1931年通过，这是英国殖民统治方式从直接统治过渡到间接统治的根本转变。

美国人的歇斯底里,加拿大人觉得自由的空间被压缩了。如果一位加拿大教师希望在美国求职,即使是短期工作,他在填报履历表时也必须比美国公民求职要小心得多。大概,他不能加入任何党派比如加拿大共产党,也不能参与任何问题的讨论,美国人可能会怀疑他是否对美国生活方式构成威胁。加拿大公民不仅可能会被拒绝入境,而且他被拒绝入境的待遇会被美国报刊公开披露,以引起公众的注意。美国影响并没有直接削弱加拿大人的言论自由和新闻自由,但这两方面的自由受到间接的影响,因为他们被迫接受美国人强加的标准。美国移民局官员羞辱我们最杰出的学者,学术界不可能看不到这样的羞辱,也不可能容忍在最敏感的问题上伤害学者的自豪感。20世纪中期的1950年是一个神圣的年份,对任何文明而言都是最低潮时期,那是原子弹可能威胁成千上万人生命的年代,但很少有人为了人类的共同利益而抗议原子弹的威胁。[37]所幸的是,我们还可以转向英国和欧洲。被拒入境的加拿大学者却在英国大学获得荣誉学位,他们感到非常满意。美国难民问题的出现使人人都感到不安。强加在美国教师身上的宣誓使美国学者极为烦恼,使他们关心在国外受聘的机会。

美国人用军备扩张来维持充分就业,这样的政策有危险,这一危险被认为是俄国政策的镜像,俄国政策在我们加拿大的镜像更鲜明地显示了这样的危险。意识形态是扩充军备的遮羞布。T.S.艾略特说:"由于地理和其他原因,卫星文化是与一个强邻文化维持永恒关系的文化。"[38]他又阐述了反对完全融入强邻文化的若干理由:首先,"每一个生物体的本能是维持自己的生命";其次,"卫星文化对强邻文化也会产生相当大的影响,在大范围内发挥的作用大于它孤立状态下发挥的作用";"卫星文化的存活对强邻文化具有很大的价值。"[39]他接着说,"阶级和宗教把一国之内的居民分为不同的群体,由此导致的冲突类似创新和进步引起的冲突"——200年前的大卫·休谟①强调了同样的观点。他说:"我不赞同消灭敌人,消灭的政策用野蛮的话说就是清算敌人,那是现代战争与和平问题中最令人惊恐的发展,在渴望文化存活的人看来就令人恐怖。你需要敌人……无处不在的烦恼是和平的最佳保障。"[40] "正是由于冲突精神常常自然而然地表现出来,人类社会才能聚而不散,才能总体上呈现出和平的面相。""没有频频发生的争吵,大多数人是难以生存的。"[41]

我冒昧地说了一些离题的话,意在说明,批评美国和加拿大是为了双方的利益,是为了抗议迫使加拿大依附美国的军事主义。如果略加详细地描绘反射加拿大镜像的过程,这一镜像被扭曲的情况就看得更加清楚。60%的流通期刊由美国人把持,和20年前的80%相比固然是有所减少,但电台广播的影响在很大程度上抵消了美国杂志发行量的减少,不久,电视的影响又进一步加重了美国人的影响。传播领域快速的技术进步和庞大的美国市场必然产生这样一个后果:美国可能会支配英语文化,会对法语文化产生强大的影响,即使法国文化受到语言的保护也无济于事。

如果美国人可以被描绘为"匍匐在地,被它自己想象中的危险吓倒了",那么,加拿大人就可以被描绘为头手倒立的人。最耐人寻味的表现是上一次选举中自由派人士以多数胜出的现象。对这次选举结果,尚没有令人满意的解释,令人满意的解释必须建立在加拿大人理性行事的预设之上。有人解释说,自由党人操作选举很干练,远远胜过进步保守党人,乔治·德鲁②先生把

---

① 大卫·休谟(David Hume,1711—1776),英国哲学家、经济学家、历史学家,不可知论的代表人物,著有《人性论》、《人类理智研究》等。
② 乔治·A·德鲁(George A. Drew,1894—1973),加拿大政治家、进步保守党人、安大略省第14任总理[1943—1948]。

64　省里的老古董竞选手法搬到全国的选举中，威廉·莱昂·麦肯齐·金①的退休使自由党人的热情更加高涨等等，但这些说法都不足以解释为何选民觉得强大的反对派并不重要。我们可以这样来解释：军事主义发挥了作用，所有的政党都强调军事主义，其结果只能是增强执政党的地位。

极权主义倾向使政府能制造和利用危机，在选举前夕尤其如此，不祥的预兆莫过于此。丘吉尔先生在英国选举中的天才见于他对这样一个事实的认识：他建议在高层讨论冷战问题。在加拿大，保守党人强调共产主义的威胁，借以抹黑加拿大平民合作联盟（C.C.F.）。该联盟被迫强调自己的"反动"特征，借以规避批评。小党的弱点表现在其策略中，它们的弱点成了自由党力量的源头。结果，加拿大的政治形态开始带上类似俄国的特征。一个类似俄国政治局的加拿大"政治局"指出俄国政治局的危险，借此有效地转移了人们的注意力。加拿大政治生活的扭曲表现在：有雄心抱负的人利用俄国人的愚蠢来获得威望。俄国人挑动人们对雄心勃勃的加拿大领袖的抨击，此举愚蠢；加拿大人认可这种激动人心的抨击，同样愚蠢。在大张旗鼓地清洗共产党人之后，劳工界的扭曲表现在劳工组织的僵化中，其纪律更严，提出要求的能力更强，达到目的的决心更大。

加拿大强大的官僚机器是双语政策的产物，是在大萧条和战争期间建立起来的。到了和平时期，它继续产生强大的影响，仿佛战争尚未结束。大萧条时期，权力的集中快速发展，强大的文官队伍也建立起来，恩赐任命官员的粗放形式衰落，省一级的自治政党壮大。在一定程度上，官僚体制的麻木效应是政府和管理

---

① 威廉·莱昂·麦肯齐·金（William Lyon Mackenzie King, 1874—1950），加拿大政治家，三度担任加拿大总理，任职21年，是英联邦历史上在位时间最长的总理，其肖像现在印在加拿大50元钞票上。

中双语政策的结果，因为这样的政策磨掉了政治棱角。麦肯齐·金总理强调一位法语族伙伴的重要意义，但他的继任者圣劳伦特①没有比较年轻而杰出的操英语的伙伴共同执政，相反，他有一群比较年轻的操英语的内阁成员急于接过他的衣钵。总理金先生拥有恰当时间探讨对手的才能，圣劳伦特先生却没有这样的才能。

更严重的后果是，我们失去了分寸感，又缺乏批评，而且还失去了幽默感。在加拿大，如果没有幽默感，谁也不能成为社会科学家。我将这句话作为理解史蒂芬·里柯克的注脚。他被任命为加拿大铁路公司总裁，因为他曾任加拿大银行副总裁，在战时物价和贸易局任职时靠违背文官制度里的匿名制传统而打造了自己的名望；但这一任命并没有激起令人愉悦的涟漪。在一个星期之内，他就以贸易、金融、企业集团和铁路的权威露面了。用安妮塔·卢斯（Anita Loose）的话说："俏皮话不过是俏皮话，谁也不想笑死。"我们这些卖文为生的人面临的危险加重了。

自由党以绝对多数控制联邦政府、参议院和最高法院的后果表现在多个方面。这种称霸的局面只给反对党在剩下的个别省得势的机会，使一个省的总理成为反对党的领袖，联邦政府的问题因此而加重了。自由党之外的其他政党往往在省里得势。因此，加拿大自治领和各省的关系在加拿大政治中发挥着比较重要的作用。劳工和加拿大平民合作联盟联手构成一些省里的反对党，随后就形成了保守党和自由党联合的局面。总体上不平衡的局面使加拿大自治领权力上升的趋势成为必然，其表现是：向皇家顾问团的上诉权被废止，修订宪法的方案纷纷出台。权力集中的趋势加强了人们对国防的兴趣，反而加强了美国人的影响，形成联邦政府和地方政府的僵局。联邦政府强调立法权乃神授权力的理

---

① 路易斯·斯蒂芬·圣劳伦特（Louis Stephen St. Laurent，1882—1973），加拿大第12任总理。

论，进而产生了联邦政府无所不能的感觉，如此，省政府里无所不能的感觉也成了势之必然。安大略省通过有追溯效力的立法，冒犯了人们司法正义的感觉，并不奇怪；联邦政府司法部出台的"有关面粉业集团的报告"与自己的规章相抵触，使人产生徒劳无益的感觉，也绝非偶然。

立法乃神授权力的理论促成了联邦结构的瓦解。联邦政府里的政党和许多省政府里的政党关系遭到了破坏，各省和加拿大自治领的鸿沟加深了。联邦政府选用各省政治人物的惯例逐渐式微，由联邦政界人士组建内阁的举措取而代之，如此，各省和自治领的分歧更加尖锐；由于更加强调中央货币政策，省和自治领的分歧也日益严重。联邦主义的基础是，各省维持并获得自然资源的控制权；由于日益强调中央货币政策，尤其是大规模的所得税政策，联邦主义的基础遭到很大程度的破坏。省市被迫在更大程度上依靠其他税收；权力的分割、"无代表不纳税"的原则式微，联邦政府的控制权加强了。

"无代表不纳税"的原则式微，其结果是，地区之间的转运协议和大规模的安排就成为必要的措施。倚重欧洲市场的地区、倚重美国市场的地区、倚重美国人口稠密的地区之间就产生冲突，代表不足的地区采纳大规模恩赐任命的举措就成为势之必然。联邦政府的优惠政策就成为西部加拿大农业繁荣的必要条件。

政府工作极端复杂，一般公民又难以理解这种复杂的问题，如此，官僚体制的责任就加重了。官僚阶层被迫坚持民主手段，借以掩盖反民主原则的必要性。如此，正如本章业已对民主所作的探讨那样，怀疑主义情绪就必然抬头。公民权拓宽了，对执政党适度有利的再分配政策得到执行，吸引相关政党的大多数人的举措实施了——这一切措施都旨在加强民主，同时又通过精心的设计而有利于官僚体制。过去，让苏格兰长老会和法语加拿大人同处一个政党的政治举措获得成功，如今，倚重这种伟大政治艺术的政策就不再是必不可少了。

加拿大生活中自由党占绝对多数的效应，本章不可能穷尽无遗地介绍。我们再也不能用原则和抽象概念来探讨政治。官僚体制的强大预先就排除了对原则的诉求，迫使我们不得不集中于细节的研究。加拿大的注意力刻意集中在外交事务，我们强调加拿大统一对外之必需，强调控制军事问题乃主权之必需；由于如此之多的因素，有效的批评就指向了美国。有个寓言的寓意大致是：和神话人物进餐时，你只能用长柄的汤勺。我们还可以意会詹姆斯·斯蒂芬①一句话的意思："所谓'自治'的意思是，你有权对邻里实施不当的管理，却不必为任何人负责，因为谁也不比你更聪明。"[42]

可以说，如果我们废止最高法院向皇家顾问团上诉的条例，这一切问题都可以迎刃而解。戴西②说："联邦主义用诉讼取代立法。"如果我们要理解联邦制成功的前景，我们就必须注意受理诉讼的机构有何性质。扩权的最高法院能在多大程度上拒绝联邦国家的问题？关心习惯法传统、希望它继续发挥作用的公民应该注意这个问题。尤其在民权问题上，我们应该更重视成文法。联邦机构为既得利益提供了庇护所。[43]成文法固守的财产权限制了社会主义发展的可能性，英国的情况即为明证。企业和政府之间出现了尖锐的分歧。在习惯法国家里，联邦机构强调罗马法传统，最高法院处在核心的地位。按照习惯法传统的预设，国家是法律的一部分，公民更难以和国家分离。因此，变革就具有更多的渐进色彩，就少受革命的影响。在习惯法传统的国家里，宪法很大程度上受保护，不会有急剧的修改。然而，在美国和一些英联邦国家，成文宪法偏爱的罗马法传统却倾向于

---

① 詹姆斯·菲次詹姆斯·斯蒂芬（James Fitzjames Stephen，1829—1894），英国律师、法官、作家，著有《英国刑法通览》、《英国刑法史》等。
② 阿尔伯塔·淮恩戴西（Albert Venn Dicey，1835—1922），英国法学家、宪法学家，著有《宪法学导论》等。

帝国主义，威胁着西方文明里习惯法的有益效应。迪恩·庞德（Dean Pound）说，"凡是公共舆论活跃和成长的地方，司法准则几乎必然要落后于公共舆论。"如果承认习惯法的灵活性，他的论断就是极其恰当的。这些大问题摆在加拿大法院和加拿大人民的面前。

我相信，共产主义不可能在习惯法国家里普及；又相信，美帝国主义通过有关共产主义的宣传来利用我们，使我们遭到危险。因此我觉得，我必须利用这个机会来描绘我们的困难。攫住我们加拿大生活的恐惧感使我觉得更有必要说，值此新不伦瑞克大学 150 周年华诞之际，我们应该重申我们坚信的习惯法传统，这样的传统就反映在新不伦瑞克大学在美国革命后建校的机制中。

注　释

[1] 詹姆斯·布赖斯，《古罗马帝国和留驻印度的英帝国》，(*The Ancient Roman Empire and the British Empire in India：The Diffusion of Roman and English Law throughout the World：Two Historical Studies*)（1914），又见麦克米伦（Lord Macmillan），《两种思维方式》，(*Two Ways of Thinking*) (Cambridge, 1934)。和英国人一样，罗马人不区分宪法和其他法律，大概这和他们强大的口语传统有关系吧。

[2]"国王不受制于任何人，但他受制于上帝和法律，因为法律成就了国王。因此，让国王为法律服务，就像法律赋予他自治和权力一样。这是因为，如果靠意志主宰而不是法律统治，那就没有国王。"（Bracton）不少人探讨过英格兰习惯法的起源，他们证明：习惯法由不成文的习惯组成；通过陪审制度来发现这些习惯是必要的；由不同社群的代表在议会里议事，借以发现这些习惯，也是必要的。用波拉德的话说，"习惯法的基础对共同政治的家庭是必不可少的"。法令、宣誓、证人和断头台等法律用语并不起源于法国。议会关心对个人的保护，不关心赋予个人在议会院墙之外侮辱其他人的特权。在 17 世纪的反叛之前，议会首先行使司法权，而不是立法权。查士

丁尼的《法典》里有一句名言："王公的快乐拥有法律的力量。"在阿尔弗雷德大帝和诺曼征服以后,英格兰成了国王掌握的封地,这有助于习惯法的确立。见麦克韦因(C. H. McIIwain),《议会的最高法院职能及至上地位》(*The High Court of Parliament and Its Supremacy*:*An Historical Essay on the Boundaries between Legislation and Adjudication in England*)(New Haven,1934)。

[3] 习惯法的弱点是行政权力的缺乏。立法机构对法院错误的纠正未必会令人满意。罗马使军队和法律结合;美国的军队对行政权力至关重要。

[4] 埃尔登(Eldon)伯爵治下的英国人敬重习惯法。边沁(Bentham)抨击习惯法,他说"习惯法是深不可测、无边无际的混乱,由虚构、冗赘、不厌其烦的细节、前后不一的矛盾组成;其实施过程是精心编造的骗人体系,使延误时机、否定公正得到最大化"。见狄龙(J. F. Dillon),《边沁对19世纪改革的影响》(*Bentham's Influence in the Reforms of the Nineteenth Century*),载《英美法治史》(*Essays in Anglo-American Legal History*)(Boston,1907),pp. 494 ff.。

[5] 史密斯(Goldwin Smith),《时代问题论》(*Essays on Questions of the Day*)(New York,1893),p. 98。

[6] 伯恩(M. J. Bonn),《游荡的学者》(*Wandering Scholar*)(New York,1948),p. 89;又见丹吉尔菲尔德(George Dangerfield),《自由英国的夭亡》(*The Strange Death of Liberal England*)(New York,1935)。该书是对伊萨克斯(Isaacs)论卡尔森①困境的回应;在阿尔斯特(Ulster)自治问题上,斯本德(Harold Spender)批评卡尔森说:"你们都是律师,律师绝不能把彼此送进监狱。"斯本德(Harold Spender),《生命之火》[*The Fire of Life*(London,n. d.),P. 150]。

[7] 伯恩,《游荡的学者》,101页。

[8] "盎格鲁—撒克逊社会更喜欢用习惯来最大限度地规制行为举止,人们往往相信,只有受风俗习惯调控的行为才是自由的行为。相反,在罗马法传统影响的社会里,行为的界定一清二白,压力的源头显而易见,压力的

---

① 爱德华·卡尔森(Edward Carson,1854—1935),律师、政界人士、北爱尔兰新教徒"无冕之王",反对爱尔兰自治。

组织是有条不紊的。"曼海姆（Karl Mannheim），《自由、权力和民主规划》(*Freedom, Power and Democratic Planning*) (New York, 1950), p. 51。

[9] 泰勒（Henry Taylor），《政治生活漫笔》(*Notes from Life—the Statesman*) (London, 1878), pp. 384-385。

[10] 转引自柯文（E. S. Corwin），《最高法院的黄昏》(*The Twilight of the Supreme Court*) (New Haven, 1934), p. 207。

[11] 早在1824年，麦考利（Macaulay）就写道："我们的议员、候选人甚至我们的倡导者在庄重的场合讲话时，并不是对我们这些听众讲话，而是对记者讲话。他们心里想到的不是眼前的听众，而是无数的读者。"《论雅典演说家》(*On the Athenean Orators*)。奥斯丁·张伯伦（Austin Chamberlain) 论及部长们照本宣科讲话的习惯（《内窥政治》[*Politics from the Inside*, London, 1936], p. 245）。

[12] 哈里森（Frederic Harrison），《哈里森回忆录》(*Autobiogaphic Memories*) (London, 1911), I, p. 149。见亚当·斯密（Adam Smith），《国富论》(*The Wealth of Nations*) (New York, 1937), p. 680。

[13] 感谢科维特（F. M. Covert, Q. C.）和德梅雷斯（G. Demerais, Q. C.）二位先生的指教。

[14] 勒纳（Max Lerner），《霍姆斯法官的思想和信仰》(*The Mind and Faith of Justice Holmes*) (Boston, 1943), p. 72。又见《冯布朗克的勤勉人生》(*The Life and Labours of Albany Fonblanque*), ed. by his nephew, E. B. de Fonblanque (London, 1874), pp. 340-341。

然而，不久前的一天，卡里斯法官的法庭上出现了最温馨、最动人的一幕。威尔金斯律师禁不住为拉姆谢先生抽泣，律师的头低垂，"宛若冰雹摧打后的百合花"。用比较平实的话说，那是像掉在路边的萎蔫的菜花。就让这一幕过去吧。但我们不得不考虑他那热情，考虑那使他低头并清然泪下的压力——或出于真心的同情，或出于真诚的看法。然而，律师掉泪的眼睛想必看见了庭审费。在另一个类似的场合，没有看见律师费的眼睛会无动于衷。律师费和感情携手并进。用司法语汇来说，感情源自于庭审费。哭泣的收费标准是多少，我们并不假装知道；那外快是否明明白白写在公文里，或曰咨询费，或者是帮助记忆的字条，我们也不假装知道。不过近年来，我们好几次领教了这种黑色柔情的表现。芝迪为瑟特尔掉泪，凯利为塔维特抽泣，威尔金斯为拉姆谢洒泪。甜蜜的柔情！温情的读者禁不住要说。问题是，这些博学律师的感情为何如此反复无常？为什么他对一位当事人温情脉脉，却断然抛弃另一个当事人，毫无顾忌？为什么厚此薄彼？为什么将一人嗜之如佳肴，将另一人弃之如敝屣？为何有时对当事人尽职尽责，有时却敷衍塞责，就像本文这一幕所示？

这位殷勤的"管家"在恺撒来访时常常打盹，当另一位侠客指望他打盹时，他的回答是："我不为每个人打盹。"威尔金斯先生不为每个人哭泣。然而，就公平和诚信而言，他必须要解释，他对当事人尽力是否有规矩，他要说明：为哪些人他甘愿赴汤蹈火，对哪些人他弃之如敝屣。（1851）

谈到对方律师哭泣时，希里（Timothy Healy）说，因为律师艾伦业已触礁，对方律师落泪实在是奇之又奇。律师费高昂可以减少诉讼，强调的是让有钱人得到公正待遇。英格兰缺乏对经济窘困者的保护，这大概是加速资本主义发展的一个因素。

[15] 魁北克的司法工作由律师和公证人分割，律师主要受理诉讼。在盎格鲁—撒克逊省份里，司法事务多半在法庭外受理。习惯法之严厉有助于民法要素的入侵；通过海事法、国际法和法条的增加，民法稳步蚕食习惯法的地盘。法庭的压力导致法律的增加。劳工补偿法大大减少了劳资官司的数量。

边沁不遗余力地阐述成文法的要求。"只要非成文法的残余不连根拔除，它就会被自己玷污——它固有不可救药的腐败。无论成文法多大程度上已经或能够用于习惯法，它都会被自己玷污。"相反，艾里克（Ehrlich）说："虽然国家未必对法律的典籍化有丝毫的兴趣，但成文法的制定还是千方百计把国家的意志强加于人的生活；在此基础上，一个合理的问题就是：法律的典籍化是否有不当之处？"法典和法律给语言加上沉重的负担。"因此，法律起草人有义务想到，他的措辞有可能适用各种各样的情况，他有义务考虑一切误解条文的可能性，因此他要采取一切可能的预防措施。"（J. F. Stephens）法庭需要经常注意语言的变化。"语词不是水晶，透明、不变，它是活生生思想的肌肤，其色彩和内容随其使用的环境和时间而大大改变。"（Holmes）律师偏向使用意义显豁、长期稳定的语词。习惯法倾向于模塑事实以适合语词；罗马法倾向于模塑事实以适合法律文本。民法的程序是从原理到习俗，习惯法的程序是从习俗到原理；民法搜寻原理，习惯法搜寻判例。法语的精确性有助于法典的发展，英语精确性的缺乏使之偏爱诉诸判例。见高厄（Sir Ernest Gower），《朴实的语词》（*Plain Words*）（London，1948）。

[16] 威廉斯（Valentine Williams），《行动的世界》（*The World of Action*）（Cambridge，1938），p. 309。

[17] 柯文（E. S. Corwin），《最高法院的黄昏》，54 页。

[18] 勒纳（Max Lerner），《霍姆斯法官的思想和信仰》，83 页。

[19] Ibid.，pp. 85-86。

[20] 梅特兰（F. W. Maitland），《英国的法律与文艺复兴》（*English Law and the Renaissance*）（Cambridge，1901）。习惯法与共同政治和议会可能抑制了宗教的影响，加速了罗马的崩溃。又见斯塔布斯（W. Stubbs），《英格兰宗教法史》（The History of the Canon Law in England），载 *Select Essays in Anglo-American Legal History*（Boston，1907），pp. 252 ff。律师学院强调口语传统的争议性，战胜了民法的威胁。由于印刷术的普及，习惯法的地位加固。

[21] 亚当斯（Brooks Adams），《马萨诸塞州的解放：梦幻与现实》（*The Emancipation of Massachusetts, the Dream and the Reality*）（Boston，1919）。在一定程度上，英格兰清教徒和保王党的冲突迁移到了北美，表现在新英格兰清教徒和弗吉尼亚州保王党的冲突中，还迁移到了以后的内战中。内战前移居新英格兰后，清教徒的偏执和不宽容更加强化，在美国生活中挥之不去；美国宪法中罗马法要素也随之强化了。见赖纳克（P. D. Reinach），《早期美洲殖民地里的英格兰习惯法》（The English Common Law in the Early American Colonies），载 *Essays in Anglo-American Legal History*，pp. 367 ff。又见波洛克（Frederick Pollock），《习惯法的特质》（*The Genius of the Common Law*）（New York，1912），pp. 56 ff。有立法权的新英格兰殖民地倚重《圣经》，形成有别于习惯法的体制，律师不受尊敬，法庭的地位减弱。

[22] 转引自克拉克（Champ Clak），《从政生涯 25 年》（*My Quarter-Century of American Politics*）（New York，1920），II，p. 130。法律文书在殖民地印行，与之相伴的是印刷厂的建立、印刷厂设备潜力的过剩、报纸的发展和邮局的出现。

[23] Ibid., Ⅱ, p. 133.

律师在任何社群里常常都是最聪明的人。他们眼界最开阔,但最缺少同情心。他们聪明,了解人性,尤其了解人性的弱点,几乎与一切人事有亲密的接触,语言表达能力很强;这使他们对国家事务产生很大的影响;传统上,他们就有这样的影响力。另外,他们缺少同情心,耽溺于技术细节,顺从根深蒂固的正确和错误,方法上往往不择手段,对人类总体的善抱怀疑态度。这一切特质使其影响成为进步的障碍(Herbert Quick,《奎克自传》,pp. 330-331)。

[24] 柯文,《最高法院的黄昏》,180 页。

[25] 亚当斯(Brooks Adams),《社会革命理论》(*The Theory of Social Revolutions*)(New York, 1913), p. 97。

[26] 哈丽特·蒙罗,《诗人的一生》,40 页。

[27] 斯通(Irving Stone),《诉讼律师达罗》(*Clarence Darrow for the Defense*)(New York, 1941), p. 369。

[28] Ibid., p. 368.

[29] 阿尔索普等,《168 天的拉锯战》,p. 3.

[30] Ibid., p. 135.

[31] 特雷因(Arthur Train),《我的开庭日》,368 页。

[32] Ibid., p. 361.

[33] Ibid., p. 73.

[34] 斯通,《诉讼律师达罗》,72 页。

[35] Ibid., p. 164, p. 515.

[36] Ibid., p. 107. 律师对公共舆论产生影响,与之形成强烈反差的是私刑的悲剧。从 1889 年到 1932 年,记录在案的私刑多达 3 753 宗,白人和黑人犯案的都有。查德伯恩(J. H. Chadbourn),《私刑与法律》(*Lynching and the Law*)(Chapel Hill, 1933)。见《内森笔记》(*The Intimate Notebooks of George Jean Nathan*)(New York, 1932)。

[37] "'对敌人也必须守信'的悠久规矩终结了。"("The ancient rule of hosti etiam fides servanda is ended")(Alfred Vagts, *A History of Militarism* [New York, 1937], p. 431)。

[38] 爱略特(T. S. Eliot),《文化定义初探》(*Notes towards the Defi-*

nition of Culture）（London，1949），p. 54。

［39］Ibid.，p. 55.

［40］Ibid.，p. 59.

［41］吉辛（George Gissing），《赖克罗夫特的私密档案》（*The Private Papers of Henry Ryecroft*）（London，1914），pp. 92-93。

［42］史蒂芬（James Fitzjames Stephen），《自由、平等、博爱》（*Liberty, Equality, Fraternity*）（London，1874），p. 268。

［43］"支持既得利益，这是律师收费后的义务，是法庭构建的宗旨"。（布鲁克斯·亚当斯，《马萨诸塞州的解放：梦幻与现实》，130页）。

第四章　报业：20世纪经济史被忽略的因素

首先请允许我表示感谢。应邀来此讲演，纪念已故的苏格兰第一世男爵约西亚·查尔斯·斯坦普①，我感到不胜荣幸。尤其令人高兴的是，我可以借此机会向他在加拿大的研究工作表示敬意。已故的第一世子爵贝内特②深知斯坦普大名，请他研究加拿大谷物营销的问题，结果就是他提出的《斯坦普报告》，这是营销史上的重要文件。

根据规定，斯坦普讲演的主题必须是"用经济学或统计学研究实际问题或公众感兴趣的问题"，而且演讲人要"用科学观点而不是党派观点"来处理主题。在这些极权主义倾向的日子里，可以说这些条文有矛盾，或者说它们要求讲演人考虑极权主义

---

① 约西亚·查尔斯·斯坦普（Josiah Charles Stamp，1880—1941），英国经济学家、作家，著有《税收的基本原理》、《现代生活的基本问题》、《社会调节的科学》等。

② 理查德·贝德福德·贝内特（Richard Bedford Bennett，1st Viscount Bennett，1870—1947），第11任加拿大总理。

国家的问题。我知道，极权主义是对斯坦普先生的亵渎，所以我不得不考虑讲这个主题本身可能存在的矛盾。在为这个主题寻求答案时，我幸运地发现格雷厄姆·华莱士①的著作。他对斯坦普男爵的思想产生了重大的影响，这可能是我寻求讲题答案的线索。看起来，我觉得他在指引我阐述讲演的主题，或在指引我阐述导致这个主题的情况。看起来，讲演条例里固有的矛盾得到了化解，实际上我也希望，这个矛盾得到了一定程度的化解。索罗德·罗杰斯②说，政治经济学遭遇的灾难之一是，"它所有的或几乎所有的谬误都有一定的正确性。"[1]这句话也是他另一个论断的基础："廉价的投资要注入通行的错觉里。我认为再也没有比这更保险的投机。"[2]我希望，我在这里探讨通行的错觉将不会给听众带来不必要的担心。

我知道，我在为格雷厄姆·华莱士的著作提供一个注脚，但应该说，他的著作的内在主题却被忽略了。他的后期著作重点研究创意思维的效率问题。他强调口语传统的重要性，但在这个时代里，机械化传播技术的压倒性影响使人难以看到口语传统。事实上，只有通过评估机械化传统的作用，我们才能研究口语传统的作用。机械化传统的素材始终是俯拾即是、举不胜举了。斯坦普讲座就是口语传统残存的遗产之一。虽然诸如此类的基金会在大力支持口语传统，但我们今天这样的讲座业已被书面传统和考核制度压垮了。我们今天的讲演也注定要以书面形式印行。

我在其他场合阐述了这样一个主题：在不同阶段，文明曾经有不同的主导媒介，比如泥版、莎草纸、羊皮纸和纸张，纸张先

---

① 格雷厄姆·华莱士（Graham Wallas，1858—1932），又译沃拉斯，英国著名的政治学家、心理学家、教育学家，费边运动领袖，现代西方政治心理学创始人，著有《政治中的人性》及其姊妹篇《伟大的社会》。

② 索罗德·罗杰斯（Thorold Rogers，1823—1890），英国经济学家，研究维多利亚时代的社会经济问题。

用碎布后用木浆生产。每一种媒介对其处理的文字都有独特的意义,都有其对应的知识垄断类型;知识垄断被构建起来以后,就会摧毁适合创意思维的条件,于是,一种媒介就被另一种新媒介取代,新媒介又构建特有的知识垄断。在这一讲座里,我建议专注于传播媒介工业化主导的时期,这个时期,木浆生产新闻纸实现了机械化,报纸用莱诺排铸机和快印机生产。物理化学关注的重点是电能的研究,尤其关注加速传播的可能性。电报尤其是电话[3]对新闻业的扩张意义重大。

知识垄断的保守力量必然导致边远地区传播媒介的技术革命。在19世纪上半叶的英国,所谓的"知识课税"政策确保了《泰晤士报》(*The Times*)的垄断地位对报纸新闻纸的控制有利于书刊的生产。但由于美国扩张的市场并不受版权法保护,尤其是因为新闻自由受《人权法案》的保护,所以美国作家被驱赶进了新闻界。不过,到19世纪中期,英国的"知识课税"政策被废止,这就有利于美国报业技术的引进,有助于英国新闻业的发展。到19世纪下半叶和20世纪,尤其在布尔战争①和第一次世界大战期间,英国和欧洲大陆的新闻业大大发展了。

讲到这里,我们有必要简单介绍北美、英国和欧洲大陆传播技术的重大变革。由于用木浆造纸,新闻纸的价格从1875年的每磅8.5美分降到1897年的每磅1.5美分。新闻纸价格降低,新闻纸的用量大增,报纸生产的新发明接踵而至,报纸生产的瓶颈被逐一清除。1886年发明的莱诺排铸机使排字的成本减少一半。大批量生产字迹清晰印刷品的需求使打字机成为必需品。[4]印刷机的效率更高,印刷成本大大降低。《纽约论坛报》的双重印刷机每小时能印12版的报纸2.4万份;1887年,纽约《世界报》的四重印刷机每小时能印8版的报纸4.8万份;1893年,八重印

---

① 布尔战争(Boer War,1899—1902),英国人和布尔人为争夺南非殖民地而展开的战争,布尔人是荷兰、葡萄牙和法国殖民者的后裔。

刷机每小时能印 8 版的报纸 9.6 万份。机印报纸的生产方法改进了；复制插图的技术随之改进；1880 年以后，锌版和网线凸版加速了图版的复制。那年年底，普利策①启用漫画，这使其出版物的发行量增加了三倍。紧随他的举措，其他出版商也用图片增加发行量。19 世纪 90 年代，多色轮转印刷机问世。到 1900 年，美国的一切日报几乎都用图片了。

在世纪之交的美国，报纸的规模和发行量显著增加，新闻纸的成本亦有增加；新闻纸公司试图通过合并来增强地位，1898 年国际造纸公司的组建是显著标志。报纸组织起来用涨价来应对造纸公司的威胁。报界占有控制宣传的优势，他们施加政治压力，确保了从加拿大进口纸浆和新闻纸关税的减免。西奥多·罗斯福总统敏于报纸对公共舆论的影响，发起了一场对话运动，其宣传口号是："我们的纸浆耗尽了。"经历 1911 年美加互惠协议的争议以后，塔夫脱总统争取到加拿大新闻纸的低进口关税。民主党人伍德罗·威尔逊总统任职期间，新闻纸进口的限制被取消了。美国报业大获全胜，其表现是：到 1914 年，新闻纸的价格已低至每磅 2 美分，即每吨 40 美元。

加拿大各省亦有大片的皇家土地，它们追求的政策是引进美国资金办造纸厂。安大略省禁止在其皇家土地上伐木造纸，魁北克省在 1910 年随之效仿，新不伦瑞克省在 1910 年也禁止伐木造纸。大河提供了廉价的航运和大型的水电站，铁路通达毗邻的美国大城市，铁路运费优惠，加上政府的鼓励和低劳工成本，魁北克省建成了不少新闻纸生产厂，尤其成功。因为 4 吨木浆才能生产 1 吨新闻纸，运输成本是造纸厂选址的重要因素。

战争期间，物价上涨。1918 年，新闻纸每吨 69 美元，随即

---

① 约瑟夫·普利策（Joseph Pulitzer, 1847—1911），匈牙利裔美国人，报刊编辑，出版人，大众报刊的标志性人物，普利策奖和哥伦比亚大学新闻学院的创办人。

飙升到 1920 年的每吨 130 美元。但 1922 年维持在每吨 75 美元。由于涨价的刺激，新闻纸工厂大规模增建。加拿大新闻纸的年产量从 1917 年的 71.5 万吨增加到 1930 年的 389.8 万吨，1926 年到 1930 年的产量又翻了一番。加拿大超过美国成为新闻纸的第一大生产国。稍晚的新厂有一个优势：融入了新的发明。1921 年，一台 166 英寸宽的造纸机每分钟造纸 1,031 英尺，创了纪录。到 1927 年，270 英寸宽的造纸机成为标准的设备。设备的效率更高，但建新厂的周期延长，所以到 20 世纪 20 年代末，新闻纸价格下降；在大萧条时期，新闻纸的价格就急剧下降。1931 年降到每吨 53 美元，1932 年降到每吨 46 美元。稍后，效率高的新厂和老厂的竞争愈加激烈，于是，快速增长时期建立起来的精细的价键结构就经历了深刻的重组，大规模的合并亦随之发生。

在这些重组中，水电夺取了重要的地位。一家新闻纸厂往往有若干分厂，它们分别生产机械纸浆、亚硫酸盐纸浆和新闻纸。每吨新闻纸产能大致需要 100 马力的电力，其中 85% 的能源用于生产机械纸浆或磨碎木料。厂家寻求新工艺以增加比较廉价的机械纸浆的比例，使之占新闻纸总量的 75% 以上，如此，造纸厂就越加倚重水电。水电厂的选址有若干因素，比如地质地形条件、湖泊河流的大小、降水量的多少，因为水电厂的首期投资就需要巨额的经费，所以设备能力就成为造纸厂规模的重要决定因素。在强大的报纸的反对下，新闻纸的价格被压得很低，所以水电厂就尝试把电输往大城市供市政和工业用。大都会的大报纸尝试直接控制新闻纸厂，借以加强自己的竞争地位，《纽约时报》和《纽约论坛报》都诉诸这样的策略。[5] 但让电厂和新闻纸厂的选址适应大报需要的可能性是有局限的。不受报业公司控制的纸厂的销售市场缩小了。战争期间和战后的新闻纸价格高企，许多报纸被迫合并，高速度的设备比如钢筒、滚柱轴承和墨水泵也应运而生。报业大亨比如赫斯特和斯克里普斯·霍华德（Scripps

Howard)能提供庞大而稳定的市场,他们能挑动造纸厂恶斗,以确保比较低的新闻纸价格。小报处在弱势地位,但它们也联手打压新闻纸的价格。为了抗击这样的压价趋势,国际新闻纸公司收购报纸,以便为自己的产品寻找更能盈利的市场。但它们败下阵来,报界祭起老一套的诉求:新闻自由的重要意义,权势者控制报纸有危险。坚持新闻自由这一手成了打败新闻纸生产商的强大因素。由于报纸的强势地位,新闻纸公司偏重向大城市和工业消费者出售水电,新闻纸反而成了它们电力生产的副产品,而副产品的特征往往是弱势的市场地位。

相对低廉的新闻纸产量增加,美国人均纸张消费量同时增加,1909 年是 25 磅,1920 年增加到 41 磅,1930 年增加到 59 磅。1914 年,2,580 种日报的发行量是 41,131,611 份。这个时期的星期日报纸数量略有减少,但它们的发行量却从 16,479,943 份增加到 32,371,092 份。[6] 从 1880 年到 1930 年的半个世纪里,重大的技术革新纷至沓来,已如上述,无线电广播与报纸争夺广告,成为报纸的主要对手;报纸对广告的依存度从 44% 增加到 74%。在美国 23 座最大的城市中,广告收益从 1914 年的 6.62 亿美元增加到 1929 年的 12.93 亿美元,战后两年的收益尤其显著;但 1933 年大萧条时下降到 7.64 亿美元。广告收益百分比的提高容易使人误解,因为 1900 年报纸的价格下降到 1 美分或 1.5 便士,报纸价格相对固定的宗旨是增加发行量、吸引广告。乔治·塞尔兹(George Seldes)的话还是靠得住的,他说:"真正的出版商是广告商,因为大多数情况下,广告商对报刊的经济支持是维持报刊生存的全部条件。"[7]

报纸定价低,广告商需要报纸的发行量大,其必然结果是强调报纸内容的花样翻新,以吸引最大多数的买报人。报纸被迫呼应市场的需要。营业部占有主导的地位。[8] 新闻成了商品,在竞争中出售,就像其他商品一样。[9] 因此,新闻根据其瞄准的市场分类,又根据其生产的地区分类。用杜利先生(Mr. Dooley)的话说就是:"罪孽就是新闻,新闻就是罪孽。"查尔斯·梅尔兹(Charles Merz)写道:"是否真有像新闻那样使全国结为一体的纽带,实在是令人生疑。"[10] R. D. 布鲁门菲尔德①旅居英国时曾说过这样一句话:"社会各阶层的人都对犯罪迷案尤其女人被杀感兴趣,这种题材的吸引力胜过其他任何题材。"[11] "如果一个恋人割其心上人的喉咙,舰队街的新闻人会喜出望外,即使 999 个男人从此以后幸福生活,这些新闻人也不会如此欢呼雀跃。"(A. P. 赫伯特)由于时间等考虑因素,各新闻中心被迫在新闻的生产和销售中走专门化的道路。新闻跟着太阳走;随着下午报和晚报重要性的增加,新闻一般就在下午发生了。芝加哥[12]是内陆中心,和纽约有一段时差,其报业不得不以罪案为焦点。19 世纪 80 年代,芝加哥《时报》(Times)的编辑威尔伯·斯托利(Wilbur E. Storey)写道:"读者需要看罪案,斯托利则予以满足。如果头版没有少年吊死的照片,记者就会丢掉饭碗。整版整版的凶杀、纵火搞得你寝食难安,一版接一版的抢劫犯、敲门贼,搞得你寝食难安,女子版充斥着丑闻、风流事、放荡、性侵、暴打。"[13]

在这段话里,出版人的恶劣影响和权力也许是被夸大了,但塞尔兹(Seldes)还是认为,赫斯特的办报方针证明:"新闻很大程度上是一个人想要人们知道、感觉和思考的东西。"[14]据说,普利策"很喜欢战争——不是很大的战争,但要大到足以引起兴趣,给他机会能测量发行量的反射性增长"。[15]出版人关心的是确保消费者满意:"绝不要为了讨自己欢心而写作,必须要为了读者满意而写作。"[16]用赫斯特报系专栏作家布里斯班(Brisbane)的话说,那就是:"谁也不想知道你心里想的是什么,人们想知

---

① R. D. 布鲁门菲尔德(R. D. Blumenfeld,1864—1948),美国报人,旅居英国编辑英国报纸《每日快报》。

道他们该想什么。"[17]比弗布鲁克①认为，"你必须随时准备全心全意投入，五脏六腑都要投入，以至于看上去刺激且危险，有时肯定使人感到恶心"。[18]小本涅特（J. G. Bennett, Jr.）说，记者应该"好奇、毒舌、通人情、怪癖、恶毒，时而表现出不同的偏向，时而和善，时而难以名状地粗暴；豁达大度、博览群书，又疑虑重重"。[19]稍后，另一位美国出版商坚持印行"任何人可能会感兴趣的东西，即不会令人思考的东西，甚至不会邀约他们思考的东西，要让他们忘记准确与错误、抱负与失望"。杜利先生归纳的一句话是："阅读是让头脑休息的最佳方式，其作用仅次于睡眠。"

阿诺德·本涅特②对编辑工作的描绘非常中肯：

> 对问题的内容进行设计、计划和平衡；顺风而行或逆风而驶；以极其敏锐的手指头摸准极其机敏的主顾的脉搏；在漆黑的子夜、漆黑的密林里沿直线穿行；一周复一周猜测畅销书之谜；凭直觉判断史密斯先生为何再次下同样的订单，为何辛普金先生的订单少了10刀纸；一只眼看世界的壮丽进军，另一只眼看巴扎市场上采访记者的飘忽不定，竟把诽谤法忘得一干二净；诸如此类的事情，五花八门的事情就是真正的新闻工作。[20]

新闻必须挑选，其版面位置必须确定，字钉的型号必须选择。"对那些相信自己思考的人而言，表面上让他们思考的新闻影响最大……若论影响，莫此为甚。"[21]阿诺德·本涅特给新闻工

---

① 比弗布鲁克（Beaverbrook/William Maxwell Aitken, 1879—1964）男爵，英国报业巨头，两次世界大战期间均入内阁，保守党领袖之一。
② 阿诺德·本涅特（Arnold Bennett, 1867—1931），英国小说家、剧作家、批评家，著有《五镇的安娜》、《老妇人的故事》、《克莱汉格》系列等。

作所下的定义是：完善"人和事件的艺术的固有特征，是钝化那些本不属于人们的兴趣"。[22]如此，记者要接受编辑的忠告。《底特律新闻》(*Detroit News*)的执行主编认为，"学习写新闻的四个必备条件是《圣经》、《莎士比亚全集》、《星期六晚邮报》(*Saturday Evening Post*)和《底特律新闻》"。[23]威廉·克劳福德(William Crawford)的忠告与之类似："报刊撰稿人必须读《圣经》、吉卜林①、斯蒂文森②和彭斯③，因为他们知道如何触摸人的心灵。"[24]

在报主和广告商的压力下，记者被迫挑选引人注目的语言而不是恰如其分的表述，他们强调危机而不是动态。用艾斯柯特(T. H. S. Escott)的话说，记者"似乎越来越感觉到，他对报社的责任是发现新的危机或新的时代"。"记者过去是将来仍然是暴风雨中的海燕、浑水摸鱼的水鸟，他的活动是煽动大众的激情，而不是缓和其激情。"[25]工业化报纸的成功有赖时常的重复、难以觉察的渗透、潜意识的诉求和裁员的策略，以形塑公共舆论。[26]诺思克利夫④的告诫是："牢记新闻业里坚持不懈的力量。"[27]

人们常批评说，新闻业的战线太长，英格兰人的批评尤甚。索尔兹伯里勋爵(Lord Salisbury)笔下的新闻业是"聪明预见到的、却从来不会发生的事件"。在莱斯利·斯蒂芬(Leslie Steven)笔下，新闻记者的工作是"为获取报酬而报道你所不知道

---

① 鲁德亚德·吉卜林(Rudyard Kipling, 1865—1936)，英国小说家、诗人、诺贝尔奖得主。写了不少好的小说和儿童文学，但是声称殖民地人民是"白种人的负担"，为帝国主义和殖民主义张目，因而声誉不太好。

② 罗伯特·路易斯·斯蒂文森(Robert Louis Stevenson, 1850—1894)，苏格兰作家，著有《化身博士》、《金银岛》、《绑架》等。

③ 罗伯特·彭斯(Robert Burns, 1759—1796)，苏格兰诗人，复活并丰富了苏格兰民歌，代表作有《自由树》、《一朵红红的玫瑰》等。

④ 阿尔弗雷德·诺思克利夫(Alfred Northcliffe, 1865—1922)，英国报业大亨。

的事情"。[28]他又说,"在新闻业里,立场正确是文不对题的问题。"[29]亨伯特·沃尔夫①《非天堂之城》(*The Uncelestial City*)的一节小诗云:

> 谢天谢地,
> 你不能指望,
> 贿赂或扭曲英国记者。
> 但你相信,
> 如果不受贿不扭曲,
> 那是因为他没有机会。

一位美国作家的抨击更加凶狠:"为了他的面包,纽约记者的正经事就是扭曲真相,撒下弥天大谎,他变态、污蔑,他在财神爷的脚下摇尾乞怜,出卖他的国家和种族……我们是思想的娼妓。"[30]另一个比较冷静的记者说:"新闻永远不可能成为历史,它片刻不停的活动剥夺了它科学探究的优势。它不可能是全面的真相,因为它不得不当即表现貌似真相的事实,这使它不可能搜集和衡量事件的一切方面,不可能记叙事件的全部真相。"[31]

然而,这位记者并不是没有意识到报主和广告商的压力,他对报业的种种弊端的抨击已经表明了这样的意识。作家是社群里比较敏锐和好动的成员,对压迫极其敏感,尤其是因为他们在组织抵抗时是比较缓慢的。弗兰克·芒西有条不紊地收购、关闭和合并报纸,被认为是"编辑过报纸的最能干的零售商之一"。[32]艾伦·怀特(Allen White)悼念他的讣告里有这样一段话:"伟大的出版商弗兰克·芒西去世了。他为当代的新闻业作出了贡献,他有肉类加工的才能、钱商的操守、殡仪师的仪态。他及其同行把一个高尚的

---

① 亨伯特·沃尔夫(Humbert Wolfe,1885—1940),英国作家、诗人。

行业变成了有 8 个百分点安全感的行业。愿他安息。"[33]评论诺思克利夫时，菲利普·基布斯（Philip Gibbs）说，他"从来没有听见过诺思克利夫对生活发表过任何严肃的评论，他没有说过任何思想高尚的话，也没有暗示过任何深刻的宗旨"。[34]

　　反映广告商要求的新闻强调非连续性，在 1900 年以后尤其如此。卡扎米安（Louis Cazamian）[35]指出，电影大获成功彰显的是非连续性，从电影的主根破土而出的就是非连续性的方法。摄影术和电影发展的同时，报刊的插图也大量使用，第一次世界大战期间尤其如此。大报的浮华自夸前所未有，普利策的一句话足以为证。他说："《世界报》应该比总统更有权势，伙伴关系和政治是总统的镣铐，他只有 4 年的任期。"[36]报纸垄断地位的标志是承认技术进步的保守主义。战争期间，开发低收入用户市场、增加广告商用户市场都有了可能，放松监管规则和习惯的营销得到确认，这都有利于小报的发展。[37]图片[38]表现的是普世语言，未经传授也可以看懂。"愚民不再相信报纸上读到的一切，但他相信报纸上看到的一切图片。"[39]为寻求更多的读者，那就有必要依靠拥有普世吸引力的题材尤其是性。纽约的成功小报《每日新闻》（*Daily News*）的帕特森（Patterson）启用了新闻排序的一套新规则：首先是爱和性，继之是金钱、凶杀和健康。[40]

　　一家不成功小报的编辑戈弗洛（Gauvreau）受到帕特森的夹击，"陷入一个小口袋，我们永远不可能杀出一条路，不可能达到 100 万份的发行量"。[41]戈弗洛说："我吸引大众的报纸，没有一家不配备星相师或手相师，他能告诉读者如何改善命运。"[42]"我们的政治版面是发行量损失的死胡同。"[43]他写道："绝不要印行摩天大厦里清洁女工不懂的任何东西。"[44]英国的布鲁门菲尔德也提出了类似的忠告："绝不要忘记出租车司机的妻子。"他自认为是"依附在既存报刊上的寄生虫"。[45]我们理解他的意思。虽然读者不熟悉报纸提及的"桃子"布朗宁（"Peaches" Browning）或霍尔·米尔斯（Hall Mills）谋杀案，体会不到报纸争夺这类新闻的激动心情，然而报纸提到林德伯格①时，他们总能意识到小报对传统老报的影响。林德伯格的飞行掀起了"人类历史上大众激情最伟大的狂潮"。[46]据信，这改变了法国人对美国的态度。在报道林德伯格家的婴儿被绑架的案子时，各报"都全力以赴，锁定这最后的盛宴狂欢，集中报道一个案子"。[47]在激烈竞争中扩大发行量和增加广告时，刊物的成功秘诀是题材和图片，再加特写和电影明星的八卦。小报吸引低收入群体时，广告商拒绝提供支持，导致小报失败。这个例子可以用来驳斥门肯的断言：低估美国公众品味的报人，没有一位遭到破产。

新闻要适应扩大发行量的需要，报纸由此而更加依靠特写。报业联盟的效率增加，个别报纸所拥有独家新闻的数量随之减少[48]，报纸对地方新闻和特写的依存度随之增加。广告需要扩大覆盖面，报纸也需要扩版；为了维持阅读材料合理的比例，报纸有必要依靠辛迪加[49]提供特写材料。报纸组建辛迪加以便推出自家的特写材料，挖掘自己的新闻。特写旨在确保报纸在本地的牢固立足点，并提高报纸在广告商眼里的地位。大型的星期日报纸为适应这一需求而浮现出来，同时露头的是读者追求特写的难以满足的胃口，这些特写本来就是为了吸引妇女儿童的；连环漫画就非常适合这一宗旨："流行漫画影响发行的力量尽人皆知。""漫画是整个辛迪加产业的生命线。"如果不想遭到读者潮水般的抗议，漫画家就不得不考虑其人物的福利。妇女是特写文章和新闻关注的对象，因为她们对商品的购买产生影响。

诺思克利夫[50]发出这样的忠告："在主要新闻版面上总是要有一个女人的新闻作为头条。"[51]"女人控制着家庭钱包的拉链，男人购买女人要他们采购的东西。"广告商对发行的要求是对娱

---

① 查尔斯·林德伯格（Charles Lindbergh, 1902—1974），又译林白，美国飞行员，1927年5月20日首次完成单人不着陆跨大西洋飞行。

乐和多样化的需求。[52]在20世纪20年代,公众的消遣从赛马和酒品转向专栏文章。[53]报纸刊发专栏作家的文章,讲究广泛的题材和多样的观点。

这些变化的结果表现在社论对公共舆论影响力的下降。杜利先生说,报纸的使命是"使苦恼人得到抚慰,使舒服者感到苦恼"。赫斯特报系[54]有条不紊地利用这样的推销术,斯克里普斯[55]也大致如法炮制,都获利颇丰。报纸不得不转向其他的读者兴趣。早在1899年,一项报纸研究的结果显示,犯罪和邪恶、图片、招聘广告和医药广告占据了越来越多的版面,发行量增加,相反,政治新闻、社论、编读问答和政治广告的版面日益减少。[56]门肯指出,和新闻稿记者相比,社论编辑失去名望,因为表达社论观点所需的才干不如可读性很强的新闻所需的才干,而且社论写作的才干所获报酬较少。他写道:"除了棒球,我并不真懂其他任何主题,大城市的报纸一般都能报道棒球,头头是道,真能理解。"另一位作家说:"我怀疑,美国报纸的社论版能拥有5%的读者。据此结果推算,社论版是最贵的版面——以空白、拼版和写社论所付出的心血计算,的确最昂贵。"[57]一份美国报业研究报告得出这样的结论:"现代商业报纸对读者公共事务观点的直接影响微乎其微,也许,其追求是反映舆论,而不是制造舆论。"[58]布赖恩(W. J. Bryan)说:"报纸观察人们所走的道路,快步跑到拐角处去赶到人们的前面。"[59]有人说,保持大发行量的追求碍手碍脚,使报纸不敢对任何事情表示抨击,只有"鲨鱼吃人"的现象除外。[60]你也许记得萨缪尔·巴特勒①《众生之路》(*The Way of All Human Flesh*)里的唐利,他试图使欧内斯特·蓬提费克斯(Ernest Pontifex)摆脱困境,于是去"见记

---

① 萨缪尔·巴特勒(Samuel Butler,1835—1902),英国小说家,辛辣讽刺资产阶级的道德、宗教、家庭制度、非理性思潮和机械主义,著有《乌有乡》、《重游乌有乡》、《众生之路》、《生命和习惯》、《新旧进化论》、《不自觉的记忆》。

者,让那个案子不见报。他成功地阻止了高档的报纸发布消息。只有一家最低档的杂志拒绝接受贿赂。""报纸的威力就是压力。"

在强调增加销售量的必要性时,大字标题和新闻在头版唱主角。除了极少数例外,广告被限制在稍后的版面中。可以说,"从适用的宗旨看,对个人更直接有用的材料就叫做广告,对社群而不是对个人更有用的材料就成为新闻",或者用艾维·李(Ivy Lee)的话说,"新闻是人们愿意付钱去看让他们注意的东西;相反,广告是广告商付钱以便引起人们注意的东西。"[61] 用头版的编排促销,那是间接的广告促销,人们难以区分间接的广告促销和直接的广告促销;于是,宣传人的队伍迅速膨胀,他们手腕高明,设计隐性广告,将其植入出乎意料的地方,使读者当作新闻接受。[62] 报人怀疑这样的新闻服务,不愿意将任何陌生的东西引进他们的栏目里;相反,宣传人植入隐性广告的创新性与日俱增。[63] 由于社论版式微,政界人士特别热心上头版了。自身是报人的萨姆·张伯伦(Sam Chamberlain)写道:"给我头版右侧栏的版面,我就不再关心他们的社论版说什么。"[64] 1924 年,拉福莱特①对这一观点表示唱和:"我不在乎报纸的社论版里对我说什么,只要我在新闻栏目里露面就行。"[65] 实际上,政界人士开始欢迎辱骂他们的新闻。巴尔的摩《太阳报》(Sun)的弗兰克·肯特(Frank Kent)对大城市的政党党魁作了这样的解释:"新闻对他的谴责越猛烈,支持他的倾向就越明显。"[66] 乔治·塞尔兹写道:"我相信,任何政客和赫斯特报系结盟都是政治自杀。"[67] 然而,无线电广播问世以后,政界人士就利用报纸的局限。富兰克林·罗斯福声称,"让人知道报纸反对他,那是对他最大的帮助,其余一切都难以匹敌。"广播使天平有利于竞选的个人,它战胜了数以吨计的共和党人的文字宣传。"自广播普及以来,每一次

---

① 罗伯特·M·拉福莱特(Robert M. La Follette, 1855—1925),美国政界人士,1924 年竞选总统失败。

全国大选都出现了一党的压倒性胜利。"[68]罗斯福胜出,报纸作为政治表达媒介的影响力下降了。

对报纸头版的倚重对美国政治人物的个性产生影响,给立法打上印记。定基调"意味着……这样一种能力:小心翼翼地原地不动时,仍然给人充满激情、蓬勃向前向上的印象"(Lowry语)[69],定基调仅仅是倚重头版的结果之一。在《美利坚合众国》里,布赖斯强调指出 19 世纪的美国缺乏外国问题的意义(1891)。在很大程度上,外交官的任命是政治恩赐的一部分,由报界人士出任外交官。恩赐任命在国内引起不信任,到国外任外交官却受人欢迎。其他国家的情况相反,新闻背景的人通常被排除在外交岗位之外。"报上的鼓动使公众难以平静。不确定性妨碍统一行动,统一行动的缺乏妨碍稳定。"[70]

怀特罗·里德(Whitelaw Reid)[71]说,在 19 世纪,"新闻带来发行量和广告"。但有人坚持修正这一观点说,"没有任何东西能替代发行量"[72]。拉斯韦尔说,"文化素养和报纸是机器时代的子孙。报纸靠广告生存,广告追随发行量,发行量依靠读者的激动情绪"[73]。报纸试图在增加发行量、营造亲善态度的过程中确立垄断地位;利用报纸的垄断地位,广告商就可以为广告推销的产品构建垄断地位。发行量旋即转化为收入。在新闻、特写和直接广告里,大型广告商自始至终确保了自己的优势。大型百货商场在报纸收入中占有重要的地位,促进了报纸的发展。新闻人把这样的商场称为"最神圣的奶牛"[74]。有人论及《芝加哥论坛报》时说,"1.89 美元家常便服的广告必须足以支付员工的薪水。"[75]经常大版面打广告的客户能确保最优惠的广告费,当然,广告商的成功还随其他因素而变化,包括报社的广告政策。在一个极端,芒西说:"我不会和我的客户争吵,他们是我的收入来源。"[76]在另一个极端,斯克里普斯坚持说,有必要时常和广告商讨价还价。[77]依靠少数几家偏爱少数报纸的广告客户,那会有危险。百货商场压低某些商品的广告价,以保证高价位商品的大流量。[78]大报能以非常优惠的条件确保新闻纸的供应，能吸引实力雄厚的广告商，能以最快的资金周转刺激生产，促进销售。有些类型的营销组织比如百货商场和都市社群旨在尽快地赢得尽可能多的消费者，它们受到直接的鼓励。都市建筑往往以商店橱窗为中心设计。

20世纪印刷机隐含的意义表现在晚报比晨报日益重要的地位上。晚报和晨报都满足个人的口味，相比而言，晚报的读者精疲力竭，需要放松和娱乐，晨报读者需要的则是信息和指导。[79]斯克里普斯指引晚报的发展，以满足工人阶级被忽视了的需要，体育新闻的版面大大增加。[80]晨报垄断的保守主义偏爱的是办报技艺的进步，晚报的广告商也坚持报纸手法的进步。字钉和版式的变化、彩印机的适应性变化、[81]快速印刷机的启用满足了各种各样的需要，晚报广告商、星期日报的需要都能得到满足，尤为显著的是，邮购目录的需要也能满足了。

在美国，报纸取得了支配性地位，语言无情的破碎化随之发生，新的习惯用语发明了，语词的犀利化出现了。[82]在英国，这一发展势头的冲击被图书的主导地位遏制了，但英美语言的相似性有利于快速从美国借用技术发展的词语。[83]诺思克利夫充分利用了美国人的经验。[84]他急剧压缩了议会辩论报道的篇幅，其他报人紧紧跟随；用布鲁门菲尔德的话说，这是英国新闻史"最重大的变革之一"[85]。紧随普利策的忠告之后，他提出这样的金科玉律："绝不要抨击一个机构，要抨击这个机构的首脑！"[86]这一诀窍的成功表现为：1900年之后，歇斯底里的编辑被驱逐出英国报纸，理性的政治新闻走向衰落。[87]

新新闻①的效应反映在广告商对发行量和读者激情的需要中，

---

① 新新闻（New Journalism），20世纪初在美国兴起的一种新闻报道形式，其显著的特点是将文学写作的手法用于新闻报道，重视对话、场景和心理描写，不遗余力地刻画细节，其高峰在20世纪60年代，代表人物有汤姆·沃尔夫、诺曼·梅勒、杜鲁门·卡波特、亨特·汤姆逊等。

这种效应在外交政策中尤其引人注目。很早就有人抱怨说，英国驻欧洲大陆记者的任命条件是语言能力，他们缺乏新闻感。在电报取代邮递以后，这样的缺陷尤其刺眼。出于政治考虑，比肯斯菲尔德（Beaconsfield）劝说《旗帜报》（*Standard*）1878年委派艾布尔（Abel）任驻柏林记者。[88]外交部免予议会讨论的自由、报纸从国内事务转向国外事务的趋势，尤其爱尔兰自决的争辩以后，《泰晤士报》获得了稳定局势，它试图与德国建立友好关系。知识税被废除，报纸的地位被侵蚀，在内战[89]和爱尔兰自决问题上的立场使《泰晤士报》威信扫地，其地位受到削弱；1890年，《泰晤士报》濒于破产，莫伯利·贝尔（Moberly Bell）接手经营。作为评论和批评的喉舌，它在新闻服务方面落后了。为经济效益计，贝尔被迫倚重经验不足的年轻人，组建新闻队伍。[90]1897年，格林伍德将驻外记者通讯描绘为"英国报业最艰难，至少最不令人满意的服务"。[91]

这批新记者的活动在南非战争中引人注目。电报和报纸握在手中，喜欢嚷嚷的一小群人居然能制造摩擦，挑起战端。《开普时报》（*Cape Times*）的编辑是廉价伦敦日报的特派记者；约翰内斯堡主要报刊的编辑从英国引进南非，以支持罗兹①的政策。《泰晤士报》使诺思克利夫能启用仇视德国的人物。报纸不再偏重法国新闻，改取反德国的立场。用诺曼·安杰尔（Norman Angell）的话说，"利用对英国的最大危险，并使之有增无减，最能使报纸赢利。"[92]报人缺乏职业标准，致使蒙特斯图尔特·格兰特·达夫（Mountstuart Grant Duff）作出这样的批评："缺乏经验的新闻记者胡乱干预、煽动国际嫉妒和怨恨；如果没有他们的胡搅，欧洲的外交家和外交部长是能够很好相处、解决分歧

---

① 塞西尔·罗兹（Cecil Rhodes，1853—1902），又译罗德西，英国殖民者、开普殖民地总理，津巴布韦的旧称罗德西亚即以他命名。

的。"[93]他们强调个人的作用,断言爱德华七世①的怨恨是英法谅解的真正开端。[94]他们说,德皇批评英王爱德华七世在周末参与巴卡拉纸牌戏,引起英王怨恨,这就是所谓的特兰比克罗夫特(Tranby Croft)事件。也许,我们能赞同阿克顿②勋爵的话:"人们看历史时,最能激起嫉妒和不公感觉的是历史人物激发的阅读兴趣,影响之大,莫此为甚。"[95]1908年后,诺思克利夫[96]控制《泰晤士报》,达成了威望和发行量的双赢。美国经验的影响[97]表现在怀尔(F. W. Wile)的新闻作品中。他是芝加哥《每日新闻》(*Daily News*)记者,同时在英国的《每日邮报》(*Daily Mail*)兼职。他采访英国国防大臣,把这篇独家专访交给《每日邮报》,因而获奖,被委任为该报驻柏林记者站负责人。怀尔透露,战争爆发前夕,柏林外交部一位官员正要给他签证时,"突然把钢笔摔在桌上,并且说,他断然拒绝给怀尔签证,因为他恨怀尔,相信怀尔对战争的即将爆发起到了推波助澜的作用。"[98]无论我们是否相信怀尔披露的故事,无论我们是否相信怀尔本人相信那是拒发签证的原因,那句话是凶兆。诺曼·安杰尔写道,给人启迪的行为模式比较平衡时,诺思克利夫这种人的个人权力就具有决定性意义。[99]

从美国输入的新新闻在英国有所调整,其冲击在第一次世界大战后更加显著。诺思克利夫在英国内阁改组中发挥的作用亦有连篇累牍的讨论,在此,我满足于以丘吉尔在联合政府组建时的一段话结尾。他说,诺思克利夫"没有公职,却能挥舞官权,缺乏总体的观察,却了解秘密的内情,他散布国家领导人个人财产的信息,却不愿意承担他们的责任。"[100]不过,新新闻风格带来

---

① 英王爱德华七世(Edward Ⅶ),1901—1910年在位。
② 约翰·爱默里克·阿克顿(John Emerich Acton,1834—1902),英国历史学家,著有《自由史论》,主编《剑桥近代史》,留下名言"权力往往使人腐败,绝对的权力绝对使人腐败"。

了新型的政界人物。弗兰克·迪尔诺特（Frank Dilnot）描绘了劳埃德·乔治首相与记者打交道友善而随和的方式，"就内阁大臣而言，这是一种革命性的风格。"[101]马辛汉姆（H. W. Massingham）对这一变革的评价是："就政界人物而言，遗憾的是，虽然十有八九像劳埃德·乔治那样随和，却也有十之一二像列昂纳德·考特尼①。我们自杀式的新闻界只理解第一类型的人物，却忽视或贬低第二类型的人物。"[102]新型政客利用报刊毫无顾忌。乔治·兰斯伯里②说，如果劳埃德·乔治认为，他能战胜诺思克利夫和《每日邮报》，他就可能结束俄国革命后那场战争了[103]。无论我们是否同意兰斯伯里的判断，显而易见的是，劳埃德·乔治本人对《每日纪事报》（Daily Chronicle）[104]的控制在一定程度上能为他自己辩护。

战后，肯尼迪·琼斯③承认，报纸太强调自己的重要性和权力，已经失去威信，公众不再信任报纸。诺思克利夫[105]和《每日邮报》之后，起而仿效的是比弗布鲁克和《每日快报》（Daily Express）。[106]对欧洲政治的兴趣退潮，取而代之的是对帝国事务的偏好。大报必须要有外交政策。和美国比较而言，英国人口中心的密度和分布促成了伦敦大报地区版的发行。报纸数量少，发行量大，其政策是控制造纸厂和原材料供应，这一政策在英国的重要性超过美国。反过来，资本的聚集[107]只关注发行和广告收入。报纸用保险计划等举措增加发行量，让公众接受英帝国偏好的努力也占有重要的地位。接受报纸宣称的成就，那会有危险，但贝

---

① 列昂纳德·考特尼（Leonard Courtney，1832—1918），英国政界人士、作家。
② 乔治·兰斯伯里（George Lansbury，1859—1940），英国左翼政治家、社会活动家、绝对和平主义者，20世纪30年代发起"和平之旅"运动，企望通过一次世界大国会议来消除战争的根源。
③ 肯尼迪·琼斯（Kennedy Jones，1865—1921），英国记者、报纸编辑和老板，曾编辑伦敦《太阳报》、《每日邮报》。

弗利·巴克斯特（Beverly Baxter）写道：张伯伦①认为，比弗布鲁克说："真正的和平已经确保，即使未必完全按照比弗布鲁克的政策实现，至少是建立在广泛接受的基础上了。""比弗布鲁克打赢了政策战，但打输了人物战。"[108]无论如何，自由贸易终结了。和美国的情况一样，[109]一群报纸的垄断地位刺激竞争，其他人急于利用改进了的技术，想要为被忽略了的消费者和读者服务。《每日先驱报》（Daily Herald）扩大发行量大获成功，这说明，有成就的老报也是有局限性的。《早邮报》（Morning Post）之类无力竞争的报纸只能"靠广告业寄生"，朝生暮死。[110]有人说，1919年到1939年，报业痴迷广告和发行，对公共事务缺乏明达的兴趣，[111]难以尽早对外交政策表达有效的反对意见。这样的说法似乎有道理。[112]外交政策反映了技术发展起伏不平的性质，也反映了报纸的垄断需求。

英美新闻业对欧洲大陆新闻业的影响有一个迟滞效应，因为双方存在语言的差异，而且书籍在欧洲大陆具有强势的地位。[113]法国报纸受广告商影响的程度比较小[114]，俄国报纸受直接补贴的影响比较大[115]，意大利报纸受贿赂的影响比较大。在欧洲大陆，政治著作和其他著作比新闻重要，新闻记者在政治生活中扮演比较重要的角色。有一句流行的谚语说：新闻业引导你走向一切，除非你能跳出新闻。德国的新闻业保存了俾斯麦②治下形成的特征。一位研究新闻的学者指出，"所有大国的报纸都毒害公共舆论。"[116]美联社主管肯特·库珀（Kent Cooper）说，"过去一百年来，通过这些渠道进行的强大宣传是战争的根源之一，只

---

① 亚瑟·内维尔·张伯伦（Arthur Neville Chamberlain，1869—1940），英国首相[1937—1940]，对希特勒采取绥靖政策，惨败，1940年郁闷而死。
② 奥托·冯·俾斯麦（Otto Von Bismarck，1815—1898），普鲁士宰相兼外交大臣、"铁血首相"、德国近代史上杰出的政治家和外交家、推动德国统一的重要人物。

是我们尚未揭秘这一根源而已。"[117]然而，主导欧洲文明的力量仍然是图书，德国和盎格鲁—撒克逊国家之间的战争可以被描绘为图书和报纸的冲突。德国报纸的虚弱大概加强了它宣传组织的力量。德国人不能理解报纸在盎格鲁—撒克逊国家的力量。实际上，德国和盎格鲁—撒克逊国家之间的关系之所以崩溃，是因为两个地区报业的发展造成的困难越来越难以理解。由于报纸的影响，民主发展的势头无情地把图书驱逐出了人们的常规生活。[118]如果按照表面价值去接受第一次世界大战期间宣传者描绘的情况，我们大概会身陷险境，但毫无疑问，许多宣传要归之于诺思克利夫，他是"大规模暗示的大师"。[119]德国的广告手法不够发达，宣传尚不能有效地起作用，也不能受到有效的抵制。

《凡尔赛和约》反映了印刷机的影响[120]，因为印刷机强调管治原则的自决性；但印刷机忽略了口语词的重要性，后起的广播则利用了口语词。[121]德国报纸的影响受局限，广播因此而快速发展；相反，由于报纸的影响，而报纸又对广告感兴趣，所以广播在英国的发展受到限制。在德语主导的地区，人们受到希特勒的强大影响，他拼死扩张第三帝国的版图。战争期间，在英语主导的地区，丘吉尔和罗斯福的广播讲话更有效调动了战备资源。语言差异是第三帝国占领区地下抵抗运动发展的重要因素。俄语是阻隔德语宣传的有效屏障。由于广播和时事每时每刻的戏剧性变化，相同语言的人们开始依靠同一语言获取信息；因为广播器材是可以控制的，所以广播成了强大的宣传工具。[122]如果第一次世界大战可以被视为报纸和图书的冲突，那么，第二次世界大战就可以被认为是报纸和广播的冲突。

传播技术的进步有一个自然的结果：传播材料分布的范围收窄，被接受的范围加宽，如此，很多人接收到传播的信息，却不能直接回应。处在接收端的人，预先就被排除在外，他们无法接收到机械化中心系统发送的材料，不能参与健康、活泼、有利的讨论。尾随传播技术新发明的是公共舆论不稳定，这些发明的宗旨是将信息送达许多人；新发明的控制者利用公共舆论。赫斯特说，报纸扩大发行量的要诀是，公众激动时，报纸随之激动。[123] 新传播技术性质比较鲁笨，其诉求对象是不太稳定、思想层次较低的人，即使不加重公众的疯狂程度，它们也会加重公众的不稳定情绪。只需回顾无线电广播在慕尼黑危机①中的影响以及乔治·奥尔森·威尔斯②的广播剧《火星人入侵》，就足以说明广播的影响。为了拥有大批读者，作家必须拥有新型的创作技巧；昔日单调的苦苦思索使作家有更多的时间思考，新型脑力劳动的劳累和单调使作家筋疲力尽。

由于作家强调简练，管理的问题趋于复杂。大批专业组织和宣传机构在第一次世界大战中学会各自所需的门道。[124] 操纵舆论成为流行病，新闻机构、宣传专家、广告商和鼓动家都染上了狂热的流行病。[125] 结果，文官队伍的作用更加重要，官僚体制的地位得到加强。戴西③说，"法律……是造就公共舆论的最强大的动因之一。"[126] 如今，这一论述更显得厚重。连肯尼迪·琼斯也承认，政府的力量是新闻的源头，他哀叹唐宁街新闻系统的弱势；在那里，选择新闻人的标准是他准确衡量压制真相效果的能力。政府领导人控制新闻，能行使所谓的领导权。为了呈现出维持对政策控制的表象，报纸不得不贴近政府领导人，它们批评政府的可能性预先就被排除了。为了露出始终如一的表象，报纸不得不

---

① 慕尼黑危机，狭义的慕尼黑危机指日法意德四国首脑在德国慕尼黑签订《慕尼黑协定》（1938年9月29日），将捷克的苏台德区割让给德国，广义的慕尼黑危机指二战前夕西方国家尤其英国和法国对希特勒的纵容绥靖政策。

② 乔治·奥尔森·威尔斯（George Orson Welles, 1915—1985），美国电影演员、导演、制片人和剧作家，经典作品众多，要者有《公民凯恩》、《奥赛罗》、《凯撒大帝》，他根据H. G. 威尔斯的小说《星际战争》改编的广播剧《火星人入侵》使许多人信以为真，以为世界末日临头。

③ 戴西（A. V. Dicey, 1835—1922），旧译戴雪，英国法学家，著有《宪法学导论》、《19世纪英国法律和舆论的关系》等。

采用宽泛的政策，使自己的调整不显露变化的表象，使报纸的波动曲线不那么明显。

正如上文所示，在报纸生产的不同阶段中，巨大的技术进步有日益壮大的广告力量的支撑，广告的力量反映在新闻、特写和社论特征的变化中。新新闻强调广泛的兴趣，损害了政治；由于公关机构的兴起，新新闻失去了批评弊端的力量；对它从中受惠的弊端，新新闻尤其失去了批评的力量。广告与新闻、特写和社论有千丝万缕的联系，所以，就其与垄断性报纸的关系而言，广告也拥有垄断的力量，广告影响政治、社会、经济生活。广告与报纸的关系难以调整，在20世纪20年代的繁荣和随后的大萧条中，这样的关系显露无遗；在很大程度上，这是报纸和一种新传播工具即无线电广播扩张的结果。公共舆论的稳定程度减弱，不稳定成为主要的弱点，造成20年代迫不得已的扩张和大萧条期间的崩溃。

报纸的广告造就了高度敏感的制度，这样的体制面临灾难，迫使政府出手大规模干预。我们能理解索罗德·罗杰斯的论断："一个世纪以前，价格的高低波动不会引起注意，也不会使人惊恐；如今，生产和贸易非常敏感、异常复杂，引起最严重的恐惧，吸引最刻苦、最敏锐的研究者对经济现象和经济机构进行深入的研究。"[127] 政府干预意味着民族主义的发展。报纸广告直接间接对关税的提高产生影响，只有广告商所需的原材料的关税例外；在大萧条期间，关税的不足靠汇率的操纵和货币的控制来补足，罗宾斯（Robbins）教授对大萧条的分析就指出了这样的结果。梅因①说，"投入经济学研究尤其货币研究的精力导致对政治和政府的忽视"。[128] 这一论断的重要性已经受到充分的重视。经济学著作和讨论越来越带有民族主义的色彩，越来越关注具体的

---

① 亨利·萨姆那·梅因（Henry Sumner Maine，1822—1888），英国比较法学家、历史学家、19世纪历史法学派代表人物，著有《得道的政府》等。

立法和具体的经济社会走势。我们借用杜利先生的话并稍加变通：世界疯狂时，社会科学家也跟着疯狂。

社会科学的弱点表现在对国别统计数字的日益关心。冯·贝克拉希①说，"说到底，社会科学里的真理常常只不过是事实、投入和思想的一致性和同一性，也就是它们与各自社会的基本原则是否一致和同一的关系问题。"[129]比如，由于集中研究经济周期，经济周期的运行也许就受到了影响，这就是所谓的自然对艺术效仿。经济周期研究产生的信念可能导致经济界人士据此而行动，以回应经济周期的变化，也有可能加重或制衡繁荣和萧条的猛烈程度。不拥有经济周期研究优势的国家大概会产生不同的经济周期。奥林②教授抱怨，英美经济思想与外界隔绝，忽略维克塞尔③的经济思想达 20 年之久。奥林忘了经济学的偏向：最优秀的经济学家来自于强大的国家。由于其积极参与经济和政府的角色，经济学家在专业领域里的影响被强化了。经济界人士和政府官员有一个倾向：坚持倾听和阅读他们想听想读的东西，所以，经济学家提供给他们的东西也就是他们想听想读的东西。

民族主义削弱了人们对普世规律的兴趣。行政管理发展模式里的相似性被误解为规律。其结果表现在本世纪社会科学著作的特点中。休谟致亚当·斯密④的一封信里有这样一句话："实际上，大众的赞许可能是最严重谬误的铺垫。"[130]到了 19 世纪，这个观点继续得到许多人的唱和。乔治·C·刘易斯（G. C. Lewis）

---

① 尤尔根·冯·贝克拉希（Jürgen von Beckerath，1920— ），德国埃及学家。

② 贝蒂尔·奥林（Bertil Ohlin，1899—1979），瑞典经济学家、诺贝尔奖得主。

③ 约翰·古斯塔夫·克努特·维克塞尔（Johan Gustaf Knut Wicksell，1851—1926），瑞典经济学家，著有《利益与价格》、《价值、资本与租金》、《财政理论研究》等。

④ 亚当·斯密（Adam Smith，1723—1790），英国经济学家，古典政治经济学派的代表，主张自由放任，反对重商主义和国家干预，代表作有《道德情操论》、《国富论》等。

说,"众口一词是最糟糕立场的证据。"[131]乔治·桑①说:"群众的非民主性最为严重,其他的非民主性表现莫过于此。"许多人认为有必要继续维持对社会科学的兴趣。克里斯托弗·诺斯②说:"政治经济学不是报刊研究的课题。"[132]阿尔弗雷德·马歇尔③说:"你不能为了得到半个克朗就披露真相。"[133]20 世纪的经济思想与之形成强烈反差,其表现是凯恩斯④相信:你可以为了得到一个克朗而出卖真相。马歇尔的传统是专心授课、不愿出版;亚瑟·塞西尔·皮古⑤也继承了这一传统。这个传统导致经济学思想的失衡和凯恩斯著作的泛滥。政界人士在报界的影响下降,其表现是《凡尔赛和约》失败,凯恩斯的《和平的经济后果》(*Economic Consequences of Peace*)(1920)走红了。

为了抵消民族主义的影响所进行的这些新尝试是有局限的。芒图⑥的《凯恩斯思想的经济后果》(*Economic Consequences of Mr. Keynes*, 1946)大概就指出了这样的局限。他说,盎格鲁—撒克逊的法律观点及其对贸易和商业的关怀往往忽视欧洲大陆和

---

① 乔治·桑 (George Sand, 1804—1876),法国女小说家。原名露西·奥罗尔·杜邦,是巴尔扎克时代最具风情、最另类的小说家,作品主要有《安蒂亚娜》、《华伦蒂娜》、《莱莉亚》、《魔沼》等。

② 克里斯托弗·诺斯 (Christopher North, 1885—1954),原名 John Wilson,苏格兰作家、批评家、道德哲学家。

③ 阿尔弗雷德·马歇尔 (Alfred Marshall, 1842—1924),近代英国最著名的经济学家,新古典学派的创始人,著有《工业经济学》、《经济学原理》、《经济学精义》、《关于租金》、《分配与交换》等。

④ J. M. 凯恩斯 (J. M. Keynes, 1883—1946),英国经济学家,凯恩斯主义创始人,主张政府积极干预经济。1929—1933 年资本主义世界经济大危机中,其理论风靡一时,代表作有《就业、利息和货币通论》等。

⑤ 亚瑟·塞西尔·皮古 (Arthur Cecil Pigou, 1877—1959),英国经济学家,著有《福利经济学》。

⑥ 蒂安·芒图 (étienne Mantoux, 1913—1945),法国经济学家,著有《凯恩斯思想的经济后果》。

罗马法的观点，忽略其政治军事考量。对国家统计数字的执著造成社会科学的弱点，由于忽略英国和欧洲大陆的差异而造成的社会科学弱点是显而易见的；随着报业在欧洲大陆的发展，两者的差异更加明显。在英国，产业主义对科学的影响削弱了英国人思考欧洲大陆法律的兴趣。罗马法财产权的刚性不能为贸易和政治经济学的发展提供基础，这和习惯法所有权观念的弹性形成对比。在习惯法的国家里，政治经济学的兴起是为了解决工商业发展的问题。在法律影响下，亚当·斯密将自己的思考拓展到政治经济学，但他的传统不足以抵挡民族主义的影响。亨利·梅因论述了法律和政治经济学的关系。

政治经济学是唯一拷问道德的学科，它在当代取得了长足的进步。但强制性法律（Imperative Law）放弃了它曾经关心的大部分道德考问的领域，它让人们以前所未有的自由随意确定自己的行为准则，所以政治经济学难以和生活的真相吻合。大多数政治经济学背景的人有一个偏向，他们认为自己学科依托的一般道理有资格成为普世的真理；当他们将其当作一门艺术予以应用时，他们努力拓宽契约的范围，缩小强制性法律的范围，除非法律是执行合约的必要条件。在西方世界，人们已经强烈地感觉到思想家们在这些思想影响下的冲动了。立法机构坦承，再也不可能跟上发现和发明，跟不上日益积累的财富的运作。即使在最不发达的行会里，法律也日益成为纯粹的表层结构，其下的结构是日新月异合约规则的汇集；除非不得不强制人服从一些根本原理时，除非不得不用法律来惩罚对诚信的违背时，法律这个表层结构很难干预底层的合约执行情况。[134]

政治经济学是法律的延伸，与其伴生的是19世纪秩序和工商业的进步；政治经济学兼有法律的优势和局限。"科学对法律的要求越少，法治的公正性就越大。法律越追求形式上的客观性，它所担心的公正被绷紧的情况就越少。"[135] "社会事务不容易用精确的语言来表述，任何精确的原理都不太适合社会事务的研究。"[136] "如果社会科学以分析性和独立性的姿态构建,矗立在习俗和闲话之上,它们就不再具有社会的性质。如果社会科学保留社会的性质,它们就要介入五味杂陈的生活,就会在所谓精确性上失去科学的性质。"[137] 白芝浩①写道:"政治经济学的实用价值……在于其中道原则。"[138] "任何社会科学都没有决定性的意义,都不可能向我们指示,何为必要的或最佳的行事路径。"[139]

民族主义表现为对合计、估计和平均数字的关心,其效应使数学里抽象的兴趣更加窄化,使人忽视精确性的局限。多布②曾抱怨人们对代数符号的痴迷、对劳动价值的忽视。帕累托③之类的学者精于数学,其研究成果却以社会学论著成大气候。马歇尔赞赏边沁④对计量重要性的强调。"你找到计量的方法时,你就有了论辩的基础,可见计量是进步的手段。"[140] 但有迹象表明,计量成了冒失的终极论断的基础。我们想起普林尼⑤的论述:巫术里包容着宗教、数学和医学,这是主导人脑的三种艺术。如果牢记吉本⑥的一段话,我们将获益良多:"一旦理解了原理,我就一劳永逸地放弃数学追求,我也不会为此而哀叹。我还要防止因僵硬的证明习惯而头脑僵化,僵硬的证明毁灭道德见证的细腻情

---

① 沃尔特·白芝浩(Walter Bagehot, 1826—1877),英国经济学家、新闻工作者和评论家,曾主编《经济学家》,著有《英国宪制》、《物理学与政治》等。
② 莫利斯·多布(Maurice Dobb, 1900—1976),英国经济学家,著有《作为经济学家的马克思》》、《论经济理论与社会主义》等。
③ 维弗雷多·帕累托(Vilfredo Pareto, 1848—1923),意大利经济学家、社会学家,著有《政治经济学讲义》、《社会学通论》等。
④ 杰里米·边沁(Jeremy Bentham, 1748—1832),英国法理学家、功利主义哲学家、经济学家和社会改革者,著有《道德和立法原则概述》、《义务论或道德科学》等。
⑤ 普林尼(Pliny the Elder, 23—79),古罗马政治家,著有《自然史》,编百科辞典。
⑥ 爱德华·吉本(Edward Gibbon, 1737—1794),英国历史学家,代表作为历史巨著《罗马帝国衰亡史》6卷,记述从2世纪到1453年君士坦丁堡陷落的历史。

感。"哈勒姆①写道:"喜好将数学原理用来研究道德或然率是有危险的,将其用于统计图表(广义的统计表)确实有危险。危险在于:把人当作纯粹的单位,实际上就是让脑子习惯于把道德和社会推平,这不符合对人的公正评估,就像它不符合我们时代的特征一样。"[141]

社会科学家忽视法律和定性研究,对价格体系的兴趣随之增强。结果,报纸广告冲击社会科学,使之难以招架。数学逻辑和自然科学的强大影响导致了法律的僵化,增加了立法的复杂性,加大了管理体制和威权主义的力量。这种累积性效应表现为:数学和自然科学成绩较差的学生涌进社会科学,在此,他们较弱的数学知识反而赋予他们优势。也许,正是数学的累积性偏向使史密斯(T. V. Smith)教授说:尽管社会科学在不断发展,但它似乎随着时间的变化而变换根基,而不是在同一根主干上越来越枝繁叶茂地生长。[142]

也许,这些倾向最严重的后果是,社会科学家对其他文明的兴趣远不如对西方文明的兴趣,他们忽视哲学问题,执著于调和动态理论和静态理论之类的学究问题。以中国文明为例,中国人的时间观念是多元的,其特征是一连串的时间;这是他们社会组织的反映,其兴趣是等级结构和相对平稳。又比如,他们的空间观念通过集体的合作和经验去适应社会生活。西方的时间观念有线性特征,因十进制而强化,能向过去和未来无限延伸,其调适能力却有局限。[143]我们对报纸的研究结果显示,我们认为时间是同一的量的连续体,模糊了其质的差异性、离散性和非连续性。通过新闻,广告商在很大程度上建立起了对时间的垄断。他们能充分利用传播技术的进步,尽可能快地把信息送达很多人。由于传播速度对经济制度最敏感的要素产生

---

① 亨利·哈勒姆(Henry Hallam, 1777—1859),英国历史学家,著有《中世纪的观照》、《欧洲文学导论》等。

冲击，传播速度的显著变化对时间垄断就产生深远的影响。有人说，传播技术变革的重要性，利用技术变革而建立起来的垄断地位的重要性，是怎么估计也不过分的。传播技术变革的性质造成的不平衡打击了经济制度的核心，我们对经济动荡的研究含有深刻的命题。你可以详细研究不同发展速度所隐含的国际谅解的命题，还可以详细研究传播设备的快速延伸对不稳定产生的影响，亦可以研究其对战争的残酷性产生的影响。利德尔·哈特①就作了这样的研究，他对印刷术发明之后接踵而至的战争和20世纪的战争作了比较研究。美国的《人权法案》保障新闻自由，却成了时间垄断的堡垒。美国革命的后果沉甸甸地压在世界命运的头上。显然，通信的改进倾向于使人类分裂，请容我征引阿道斯·赫胥黎②一部小说的书名《时间必须要稍事停留》（*Time Must Have a Stop*），借以点题。希望我的征引不至于侵犯其版权吧。

注　释

　　[1] 索罗德·罗杰斯（J. E. Thorold Rogers），《历史的经济诠释》（*The Economic Interpretation of History*）（New York，1888），p. 307。

　　[2] Ibid.，p. 339.

　　[3] 电话很早就取代了传音筒（speaking tube）。

　　[4] 布里斯（S. G. Blyth），《报业生涯》（*Making of a Newspaper Man*）(Philadelphia，1912)，p. 184。

---

① 利德尔·哈特（Liddell Hart，1895—1970），英国军事史家、军事理论家，著有《经典战略》、《战争史》、《第二次世界大战史》等。
② 阿道斯·赫胥黎（Aldous Huxley，1894—1963），英国小说家，诗人，托马斯·亨利·赫胥黎的孙子，《旋律的配合》、《美丽新世界》和《加沙的盲人》是赫胥黎最杰出的三部小说，《美丽新世界》和乔治·奥威尔的《一九八四》齐名，同为反乌托邦小说。

[5] 在报纸控制造纸厂的过程中,造纸厂反控制的斗争并没有出现。报系之所以形成,部分原因是造纸业走向托拉斯造成的。

[6] 科尼斯堡(M. Koenigsberg),《新闻大亨》(*King News*) (New York, 1941), p. 397。

[7] 塞尔兹(George Seldes),《新闻自由》(*Freedom of the Press*) (New York, 1935)。

[8] 休斯(H. M. Hughes),《新闻与有趣的报道》(*News and the Human Interest Story*) (Chicago, 1940)。

[9] 林(J. W. Linn),《报人》(*James Keeley Newspaperman*) (Indianapolis, 1937)。

[10] 梅兹(Charles Mertz),《盛装的乐队花车》(*The Great American Bandwagon*) (New York, 1928), p. 71。

[11] 布鲁门菲尔德(R. D. Blumenfeld),《布鲁门菲尔德日记》(*R. D. B.'s Diary, 1887—1914*) (London, 1930), p. 137。

[12] 梅尔维尔·斯通的儿子赫伯特·斯通(Herbert Stone)办报纸,同时又在出版业站住脚。他将报纸刊发的文章集结出版,比如,克莱默(George Ade. Sidney Kramer)所著的《斯通和金伯尔的报业生涯》(*A History of Stone and Kimball*) (Chicago, 1940)。

[13] 埃利斯(Elmer Ellis),《杜利先生的美国:芬利·邓恩传略》(*Mr. Dooley's America: A Life of Finley Peter Dunne*) (New York, 1951), p. 32。印刷商斯托利(Storey)特别注意标题和版面字钉型号的展示。韦基(F. B. Wilkie),《35年新闻工作回忆》(*Personal Reminiscences of Thirty-five Years of Journalism*) (Chicago, 1891), p. 119。

[14] 塞尔兹,《新闻自由》。"至于赫斯特显示的报纸……我想,除了运动版和戏剧版之外,其他的一切都是编造的。"Ilka Chase,《过去不那么完美》[*Past Imperfect*] (New York, 1942), p. 5。

[15] 塞尔兹,《新闻自由》。

[16] 科尼斯堡,《新闻大亨》,207页。

[17] 转引自休斯,《新闻与有趣的报道》。

[18] 麦肯齐(F. A. Mackenzie),《比弗布鲁克传》(*Beaverbrook*) (London, 1931), pp. 177-178。

[19] 布鲁门菲尔德（R. D. Blumenfeld），《布鲁门菲尔德的新闻加工》(*R. D. B's Procession*)（New York，1933），p. 137。见库尔兰德（Alphonse Courlander），《笔胜于剑》(*Mightier Than the Sword*)（London，1913）。

他记得韦娄比（Willoughby）给他讲的一个故事。救世军在阿尔伯特宫集会，布什将军在讲台上来回踱步，宣讲得救的荣光。突然，他手指台下，摇晃着手指头，向一个抬头看他的人问道："你得救了吗？""我？"男子迷惑不解地反问。突然被拽进游戏，所以他感到气愤，遂再次反问："你问我？我是记者。"（Ibid.，p. 108）。

[20] 本涅特（Arnold Bennett），《作者工作写真》(*The Truth about an Author*)（n. p.，n. d.），p. 86。

[21] 马亨（H. O. Mahin），《报纸标题的钻研和意义》(*The Development and Significance of the Newspaper Headline*)（Ann Arbor，1924），p. 148。

[22] 本涅特（Arnold Bennett），《女性的新闻工作》(*Journalism for Women*)（London，1898），p. 4。

[23] 罗斯（Ishbel Ross），《女报人》(*Ladies of the Press*)（New York，1936），p. 108。

[24] 转引自汤普森（Denys Thompson），《文明之声》(*Voice of Civilization*)（London，1943），p. 111。

[25] 艾斯柯特（T. H. S. Escott），《英语新闻业大师》(*Masters of English Journalism*)（London，1911）。

[26] 里奇等（Harper Leach and John C. Carroll），《什么是新闻？》(*What's the News?*)（Chicago，1926）。

[27] 怀尔，《新闻就在你的眼前》，p. 173。

[28] 转引自库克（Edward Cook），《泰晤士报的德莱尼》(*Delane of the Times*)（London，1915），p. 197。

[29] 转引自波因顿（H. W. Boynton），《新闻与文学》(*Journalism and Literature*)（Boston，1909），p. 13。

[30] 霍尔特（Hamilton Holt），《商业主义与新闻》(*Commercialism and Journalism*)（Boston，1909），p. 4。

[31] 约翰逊（W. F. Johnson），《乔治·哈维传》（*George Harvey*）(Boston, 1929), p. 98。

[32] 布里特，《40年赚4000万：芒西传》，185页。

[33] 怀特（William Allen White），《怀特自传》（*The Autobiography of William Allen White*）(New York, 1946), p. 629。

[34] 基布斯（Philip Gibbs），《新闻业里的敢闯精神》（*Adventures in Journalism*）(New York, 1923)。

[35] 卡扎米安（Louis Cazamian），《酝酿中的批评》（*Criticism in the Making*）(New York, 1929), p. 78。

[36] 塞兹（D. C. Seitz），《约瑟夫·普利策传》（*Joseph Pulitzer, His Life and Letters*）(New York, 1924), p. 406。

[37] 布洛克（H. I. Brock），《干预：给道德提升者打气》（*Meddlers: Uplifting Moral Uplifters*）(New York, 1930), p. 276。

[38] 华兹华斯1846年用一首小诗评述"插图的书报"：

> 话语是人最高贵的品质，
> 书面词是人手的荣光；
> 继后的印刷术放大了思想的指令
> ——那是浩瀚而绝对神奇的领地
> 为传播真理，为拓展爱的王国。
> 如今的散文和诗歌陷入争端
> 一种静默的艺术可作为辅助
> 最适合灵巧人的胃口。
> 我们后退一步，
> 从成人回归孩童；回归——
> 穴居生活那简陋的时代。
> 让滥用图文的书页滚蛋吧！
> 难道眼睛就是一切，
> 舌头和耳朵毫无价值？
> 上苍不让我们的格调下降！

[39] 贝西（S. M. Bessie），《"爵士"新闻（偏重色情的新闻——译者注）》(*Jazz Journalism*) (New York, 1938), p. 236。

[40] 拉斯科（Burton Rascoe），《乘我没忘》(*Before I Forget*) (New York, 1937), p. 276。英国读者想要的是流血、运动、宗教、节育、活体解剖、家庭收支、招魂术以及已婚妇女就业等内容[Reginald Pound,《读者与作者的情绪》, *Their Moods and Mine* (London, 1939), p. 146]。招魂术引起广泛的兴趣："如果一百年以后还有人记得我，我将是茉莉亚文书"[E. K. Harper,《我记忆中的斯泰德》, *Stead, the Man*: *Personal Reminiscences* (London, 1914), p. 1]。"虔诚信仰的内容颇能营利，虔诚的印刷品尤其效益好"（H. Rider Haggard,《米森的遗嘱》/*Mr. Meeson's Will* [London, 1888]）。

[41] 戈弗洛（Emile Gauvreau），《我的百万读者》(*My Last Million Readers*) (New York, 1941), p. 221。

[42] Ibid., p. 177.

[43] 戈弗洛（Emile Gauvreau），《热新闻》(*Hot News*) (New York, 1931), p. 290。

[44] Ibid., p. 31.

[45] Ibid., p. 98.

[46] 福雷斯特（Wilbur Forest），《头版秘诀》(*Behind the Front Page*) (New York, 1935), p. 310。

[47] 斯图尔特（K. Stewart），《新闻是我们制造的》(*News Is What We Make It*) (Boston, 1943), p. 106。

[48] 毛尔斯比（W. S. Maulsby），《抢新闻》(*Getting the News*) (New York, 1925), p. 27。

[49] (M. M. Willey),《全国性报纸》(*The Country Newspaper*) (Chapel Hill, 1926), p. 93。

[50] 1908年的"理想家庭博览会"突出展示《每日邮报》（*Daily Mail*），将其当作家庭适用的报纸[Tom Clarke,《诺思克利夫的历史定位》, *Northcliffe in History* (London, n. d.), p. 99]。分期连载的故事旨在吸引妇女和儿童，以增加发行量(Ibid., p. 116)。

[51] 莫斯利（S. A. Moseley），《一个记者的自白》(*The Truth about a*

Journalist)(London,1935),p.304。

[52] 沙利文(Mark Sullivan),《一个美国人的教育》(*Education of an American*)(New York,1938)。

[53] 艾迪森(C. L. Edson),《专栏的柔性艺术》(*The Gentle Art of Columning*)(New York,1920),p.120。

[54] 据传,赫斯特支持布莱恩的原因之一是,布莱恩父亲的庄园里藏有的白银。赫斯特似乎"认为,民主本身就是目的,而目的是不择手段的——他的新闻可以不择手段"(Lincoln Steffens)(Lloyd Morris,《昨天的后记》*Postscript to Yesterday*)〔New York,1947〕,pp.236—237)。芝加哥报纸的政治变化使发行量减少,这就为赫斯特敞开了大道。科尔萨特(Kohlsaat)收购瓦尔施(J. R. Walsh)的芝加哥《邮报》(*Post and Mail*),其政策从民主党转向共和党。同时,瓦尔施收购《大洋之间》(*Interocean*),将其更名为《纪事报》(*Chronicle*),其政策从共和党转向民主党。

[55] 他们一致反对美联社对垄断和自由企业的兴趣,强调市政改革,比如克利夫兰的改革。他们能以1.65美元一磅的低价确保新闻纸的供应,所以他们创刊时能发行一美分一张的报纸。他们对报纸了如指掌,考察了人口在25万以上的城市,他们添置的快速印刷机每小时能印3.6万份48版的报纸。他们被迫与百货商店合作,也确保了百货商店的合作,并积极启用低面值的辅币。他们利用城市政治机器和政党喉舌的弱点,一路厮杀,以独立性出名,获得了很好的宣传效果。1903年后,他们发动反对陈药的攻势,为外国广告开路。他们一以贯之的政策是利用年轻人的财经兴趣,引导年轻人炒股,他们注意创办新报(比如在托莱多和哥伦布),注意提供就业机会。见麦克雷(M. A. McRae),《报界40年生涯》(*Forty Years in Newspaperdom*)(New York,1924)。

[56] 威尔科克斯(Delos Wilcox)语,转引自金斯伯利等(S. M. Kingsbury, Hornell Hunt, and associates),《报纸与新闻》(*Newspapers and the News*)(New York,1937),p.199。

[57] 比科尔(K. A. Bickel),《新帝国》(*New Empires*)(Philadelphia,1930),p.39。

[58] 金斯伯利等,《报纸与新闻》,158页。"我们不指导普通人的舆论,而是反映他们的舆论。""倘若向普通人显示其重要性是阿谀奉承,我们就是

甘愿拍马屁的人。"(Northcliffe)

[59] 布莱恩（W. J. Bryan and M. B. Bryan），《威廉·布莱恩回忆录》(*The Memoirs of William Jennings Bryan*)（n. p.，n. d.），p. 299。

[60]《哈珀古德回忆录》(*The Changing Years*: *Reminiscences of Norman Hapgood*)（New York，1930），p. 177。

>水獭小心翼翼地回答，
>
>谨慎地说，
>
>给我一点时间，
>
>我要问问其他水獭怎么说。
>
>——朗费罗（Henry Wadsworth Longfellow）

[61] 科宾（C. R. Corbin），《为什么新闻就是新闻》(*Why News Is News*)（New York，1928）。"新闻是万事不在乎的人想要读到的东西。"[Evelyn Waugh，《独家新闻：记者的虚构小说》(*Scoop*: *A Novel about Journalists*)（London，1948），p. 69]。

[62] 里奇等，《什么是新闻？》。

[63] 从基层记者中聘用的报纸经纪人掌握的信息范围广，善于观察，精于判断，知道什么新闻有趣。编辑和寻求特别知识的人都想听取他们的意见。见赫吉斯（J. E. Hedges），《政治常识》(*Common Sense in Politics*)（New York，1918）。"有人细心地指出，这些政界人士有一些共同的特征，他们10岁前从来没有尝过威士忌，10~14岁的青春期从来没有打过父母……公众不知不觉间得到的信息是，我们的主人公挨饿也要省钱买书。""公众的第一印象常常是经久难忘的"(Ibid.，pp. 126-127)。

[64] 欧文（Will Irwin），《记者生涯》(*The Making of a Reporter*)（New York，1942），p. 165。

[65] 斯托达德，《我所知道的总统和政界人士：从格兰特到柯立芝》（New York，1927），p. 553。

[66] 肯特（Frank Kent），《政治游戏》(*The Great Game of Politics*)（New York，1940），p. 93。

[67] 塞尔兹，《报业大亨》，238页。

[68] 法利，《选票背后》(NewYork，1938)，p. 319。又见《法利回忆录：罗斯福岁月》(J. A. Farley, *Jim Farley's Story*: *The Roosevelt Years*)

(New York, 1948), 书中描述邮政局长作为施惠者势力的衰落, 给人启迪。

[69] 转引自莫利 (Raymond Moley),《七年之后》(*After Seven Years*) (New York, 1939)。

[70] 赫吉斯,《政治常识》, 156 页。"这样的恩赐任命和其他许多情况酿成的后果是: 发热的头脑, 强烈的仇恨, 拼命的竞争和成就, 这一切不利于细心的思考, 妨碍冷静的判断, 使人失去应有的视野。"(Ibid., p. 51)

[71] 怀特罗·里德 (Whitelaw Reid),《美国和英国研究》(*American and English Studies*) (New York, 1913), pp. 220-221。

[72] 马维特 (N. B. Mavity),《现代报纸》(*The Moden Newspaper*) (New York, 1930), p. 11。

[73] 拉斯韦尔,《世界大战中的宣传技巧》。

[74] 塞尔兹,《报业大亨》, 156 页。

[75] 伊克斯 (H. L. Ickes),《今天的新闻自由》(*Freedom of the Press Today*) (New York, 1951), p. 87。1928 至 1929 年的伦敦报纸肯定成了"窗帘布的宣传单"[St. John Ervine,《报纸的未来》, *The Future of the Press* (n. p, . n. d.), p. 7]。

[76] 布里特,《40 年赚 4,000 万》, 197 页。

[77] 柯克兰 (N. D. Cochran),《斯克里普斯传》(*E. W. Scripps*) (New York, 1933)。

[78] 罗杰斯 (Jason Rogers),《报纸的经营》(*Newspaper Building*) (New York, 1918)。

[79] 布雷耶 (W. G. Bleyer),《美国新闻业历史主流》(*Main Currents in the History of American Journalism*) (Boston, 1927), p. 390。

[80] 除了严肃的新闻之外, 人们还读图片多的报纸, 这说明公众头脑比较空虚, 正如广告证明公众比较低能一样。这样的报纸缺乏能使头脑充实的思想或信息, 难以给人新洞见或理解, 图片又无聊, 这一切都暴露了富裕阶级那一套不可救药的平庸思想。同时, 这些报纸为下层阶级端出合法的垃圾, 津津乐道的是对小事故和大灾难的病态热爱, 它们视野里那可怕的纯粹的兽性也暴露无遗。大多数铅字热衷的一个题材绝对是微不足道、无益于人的, 只是运动游戏之类而已。一群凑巧被选中的运动员是否就比其他人活跃, 这是鸡毛蒜皮的小事, 我们不可能假设, 任何人会掉头

去察看这凑巧的选择产生的结果。然而,诸如此类的题材吸引了大多数人,占据了他们的空余思想,成为许多人甚至大多数人的阅读材料,就像竞技场的斗兽赛淹没了颓废的古罗马人一样。他们渴望的结果对今天或未来都没有任何意义。对预估比赛结果的人而言,即使两匹优质马难以预测的相对优势也没有什么意义。诸如此类的兴趣完全是脑力和印刷品的浪费,这是一种狂热的形式,比吸毒还要糟糕,这是因为其隐而不显的结果是无可挽回的脑力萎缩;于是推进和开发脑力的活动就被忽视了。W. M. Flinders Petrie,《现代生活的两面神》,(*Janus in Modern Life*)(New York,1907)p. 18。

又见布莱克(George Blake),《报纸与公众》(*The Press and the Public*)(London,1930)。

[81] 博克,《缅因州人博克》,172 页。

[82] 富勒顿(W. M. Fullerton),《权力问题》(*Problems of Power*)(New York,1913),p. 21。

[83] 莫利写道:"报纸必须生存;为了生存,它就必须取悦读者,办报人就设想(或许其设想并非完全准确),若要取悦读者,报纸就必须取特定的姿态:面对偏见时显得开朗,对一般的理论抱冷峻的态度,对坚持原则的人表示轻蔑。"《论妥协》,(*On Compromise*)(London,1923),p. 22。

"报纸生存一天,它就应该将其观点限定在那一天的各种可能的新闻,既然它受到的最大影响是特殊的新闻,它就应该冷对一般的事情,这是容易理解的。同样容易理解的是,报纸这种胆怯的反应对普通读者产生影响。读者天生和后天的力量都不足以抗拒狭隘眼光的影响;日常反复撞击他们的短视庸见,他们是难以抗拒的。"(Ibid.,p. 22)

"头领和追随者互教互学,迅速放弃千百年的传统或生平学到的原则,这就有利于机器快速而轻松地运行。这是专制政治精神胜利的标志,是《君主论》的作者马基雅弗里可能会钦佩的那种精神"(Ibid.,p. 78)。

[84] 阿里弗雷德·哈姆斯沃斯(Alfred Harmsworth)等被授予勋爵,部分原因是出于为流行的报刊打广告。《曼彻斯特卫报》(*Manchester Guardian*)自我宣传的广告词就是"举世无双的报纸"。为了印行他的《答记者问》(*Answers*),哈姆斯沃斯特地修建了一座印刷厂,他又采用美国人的推销术,竞争对手《卡塞尔杂志》(*Cassell's Magazine*)因此被削弱。他

编纂的《哈姆斯沃斯百科全书》（*Harmsworth's Encyclopaedia*）发行量很大。他印行的《儿童百科全书》（*Children's Encyclopaedia*）后来增订为《知识全书》（*Book of Knowledge*）。见（J. A. Hammerton），《我的书缘》（*Books and Myself*）(London, 1944)。

[85] 布鲁门菲尔德（Ralph David Blumenfeld），《当代报业》（*The Press in My Time*）(London, 1933), p. 113。

[86] 威廉斯，《行动的世界》，138页。

[87] 古奇（G. P. Gooch），《科尔尼传》（*Life of Lord Courtney*）(London, 1920), p. 404。奎克（Quaker）主导下的《新闻报》（*The News*）可能太坚守原则，缺乏灵活性，吃了苦头。见加迪纳（A. G. Gardiner），《乔治·卡德伯利传》（*Life of George Cadbury*）(London, n. d.)。诺思克利夫"扼杀了低廉得令人恐惧的'便士'报，其手法很简单，那就是出版发行更令人恐惧的半便士一张的廉价报"（A. A. Milne）。

[88] 洛韦（Charles Lowe），《一位〈泰晤士报〉记者的自述》（*The Tale of a Times Correspondent*）(London, n. d.), p. 98。

[89] 美国内战时，《泰晤士报》与美国新闻的联系显而易见。它散布对北方不利的消息，以期对南方有利[R. D. Harper,《林肯与报界》，（*Lincoln and the Press*）(New York, 1951), pp. 98-99]。《泰晤士报》对林肯葛底斯堡演说的报道里有这样一句话："可怜的林肯，他有些蹩脚的俏皮话把那场仪式搞得荒唐可笑。"

[90] 贝尔（E. H. C. Moberly Bell），《莫伯里·贝尔生平与书简》（*Life and Letters of C. F. Moberly Bell*）(London, 1927), p. 309。

[91] 转引自萨蒙（L. M. Salmon），《报纸与史学家》（*The Newspaper and the Historian*）(New York, 1923), p. 188。

[92] 安吉尔（Norman Angell），《报纸与社会的组织》（*The Press and the Organization of Society*）(London, 1922), p. 39。

[93] 艾斯柯特，《英语新闻业大师》，338页。

[94] 欧文，《记者生涯》，27页。

[95] 拉利（F. E. Lally），《阿克顿勋爵如是说》（*As Lord Acton Says*）(New York, 1942), p. 211。

[96] 新新闻迫使《泰晤士报》倚重印刷，它和有组织书商的冲突随之

而起。

[97] 泰勒(Frank Taylor),《报纸在公共舆论表达和形成中的力量》(*The Newspaper Press as a Power Both in the Expression and Formation of Public Opinion*)(Oxford,1898);毕里夫(A Believer),《我们继续的报纸革新:英国报纸为英国人,美国报纸为美国人》(*Wanted Press Reform, a British Press for the British People, American for the Americans*)(1906)。至于探讨编辑和报纸老板自吹的影响,请参阅格里利(Greeley)和奴隶解放的关系、普利策与迫使政府直接向公众出售公债的关系。传记和自传有夸张的倾向。据伦奇(John Evelyn Wrench)的《爬坡》(*Uphill*,London,1934,p.225)披露,诺思克利夫1909年表现出迷恋权力的迹象,他的名字在自己的报纸里频频露面。据华生(McNair Watson)记述,诺思克利夫相信,他使英国舆论从有利于德国转向了有利于法国。诺思克利夫抱怨商界在报业里的主导作用,却忽略了一个事实:他本人在报界的影响最大。他"品格欠缺"(p.199),没完没了地自吹。"费希(W. G. Fish)长期为诺思克利夫效力,从《每日邮报》的新闻编辑干到报纸编辑;在此期间,老板诺思克利夫每天早上都来电话,有时喜欢拿费希的家姓'鱼'调侃,却没有一点艺术性。他会问,'有何新鲜事,我们的鱼儿?'"[Bernard Falk,《他笑傲舰队街》,*He Laughed in Fleet Street*,London,1937,p.221]。用哈姆斯沃斯(Leicester Harmsworth)的话说,"新闻业有一丝残忍"。

报纸似乎是在不稳定中成长的,反过来,它又产生不稳定,催生社会运动的萌芽,例子有伦奇(Evelyn Wrench)和英语讲演协会、安吉尔(Norman Angell)和"大幻灭"、斯泰德(W. T. Stead)和新新闻。报纸大亨依靠间谍和告密者,对手下的期刊了如指掌。诺思克利夫大概学了普利策那一套手腕(Alleyne Ireland, *Joseph Pulitzer: Reminiscences of a Secretary*, New York, 1914)。"诺思克利夫在万人之上,仅次于帝王,他催生战争爆发的作用举世无双"(*The Daily Mail and the Liberal Press: A Reply to Scaremongerings and an Open Letter to Lord Northcliffe*, 1914)。他唯恐天下不乱,随时准备点燃战火,在战火中为他的报纸打造广告牌(p.12)。又见《安吉尔自传》,*After All: The Autobiography of Norman Angell*(London,1951);乔治(W. L. George),《卡拉本传》,*Caliban*(New York,1920);Louise Owen,《诺思克利夫秘书回忆录》,*The Real Lord North-*

cliffe: *Some Personal Recollections of a Private Secretary*, pp. 1901-1922 (London, 1922);威尔基(F. B. Wilkie),《35年新闻业生涯》,*Personal Reminiscences of Thirty-five Years of Journalism* (Chicago, 1891);安斯利(H. Ainsley),《报业的危险》,*Danger! or The Press and Its Would-be Napoleons, Their Hypocrisy and Future with Special Reference to Horatio Bottomley*: *A Warning and an Appeal to All*; *by a Worker* (London, 1922)。报纸持反对立场的兴趣根深蒂固,总能在权威陷入混乱的最佳时机出手,能在政府里造成不和,且能最有效地展示自己的力量。"每一次选举权的延伸都增强报纸的力量、削弱政界人士的力量。"(Northcliffe)可以存疑的是,妇女获得选举权是否也能支持这一观点。参见弗格森(G. V. Forguson)的《迪福传》(*John W. Dafor*) 中 (Toronto, 1948)颇有价值的探讨。

[98] 怀尔,《新闻就在的眼前》,307页。

[99] 安吉尔,《报纸与社会组织》,33页。

[100] 丘吉尔(Winston S. Churchill),《世界危机》(*The WorLd Crisis 1916－1918*), I (London, 1927), p. 245。

[101] 迪尔诺特(Frank Dilnot),《一位报人的冒险》(*The Adventures of a Newspaper Man*) (London, 1913), p. 251。劳埃德·乔治向诺思克利夫提供1909年道路法案的独家新闻 (Tom Clarke, *Northcliffe in History* [London, 1950], p. 88)。另外,诺思克利夫提高麾下报人的薪酬,以遏制政治贿赂。

[102] 马辛汉姆(H. H. Massingham)编,《H. H. 马辛汉姆选集》(*A Selection from the Writings of H. H. Massingham*) (London, 1925), p. 75。"发现广告的终极结果必然是报纸的革命,使权力的平衡从直接的政治走向直接的商业。"见史密斯(Wareham Smith),《溢出的油墨》(*Spilt Ink*) (London, 1932)。诺思克利夫摧毁了社论部的垄断,揭露了它对公众福利感兴趣的自命不凡的吹嘘。见 (C. E. Montague),《后见之明》(*A Hind Let Loose*) (London, 1918)关于社论的撰写徒劳无益的部分。公众觉得报纸不再对自己感兴趣时,他们就转向政党。报纸看重短期效应和商品消费,以求招徕广告,也许,这加重了国有化趋势,成为确保产业部门充分就业的重要手段。体育版对增加发行量的重要性显而易见,一个例子是赫尔顿(Hulton)在北

方的报纸里夹带赛马会单页(A. M. Thompson,《一位老报人的回忆录》, *Here I Lie*:*The Memorial of an Old Journalist*,London,1937,p. 41)。《号角报》(*Clarion*)的两位体育记者布莱奇福特(Blatchford)和汤普森(Thompson)形成了一种非正式的风格。他们支持的社会主义是避开马克思抽象理论的社会主义。英国的社会主义成为教育、艺术、俗语和新闻的产物。阶级战争围绕行为举止是否礼貌得体展开,而不是围绕富裕和贫困展开。劳工反对布莱奇福特和汤普森两人为诺思克利夫撰写的新闻稿,但对诺思克利夫而言,布莱奇福特"更像是托利党的老绅士,而不是现代记者"。布莱奇福特的德国书简和对1910年德国选举的报道,把德国人描绘为吃黑面包的人,因为他们实施贸易保护政策;他的通讯和报道对公共舆论产生了重大的影响(本特利,《昔日》,pp. 209-211)。布莱奇福特改用通俗文风,以适应1870年教育法实施后众多受教育的人。伯恩斯(John Burns)把他描绘为"黄色新闻记者,像煤气表一样撒谎",但他却说,"我不会说,但我会写。"他把下层阶级带到政治变革的表层。

[103] 劳埃德·乔治,《我的人生》(*My Life*),London,1931,p. 212。

[104] 据说,维尔(Sir Andrew Weir)用 160 万英镑收购《每日纪事报》(*Daily Chronicle*),第二天就当上了军需大臣(*They Told Barron*, ed. and arranged by Arthur Pound and S. T. Moore, New York, 1930, p. 200)。

[105] 倘若诺思克利夫还在世,事态的发展必然很有趣。"我想,诺思克利夫勋爵造就比弗布鲁克,以便使罗特米尔(Rothermere)可以忍受"(波洛克,《时间的车轮》,72 页)。紧随诺思克利夫之后,名人导致托拉斯形成的危险出现了。据信,这赋予太多不负责任的编辑太大的权力。

[106] 达克(Sidney Dark),《阿瑟·皮尔森传》(*The Life of Sir Arthur Pearson*)(London, n. d.)。

[107] 见福克斯(W. Fox)为劳工研究部撰写的报告《印刷商、报纸和利润》(*Printers,Press and Profits*)(Nov. 1932);又见康姆罗斯(Camrose),《伦敦报纸的老板和控制人》(*London Newspapers*:*Their Owners and Controllers*)(London, 1939)。

[108] 巴克斯特(Beverley Baxter),《陌生的街道》(*Strange Street*)(New York,1935),pp. 252-253。

[109] 另外，英格兰人没有认识到，言论自由绝对是不能剥夺的，工会的力量大到足以对政策提出质疑。见卢德拉姆（H. E. B. Ludlam），《产业民主与印刷业》（*Industrial Democracy and the Printing Industry*）（Coventry，1924）。劳工不愿意支持报纸的国有化，因为那会引起官僚专政，但它支持对报纸进行控制，以控制报纸对工会的抨击。

[110] 辛德尔（Wilfrid Hindle），《早邮报》（*The Morning Post*，1772-1937）（London，1937），p. 240。

[111] 有人说，驻外记者的报道受到限制，因为它们和公众舆论唱反调；如果《泰晤士报》和《每日邮报》的英国记者发回的报道受到认真的对待，战争是可以避免的。见波洛克，《时间的车轮》，239-240 页。

[112] 汤普森，《文明之声》，126-127 页，194 页。

[113] 查德威克（H. M. Chadwick），《欧洲的民族和民族意识形态的发展》（*The Nationalities of Europe and the Growth of Nationtal Ideologies*）（Cambridge，1945）；又见希恩（Vincent Sheean），《希恩自述》（*Personal History*）（New York，1940）。

[114] 吉列（Raymond Gillet），《杂志宣传的思想和方法》（*Quelques idées et moyens de propagande pour la diffusion d'un journal*）（Lyon，1932）。

[115] 马尔尚（René Marchand），《一本"黑书"》（*Un Livre Noir*）（Paris，n. d.）。

[116] 斯科特（J. E. Scott），《报纸与外交政策》（"The Press and Foreign Policy"），*Journal of Modern History*，Dec. 1931，p. 629。

[117] 库珀（Kent Cooper），《藩篱的拆除》（*Barriers Down*）（New York，1942），p. 8。

[118] 施本格勒（Oswald Spengler），《西方的没落》（*The Decline of the West*）（London，1922），pp. 460 ff。

[119] 斯图尔特，《克卢总部的秘密》，130 页。

[120] 第一次世界大战后，语言成为民族更加重要的因素（Michells）。"记住短视的报纸如何使《凡尔赛条约》成为必然"（Ivor Brown，《当代新闻业》，*Journalism in Our Time*，March 21，1933，p. 16）。

[121] 英格兰地方报纸坚持要政府控制电报和电台，反之，美国一贯坚

守的言论自由则支持无线电广播的私人控制。

[122]《短波电台的宣传》(*Propaganda by Short Wave*), ed. H. L. Childs and J. B. Whitton (Princeton, N. J., 1943), p. 32。

[123] 温克勒（J. K. Winkler),《赫斯特传》(*W. R. Hearst*) (New York, 1928), p. 303。

[124] 布洛克（Brock),《爱管闲事的人》(*Meddlers*), p. 116。

[125] 本特（Silas Bent),《大吹大擂的报纸》(*Ballyhoo, the Voice of the Press*) (New York, 1927)。

[126] 戴西（A. V. Dicey),《19世纪英国法律和舆论的关系》(*Lectures on the Relation between Law and Public Opinion in England during the Nineteenth Century*) (London, 1930), p. 302。

[127] 索罗德·罗杰斯,《历史的经济诠释》, 250 页。

[128] 梅因（Henry James Maine),《得道的政府》(*Popular Government*) (London, 1885), p. 58。

[129]《捍卫西方》(*In Defence of the West*) (Durham, 1945), p. 118。

[130] 转引自刘易斯（G. C. Lewis),《权威对舆论的影响》(*An Essay on the Influence of Authority in Matters of Opinion*) (London, 1849), p. 164。

[131] Ibid., p. 162.

[132] 布伦登（Edmund Blunden),《济慈作品的出版人》, *Keats's Publisher: A Memoir of John Taylor (1781-1864)* (London, 1936), p. 136。

[133] 玛丽·马歇尔（Mary Paley Marshall),《怀念阿尔弗雷德·马歇尔》(*What I Remember*) (Cambridge, 1947), p. 22。

[134] 梅因（Sir Henry Sumner Maine),《古代的法律》(*Ancient Law*) (London, 1906), p. 320。

[135] T. V. 史密斯（T. V. Smith),《美国的民主传统》(*The Democratic Tradition in America*) (New York, 1941), p. 60。

[136] Ibid., p. 64.

[137] Ibid., p. 63.

[138] 白哲特等（Walter Bagehot and R. H. Hutton),《文学研究》(*Literary Studies*) (London, 1879), pp. 374-375。

[139] 乌尔维克（E. J. Urwick),《社会进步学说》(*A Philosophy of*

Social Progress）(London，1912)，p. 5。

［140］玛丽·马歇尔,《怀念阿尔弗雷德·马歇尔》,19页。

［141］哈拉姆（Henry Hallam），《15世纪至17世纪的欧洲文学》(Introduction to the Literature of Europe, in the Fifteenth, Sixteenth, and Seventeenth Centuries)(New York，1887)，Ⅲ，pp. 63-64。

［142］T. V. 史密斯,《美国的民主传统》,63页。

［143］杰拉德·德格雷（Gerard de Gre），《社会与意识形态》(Society and Ideology)(New York，1943)，p. 27。

第五章　英国、美国和加拿大

加拿大人有理由牢记，在 1858 年及随后的几十年间，中部工业城市爆发了反对保护性关税的抗议浪潮。那是在 19 世纪 40 年代英国的自由贸易政策被引进加拿大以后产生的余波。彼时，英国实施自由贸易法，在国内完成了工厂立法，在殖民地实施保护性关税。索罗德·罗杰斯写道："实质上，保护性关税是一种战争行为。"[1] 无疑，对你们诺丁汉等城市而言，加拿大的保护性关税政策似乎是殖民地对母国的战争行为。殖民地人民的抱怨使戈尔特①等人反驳说，保护性关税不是战争行为，而是为了新国家的需求，是借以改善航运和陆运的财务政策，旨在降低成本，促进工业品从英国流向新市场、促进原材料流向英国。如此，英国投资者就可以确保贷款盈利。戈尔特认为，"加拿大的财务政策要考虑国家所需的税收，必然受种种考虑的制约。"他又说，"如果偏好帝国政治的观点而不是选择加拿大人民的观点，自决

---

① A. T. 戈尔特（A. T. Galt，1817—1893），加拿大政治家，两度出任财政部长，倾向于加拿大独立。

政治就会被摧毁殆尽。"不过，他的论辩大概没有给英国人留下什么印象。据说，1927年达费林伯爵（Earl of Dufferin）被任命为加拿大总督后，罗伯特·洛（Robert Lowe）对他说："如今你要做的正经事就是如何摆脱这个自治领。"[2]

第一节　从面向英国转到面向美国

纵观加拿大历史，圣劳伦斯河一直是大陆腹地大宗产品出口和欧洲制成品进口的航道。自始至终，政治经济考虑指导着这一航道的改善，指引着沿河两岸运河和铁路的修建。载入英国议会立法的加拿大宪章旨在确保水路运输的资金。从圣劳伦斯河到大西洋和太平洋延伸的铁路完成，通向圣劳伦斯河的运河被加深，以增加河运的商业意义。对戈尔特传统关税制的倚重成了一件粗糙的工具，造成一些浪费，铁路的重复建设、关税调整引起的摩擦尤其造成浪费，其表现是围绕运价和对各省补贴的争论。

在很大程度上，经济发展倚重东西部关系的体系，特别倚重的是向英国和欧洲输出小麦和其他农产品。然而，自世纪之交以来，美国对这一经济结构的影响与日俱增。由于西奥多·罗斯福的大力推动，巴拿马运河建成了。西部港口温哥华的发展与东部港口蒙特利尔形成竞争，圣劳伦斯河的地位随之被削弱。[3] 美国重要工业原料的枯竭促进了加拿大采矿业、纸浆业和造纸业的发展。加拿大的经济体系是在面向欧洲的关系中建立起来的，就此而言，加拿大的前寒武纪地盾曾经是一个天堑；对后起的水电发展而言，它却成了极为有利的中心；就对美关系而言，它对纸浆业、造纸业和采矿业的发展也极为有利。美帝国主义取代并利用了英帝国主义。在美帝国主义兴起的过程中，复杂的关税制、商品交换控制和市场的限制随之产生，结果，加拿大被迫以最优惠的出口条件作为发展重点。加拿大的新闻纸生产受到鼓励，其结果是刺激了美国的广告业和工业；除了少数占优势的产业之外，加拿大的产业和美国的竞争日益困难。日益增加的新闻纸供给加剧了新闻业对轰动新闻的倚重。有人一语破的说,世界和平对纸浆业和造纸业不是福音。

第二节 加拿大的联邦政治和地方政治

由于和美国市场的特殊关系,尤其是和美国分厂产品的帝国市场的关系,新的产业兴起了,加拿大宪政结构被扰动的危险随之增加。这样的困难见诸中部省份安大略和魁北克,也见诸继续重点关注英国市场的省份。资源大省很幸运,因为美国对其资源感兴趣;这些省份和倚重某种市场的省份之间出现裂痕。各省的政客利用这一裂痕,联邦政府也利用这一裂痕。美国在加拿大的分厂利用加拿大的民族主义和帝国主义,对加拿大中部地区的鼓噪推波助澜,对其他地区的争议也推波助澜。

加拿大宪法是为面向英国和欧洲的经济特别设计的,它受到的压力表现在地方主义的兴起。1931 年自然资源返回各省之后,西部资源大省的地方主义尤其突出;地方政党比如阿尔伯达省的社会信用党(Social Credit)和萨斯喀彻温省的平民合作联盟(Cooperative Commonwealth Federation)也对宪法构成压力。一些地区的关税负担沉重,而且固定,地区依赖的大宗产品产量波动,价格也波动,这些地区的政治活动日趋激烈。政治施压可以使其困难纾缓。一位言辞犀利的批评家说,在收入急剧波动的地区,热气流上升。地区政党因新的发展而名望上升。在一定程度上,地区政党的崛起是因为它们满足了地区广告业的需求,而广告业的发展又进一步加强了地方主义。这些政党还拥有英国进口的理念的威望,社会信用党和社会主义的理念尤其享有盛誉。加拿大自决目标达成的同时,地方活动也爆发了。小的群体组合、解散、再组合,以便和中心省份抗争,在铁路运价的事务中,这样的抗争尤其明显。大型政党的有效运行极其困难,它们往往分解为省一级的政党,或者分化为党内的利益小派别。

在一定程度上,省一级的政党也反映了新传播技术的影响。

广播电台、喇叭和唱片大大加强了地区政界人士的力量。比如，电台就成了阿尔伯达和萨斯喀彻温能言善辩者讲政治的有力工具。资源丰饶的阿尔伯达省遭遇大萧条和旱灾时，已故的威廉·阿伯哈特（William Aberhart）教授就利用这一媒介赢得大批听众。据说，萨斯喀彻温社会信用党在省内的影响就和各地与阿尔伯达的距离、收音机的性能、电台的功率有直接的关系。该党的成功值得我们仔细思考，因为它指明大党分裂的因素。阿伯哈特主持电台节目，同时从教，掌握的词汇量很大。他的学生分散在全省各地，所以他的影响是一个持久的因素，他的魅力能有效地打动听众。他主持的圣经学院、他对《圣经》的讲述、他对宗教的诉求都极其有效。他的《圣经》引语、诗篇和《圣经》色彩的语言都用来抨击高利贷、利息和借债。他驾轻就熟地引用基督教始祖的谈话和寓言，对钱商的抨击尤其强烈。全省的听众互相通信，结为一体。许多人给他写信，提供小额捐款。捐款人的名字在广播上宣读，主播人对听众来信予以评论。广播上发起对旧传播类型的抨击，比如东部报业集团的控制就成为批评的对象。卡尔加里市的《阿尔伯达人》（Albertan）被收购，成为深入"虎穴"去抨击报纸的工具。

东部的新斯科舍省把联邦当作打开美国市场的手段，相反，圣劳伦斯河流域把联邦当作防御美国商品的保护机制。在木船制造业被毁、到加拿大中部运输费昂贵的情况下，滨海省份痛感资本主义的冲击。它们的钢铁业和采煤业发展了，那是为了满足铁路的需求以及加拿大工业发展的需求，随着工业发展速度的降低，首当其冲的就是这些滨海省。它们的政治传统强大，以海事为背景，率先抱怨这样的不公，这本在意料之中。纽芬兰加入联邦有政治心计，它希望加入联邦，但不希望承担政治责任。[4]

加拿大涌现出大批小党，这显然说明，一两个政党不能有效地代表日益增多的利益群体。省与省的边界成为决定政党发展的重要因素，例子有：阿尔伯达的社会信用党、萨斯喀彻温的平民合作联盟、不列颠哥伦比亚的政党联盟、滨海省的自由党、安大略的弗罗斯特（Frost）先生和魁北克的杜普雷希思（Duplessis）先生。结果之复杂暗示，一种新型政治兴起了，换言之，一种老式政治消逝了。

  这种政治现象之复杂亦彰显在联邦政治领域。曾经有人说，加拿大政治之复杂由沃尔波尔①政府的寿命长短来决定。一届联邦政府寿命的长短成为另一届政府更长寿命的理由。加拿大政治讨论常常徒劳无益，自由党人的哀叹即为一例，他们抱怨联邦政府时绝不含糊其辞，但其结语总是一个难以回答的问题："什么是替代的选择呢？"在个人虚弱的时刻，回答似乎不具有结论性；至于说到政治生活，谁也不应当由于害怕更严重的弊端来临就投票反对政府。人们忘记了，个人如何投票大概无关紧要；投票反对现政府也好，投票支持预计会戏剧性失利的政党以便确保一个健康的少数派也好，个人的投票都无关宏旨。在一定程度上，这一切都是一个漫长任期令人产生疲惫感的必然结果，在艰难时代尤其如此，这都是地方政治的需要。一位出色的公务员告诉我，哪一届政府都不应该超过 5 年任期，因为任期届满时，政府官员都不再产生新思想，至少人们不再期待政府有创新思想。思想的枯竭不仅见诸政府官员，而且是整个政体的普遍现象。

  政治昏睡症的另一个证据似乎是沾沾自喜的无穷潜力。我们难免侈谈加拿大制度、国民性和加拿大人总体上对美国人的优势。当然，这一倾向是我们北美人的共同遗产，但在加拿大，这种情绪的结局不过导致自我惬意、自我安抚的倾向。当然，彬彬有礼的美国朋友和英国朋友鼓励我们这样的倾向，这是司空见惯的现象。

---

① 罗伯特·沃尔波尔（Robert Walpole，1676—1745），英国首相［1721－1742］，强悍、保守。

第三节　加拿大参议院和司法界的政治运作

面对形势的需求时，我们的宪法似有不足。参议院这个独特的制度容易受政治操弄的影响。作为海权的保障，滨海诸省被授予相当多的参议院议席，它们支持着强大政党组织的发展。作为他们政治活动的奖赏，政界人士获得参议院的终身席位。由于当选参议员的年龄偏大，政界人物为本党的积极工作就有了保障。情况也许是这样的：自由党可能最终会实现政治生活的复兴，因为它推举比较年轻的参议员，以便在政局逆转的情况下也能确保忠于党务的参议员长期占据参议院。参议员的候选人应该接受仔细的身体检查。已故的麦肯齐·金总理只赞同一个普遍的惯例：参议员年龄必须在70岁以下，且参加过竞选。

至于参议院和政治组织的关系，迄今的研究尚显不足。参议院不仅为滨海诸省的自由党提供了有用的锚泊港，而且为全国的政治组织提供了支持。联邦的政党组织者有可能在参议院获得议席，并因为对国家的服务而获得办公费用。这一程序亦有缺陷：上任后的参议员可能会对本党事务失去兴趣，因为他们不容易被赶出参议院。不过，比较年轻的参议员能带来新鲜血液。参议院的席位还被用来奖赏新闻界人士。[5] 积极为自己政党谋利、预测进参议院以后会继续为改善本党地位而积极参政的记者，有可能获得这样的奖赏。参议员是本党利益的卫士，他要为改善本党在他那个选区的地位而行动。政党在参议院的稳固地位使政府缺乏灵活性，使政治工具对经济需求的反应迟钝，这与新的地区政党的兴起也不无关系。

在很大程度上，政党的凝聚力靠恩赐任命及明智的任命来维系。司法界控制了法官的任命。丰厚的薪金、安稳的前程、优渥的退休安排和威望，这一切使法官的职位成为参议员之外另一个受欢迎的选择。司法工作受职业伦理的束缚，医务工作和其他专业工作也在一定程度上受职业伦理的约束，职业伦理禁止这些专业人士打广告，但政界的设计很好地抵消了这样的约束。人们希望律师关注法律，所以，他们被遴选出来代表政党参政似乎是非常恰当的。通过竞选过程中大量的广告宣传，候选人可能获得人人垂涎的政治地位，即使竞选失败也会获得一定的名望。

加拿大的法语地区缺乏工业主义的社会经济体制，所以它倚重教会和法律。"在所有罗曼语的域外地区，法国人继承了罗马人大部分的组织能力。""英格兰统治阶级接受的法兰西文化使英格兰的强权成为可能。"[6]征服新法兰西①以后，英国派往加拿大的总督沿袭了法国的官僚行政体制，在文官里安置了英格兰籍的贵族。为负责任的政府而进行的抗争实质上是为加拿大本土出生的人谋求职位，这一斗争仍在渥太华延续，那是为了争取说法语的加拿大人进政府当文官。在很大程度上，加拿大的历史就是法语族和英语族争夺的历史；在魁北克司法界，争夺恩赐任命的现象尤其突出。

司法业界对政党的影响至关重要，讨论进入司法业界和法学教育界人士的才干势在必行。由于习惯法和典章化法律的广泛分割，法学教育受到影响；由于大学和司法业界尤其法院控制的教育机构的分割，法学教育受到的影响就更加严重。建设优秀法学院困难重重，美国、英国甚至澳大利亚都有同感。伟大的法学家付之阙如，引人注目。法学院重要职位比如院长的聘任由政治偏向决定。因此，司法界缺乏自信，不情愿断然废除向皇家顾问团上诉的举措。强有力的最高法院对成文宪法的有效运行必不可少，但这一目标难以实现，部分原因是向皇家顾问团上诉的传统，另一个原因是英属北美法案（British North America Act）的掣肘，该法案规定将司法教育置于各省的管辖之下。

---

① 新法兰西（New France），法国的北美洲殖民地，初含圣劳伦斯湾、纽芬兰和阿卡迪亚（新科斯舍），最终形成北起哈得孙湾，南至墨西哥湾，包含圣劳伦斯河及密西西比河流域的广大地区，划分成加拿大、阿卡迪亚、哈得孙湾、纽芬兰、路易斯安那五个区域。

由于司法界缺乏威望，政党就能利用司法界，这成为法学文献广泛讨论的课题。司法界人士接受恩赐任命被形容为"对法院和律师事务所独立性的伤害"。最高法院的法官被委派到皇家委员会去研究政府感到尴尬的课题，例子有香港调查、哈里法克斯调查和对共产党人的审判。所幸的是，任命最高法院法官去受理诸如此类的案子并非总是成功的，比如，德鲁先生就抨击香港调查，又比如，所谓间谍案也因缺乏证据而不了了之。加拿大公民权利遭遇的尴尬是显而易见的。因皇家委员会报告而权利被侵害的加拿大公民，即使有可能上诉到最高法院，也不可能感到高兴，因为委员会里就有最高法院的法官。公民抵制警察干预的权利已经被严重削弱了。只有在司法界的威望受损的国度里，司法界才有可能被用来粉饰政府的政治活动。最高法院不应该沦为政府门口的擦鞋垫。

司法界威信的下降意味着学术界威信的上升，结果对双方都不好。这个传统大概始于已故的麦肯齐·金总理，他履职时握有一件学术利器：哈佛博士。一步步追踪各政党如何利用学术界的威信，未免太繁琐，但我们可以指出：在大萧条期间，许多学术界人士在政界任职，诺曼·罗杰斯任劳工部长尤其令人注目；罗威尔－西罗伊斯皇家委员会①的报告使这一趋势达到高潮；战争期间学术界人士向首都地区的跋涉尤为显著。皇家委员会成为利用学术界和司法界的手段，两者的特征都是结论性的宣示和裁定。罗威尔－西罗伊斯报告洋洋洒洒，附录众多，精心聚焦司法界和学术界的亮点和领袖作用，意在寻求加拿大问题的最佳解答，并确保自由党人无限期在联邦政府执政。这一报告被人利用，后果严重，使加拿大分割为所谓的富省和穷省，同时又加强

---

① 罗威尔－西罗伊斯皇家委员会（Newton Wesley Rowell-Joseph Sirois Royal Commission），先后由牛顿·罗威尔和约瑟夫·西罗伊斯主持，其使命是研究加拿大经济和联邦与各省关系。

了自由党在英语区的力量。阶级斗争被用作政治工具登峰造极，我们甚至可以向俄国人展示高级辩证法的细腻之处。大批选民支持自由党在联邦政府尤其在安大略省和魁北克省执政，其他政党由此而陷入瘫痪；与此同时，另一个政党在省政府执政；如此，任何一个群体独霸的局面就受到钳制，强大的反对党力量就可以维持对管理体制的抗衡。

战争期间，大批学人进入文官队伍。政府组织极其复杂，学术界因此而兴旺。复杂性很适合恩赐任命，战后的复杂性尤其如此。人们对渥太华联邦政府的态度有所变化，普遍的诉求是，联邦政府要解决一切可以想象的问题，反映了这样一种信念：政府万能。我们有理由为此而感到关切。我们再次不得不面对司法界的局限：法律法规在很大程度上作为被用来加强政党的力量，被用来延长联邦政府里一党执政的体制。

第四节　加拿大的政治变革及其原因

德国总理海因里希·布吕宁①描绘了政治的基本变革及其原因，他说：

> 我认为，在过去的 30 年间，建设性的政治行动的最大障碍是专家对终极决策的影响，执迷不悟的专家的影响尤其是政治障碍；他们相信自己这一代人具有前无古人的优势。政治领袖至为重要的品质是：他们不仅要知道文献里世代积累的智慧和经验，而且要了解世代口传的实用的外交、行政和立法的工作……越是倚重大规模统计数字和计划，我们就越容易陷入一种危险：忽视个人的尊严和价值，忽视生命是不可分割的整体。[7]

---

① 海因里希·布吕宁（Heinrich Brüning，1885—1970），德意志魏玛共和国总理、金融专家。

联邦文官日益集中和控制的权力总与政治困难相生相伴，这正是英国文官制度传统被破坏的原因，他们的言论比内阁成员的言论更受人重视。战争期间，新公务员不习惯文官制度的传统，大胆放弃默默无闻的风格，愿意为保护政府而引火上身。这样的言论见于外交领域，反映了美国外交惯例对加拿大日益加深的影响，权力集中推进与美国的合作时，美国的影响尤其明显。

用德国话来说就是，群体的区分和群体的接受对政治产生重大的影响。报界不得不改变对新闻的态度，因为政府干预的事实难以想象地枯燥乏味，图片的单调乏味也不能减轻新闻的枯燥乏味。时事的复杂性使新闻界不得不倚重荒谬的题材，或退守极端简单的事件。似乎可以说，这一趋势还造成了政界领袖的平庸。有趣的是，精心策划的愚行蠢事是否已经成为一种政治资产，如果仔细研究加拿大政党领袖，你就不会怀疑表象和事实上的愚蠢。无论如何，寻找比加拿大政党更无能的现象，实在是难上加难。请原谅我举例说明。内阁的组建成了"最令人难受、最难以置信的事情；业绩不予考虑，真诚的服务毫无价值，影响是最重要的因素，地域和宗教是第二位的重要因素。"约翰·亚历山大·麦克唐纳爵士①认为，理想的内阁应该执行一视同仁的法律，包括那些可以把内阁成员送进监狱的法律。布罗德里克指出："加拿大政党派性轻信恶毒的诽谤，在摇唇鼓舌、恬不知耻的报纸的怂恿下，政党的'战争'不择手段。"[8] "全面的代议制……已经并将要继续剥夺加拿大自治领机构的最佳效率。"[9] 本世纪的客观需求耗尽了政党的能力。第二次世界大战期间，征兵问题摧垮了安大略省的自由党，因为该省的自由党领袖米切尔·赫伯恩②无奈

---

① 约翰·亚历山大·麦克唐纳爵士（Sir John Alexander Macdonald，1815—1891），加拿大政治家、首任总理，加拿大10元钞票上有其头像。

② 米切尔·弗雷德里克·赫伯恩（Mitchell Frederick Hepburn，1896—1953），加拿大政治家、安大略省总理 [1934—1942]。

之下反对联邦总理麦肯齐·金的政策，他希望借此确保保守派的选票。政党的地方主义破产了。[10]

地方性政党即麦克菲森（Macpherson）教授所谓的"准"政党，在联邦政治领域没有多少用武之地，它们被迫在本省推行联邦政府不能接受的举措。它们觉得有必要在省内的立法中说不，这就加重了各省与联邦政府的摩擦。为了解决英属北美法案遭遇的困难，联邦政府不得不向皇家顾问团上诉。英属北美法案产生了自己的一群崇拜者，为了阐述加拿大联邦创建者的观点和言论，产生了大量研究建国之父思想的文献。许多人反复深入地研究了阐述皇家顾问团裁决的文献，他们抱怨其裁决不一致，批评之声比比皆是；不过，不一致隐含着弹性，反而抵消了成文宪法僵硬的危险。

第五节　英国和美国在加拿大的影响此消彼长

从面向英帝国主义到面向美帝国主义的转变常伴有摩擦，在此期间，加拿大的体制经历了大量的调整。美帝国主义缺乏英帝国主义的技巧和经验，有时引起极大的不满。马汉曾描绘美国外交政策的基本依据，他援引一位资深国会议员对新同事的告诫："如果他想在自己的选区里牢牢扎根，他就要避免在花哨的委员会比如外事委员会里工作，因为选民不关心国际问题。"在阿拉斯加边界争端中，加拿大人觉得被美国人和英国人利用了，结果表现为加拿大1911年断然拒绝美国人提出的互惠建议。但潮起潮落，即使那些人反对美国的姿态也有利于美国人的资本运行。美国人在加拿大办分厂，以利用欧洲—加拿大体制，并从英帝国主义那里获取好处。[11]作为东西部计划的一部分，加拿大完成了一系列的帝国优惠安排，英国人不得不予以默认，这些安排对美国人的分厂极其有利。奇怪的是，最坚决捍卫加拿大对美国实施关税壁垒的正是美国投资人的代表。美国资本有条不紊地鼓励和利用加拿大人的民族主义。加拿大的地位从殖民地过渡到民族国家然后又成为殖民地了。

英国最终感受到美帝国主义的冲击。这一冲击始于19世纪后半叶美国新闻业的发展，其继续冲击尤其表现在布鲁门菲尔德和比弗布鲁克在《每日邮报》发动的有利于惠及英帝国的造势运动中。已故的本涅特（Bennett）子爵就任加拿大总理后大力支持他们的造势活动。这场运动以妥协告终，英国人对美国人的抵制逐渐被调动起来，态度更加强硬了。

美国在两次世界大战中参战，美帝国主义的实力大大增强，夺取了西方世界的主导地位。加拿大的兴趣转向美国，这一转向对英国的影响鲜明地表现在时任总理阿瑟·米恩①的著作里，他成功地说服了英国放弃英日同盟。加拿大别无选择，只能先后沦为英帝国主义和美帝国主义的工具。倚重英帝国主义时，她拥有理解历任政府外交政策的优势，而这一政策是长期、稳定、一致的；她的另一个优势是有这一政策的指引。随着美国影响的加深，她摆脱英帝国影响而独立自主的地位就得到加强。她不久前获得了自治权，其第一个显著标志是《哈利布协定》②。加拿大来不及形成成熟的外交政策，自然就觉得，美国的外交政策摇摆不定，孤陋寡闻。

《威斯敏斯特法》赋予的自治成为我们与美国合作的凭证，正如我们此前与英国合作一样。实际上，这一变化很引人注目。在诸如闵托事件（Minto affair）、海军法案等问题上，我们抱怨英国。至于和美国的联合防御计划有何隐含的意义，至于美国在加拿大北部建立军事基地、在加拿大领海演习、美国与加拿大合办气象站、在合作组织的指导下用美国军方的经费搞研究的种种传言是否属实，却没有任何人表示疑问。

---

① 阿瑟·米恩（Arthur Meighen，1874—1960），加拿大第9任总理、保守党领袖。
② 《哈利布协定》（Halibut Treaty），1923年加拿大和美国关于北太平洋的渔业协定。

诸如此类的合作顺利进行，部分原因是英国反社会主义的趋势。和加拿大西部相比，加拿大中部和东部的传统基本上是反对革命的传统，联合王国保王党和法语魁北克的教会未受法国革命的影响。反对革命的传统不同情社会主义的倾向，有利于对私营企业的倚重，而这正是美国的特征。对社会主义举措的反对尤其重要，因为加拿大经济生活的许多部门是政府所有制，安大略水电委员会和加拿大国立铁路公司尤其突出。实际上，大陆型的大私营企业反映了政府管理的影响，其表现是强调员工的资历；官僚体制臃肿，效率低下。庞大的行政机构不得不承认，士气对效率极其重要。只有在付出极大精力去评估效能以后，官僚体制里的动员才能达成。许多私营企业和组织总是注意个人的能力，在大型组织扩张时，它们坚决抵制对决策的限制。它们对私营企业的关切受到美国人加拿大分厂经营理念的强化，促进了美国人的支配地位。

称呼中头衔的废弃大概也反映了美国人的影响。"美国记者里最出类拔萃的"爱尔兰裔人士戈德金[①]的话凯切中理：

> 和其他殖民地的居民相比，有一类加拿大人经常有机会去关心和强化他们对英国社会生活竞争性的热爱，他们热爱英国社会生活成功的标志；热爱英国宫廷，将其视为荣耀的源泉，姑且不论那一切的政治意义。对他们而言，英国宫廷是狂热兴趣的对象。在英国本土，社会荣耀的地位反而不那么受人狂热追捧。实际上，在这一切迹象中，这帮加拿大人比英国人还要英国人。他们模仿和培育英国人的风俗习惯，一派狂热，根本不注意时间地点的不同。那是加拿大社会的

[①] 埃德温·劳伦斯·戈德金（Edwin Lawrence Godkin, 1831—1902），美国记者、编辑，主编《民族》、《纽约晚邮报》，著有《匈牙利历史》、《现代民主问题》、《难以意料的民主趋势》等。

时尚,就像旅居巴黎的美国人圈子里的时尚一样。"低贱的美国人"对这一套时尚很反感,他们夏天蜂拥到加拿大避暑。这些加拿大人觉得,只需忠实地观察多伦多和渥太华客厅里的举止,就可以大大改善纽约和波士顿的时尚。[12]

"殖民地的市侩亦步亦趋模仿英国绅士,世上再也没有更低贱的邯郸学步了。""这些家伙是世上最低贱的走狗;他们随时随地表白忠诚,疯狂追求小小的头衔,迫不及待地扑向贵族餐桌下的面包屑"(Goldwin Smith)。这些象征性地位的削弱尽管有令人遗憾的后果,但对美国人在加拿大的影响并非没有隐含的意义。

美帝国主义被描绘为"隐而不显的、基本上是政治性的"。它之所以被视为有理三分、能吸引人,部分原因是它坚决否认它搞的是帝国主义。不取帝国主义姿态的帝国主义在加拿大特别有效,因为加拿大难以准确而直接地解决外交问题,外交问题之困难则是由于国内法语和英语的分割。

报业文化里的商业社会深受一种新闻的影响,那就是能扩大发行量的新闻——"为上帝、为国家、为发行量的"新闻。广告尤其百货商店的广告首先需要发行量。在很大程度上,发行量依靠新闻的不稳定性,而不稳定又变得危险。优秀的记者是对情绪不稳定性最敏感的记者。倚重广告促销的必然结果是新闻的非连续性。第一次世界大战前,美国广告的影响传到欧洲,对德国的影响尤其大。罗素说得好:"政府现代管理手法最糟糕的方面衍生于广告。"[13] "宣传的智力水平是公众最小的公分母。如果你诉诸理性,你就是在向4%的人类诉求。"[14] "你瞄准的目标不会过分低贱。你发布的新闻不至于过分愚蠢。你不可能夸大公众的愚蠢,公众本身需要宣传高手来构建任何有关愚蠢的概念。"[15] 广播常常压倒报纸新闻,它选择最新消息,迫使报纸详细报道,因为人们希望更多地理解广播报道的消息,即使报纸新闻并不新鲜。

美国外交政策在很大程度上是由内政决定的。报人受恩赐任命的奖赏去当大使。国务卿一般在党派政治中发挥积极的作用。富兰克林·罗斯福试图为外交政策建立两党合作的基础，给外交政策带来更大的稳定性，但外交问题还是容易被眼前紧迫的党派政治所主导。在这样的情况下，始终如一的外交政策就不可能实现，军事主导的外交政策就难以避免了。美国外交政策的局限在很大程度上是缺乏传统性和连续性的结果，继之而起的是对展示武力的倚重。

通观美国历史，美国人偏爱由将军担任总统，部分原因大概是其政治制度的不稳定性。[16]只举一例，格里利落败、格兰特当选就足以说明，枪杆子胜过笔杆子。美国国内对武装力量普遍渗透的影响也多有抱怨，但这种影响并不见势头减弱的迹象。征兵制意味着军队力量的加强。19世纪后半叶的美国人乔治·蒂克纳①写道："要说战争残酷的力量，什么也比不上这种残忍、强制的兵役，它使幸存的士兵最终能引以为荣，因为他九死一生，不能不得到荣耀。这是华丽的体制的野蛮，但毕竟是野蛮；因为它越来越使尚武的风气压倒平和的礼仪。"[17]托克维尔把军人的荣耀描绘为灾难；对共和主义者而言，它是比一切邪恶相加更可怕的灾难。在一位美国人的笔下，乔治·华盛顿成了被武力驱动的士兵的中心，而不是被利益驱动的士兵的中心。官僚体制形成等级分明的体制，继而产生了权力的问题。

以前，影响公共舆论并使之赞同战争，那需要花相当长的时间。如今，我们却到了这样的境地：舆论总是被有条不紊地唤起，而且被维持在沸腾的顶点。由于军人掌控着全局，由于宪法把权力交给公众而造成的困难，公共舆论的摇摆在所难免。美国人"坦率、秉性温和，不怕立即动手搞试验，有把握事实的直

---

① 乔治·蒂克纳（George Ticknor，1791—1871），美国作家、教育家，推进哈佛大学课程改革，著有《西班牙文学史》。

觉,这些品质在他们缺乏讨论和思考的能力中起到了正面的作用"。"他们对任何事实都感兴趣,但除了直接与事实相关的思想外,其他一切思想都难以唤起他们的兴趣。"(Lowes Dickinson/洛斯·迪金森)在约翰·冈特尔(John Gunther)的笔下,美国是"前所未有的最伟大、最疯狂、最危险、最不稳定、最华丽、最不成熟、最强大、最壮观的国家"。[18]美国的态度使人想起大象怕老鼠的疯狂故事。

联合国经济和社会事务部发布的《经济形势和欧洲前景》对贸易问题作了这样的描绘:"欧洲的进口逆差问题基本上相当于美国的出口顺差问题;美国面对的选择相当于欧洲面对的选择,只不过两者的迹象刚好颠倒而已;早晚有一天,美国不得不增加其进口,或减少其出口,或双管齐下。但危险是存在的;如果不采取足够的补救措施以求得合理的平衡,欧洲和美国的经济结构都可能会适应不平衡的现状,并产生强大的压力去长期维持不平衡的局面。"正如《经济学家》所言,有可能会出现"无长期短缺的局面"。[19]精明的观察家威廉斯(J. H. Williams)教授写道:"这个过程中深深扎根的是美国日益称霸的局面:它依托的是累积性的体量优势、技术进步以及慢性美元短缺的纷纷议论……我们必须思考马歇尔计划①的目的:如何重塑欧洲经济,适应其业已改变的世界地位,同时自己也进行必要的调整。我们还必须将其视为调整的开始,而不是调整的结束。"[20]

关税是美帝国主义的重要工具,用杜利先生的话说,那是为了卸下白种人的负担,并将其转嫁给黑人。"善于保护主义思维的脑子同样善于用帝国主义的符号思考问题。"[21]"把保护性关税说成自由竞争的工具"是自相矛盾的,同理,"把军事主义或帝国主

---

① 马歇尔计划(The Marshall Plan),官名欧洲复兴计划(European Recovery Program),是第二次世界大战后美国帮助重建西欧的计划,1947年7月启动,历时四年,援助金额合计130亿美元。

义说成自由竞争的工具"也是自相矛盾的。[22]贸易壁垒和垄断成为自由资本主义不共戴天的敌人。[23]固然,有人建议减少美国关税以扩大欧洲对美国的出口并缓减贸易不平衡的问题,但他们建议的减税规模是有限的。关税问题讨论的水平甚至达不到杜利先生主张的水平。他说:"什么关税!关税多少有何关系?反正是外国佬缴关税呗——如果他没有在卡斯尔园①被拒绝入境的话。"讨论美国和加拿大的关税没有什么希望,因为欧洲国家在这个课题上不可能施加什么影响。再借用杜利先生的话说:"受关税照顾的人自然会关照关税。"

欧洲国家觉得它们更直接地暴露在美国的影响和威胁之下,它们害怕美国"累积性的体量优势和技术进步"会将统一性和标准化强加于人,并给欧洲的艺术文化和西方文明带来灾难性的后果。结果表现在欧洲发展势头的出现,这反映了欧洲人维护欧洲文化优势、反对美国化和共产主义的决心。在两个权力中心的哑铃型结构中,文明很难存活;在一两个强权集团的压制下,文明也难苟延残喘。然而,在习惯法传统中培育的盎格鲁-撒克逊人很难理解在罗马法传统中成长的欧洲人的观点。

加拿大人受美国人宣传的压倒性影响,他们很难理解欧洲人对美国人的敌视态度。[24]美国人最会搞宣传,因为他们最善于设计和制作广告。[25]如果加拿大要继续维持自治的希望,她就要依靠一个成功的条件:抵挡美国的影响,协助组建一个抗拒美国和俄国压力的第三集团。[26]但没有迹象表明,她能完成这些惊世之举,她将一如既往地被视为美国的工具。加拿大人早已把关税忘记得一干二净。我们自己也有一些温和的帝国主义冒险行为,其表现是我们对纽芬兰的获取。"战争是反对革新的自卫。"[27]一半的人受奴役时,他们不能企图奴役另一半自由的人,他们不能因

---

① 卡斯尔园(Castle Garden),美国历史上第一个大型移民入境中心,位于纽约,从此入境的移民共1,100万人。

为《人权法案》的文字就相信自己业已获得自由[28]；在一半人自由、一半人受奴役的情况下，任何一个国家、共同体或文明都不能长治久安。《人权法案》规定的新闻自由加强了印刷术的传统，摧毁了言论自由，破坏了我们和欧洲口语传统的关系。

  我们可以不喜欢美国人的影响，我们也可以发动加拿大人抵制美国人影响的地下运动，但我们不得不屈从于美国人的政策。我们可以说，民主成了美国人想要强加于我们的东西，他们号称拥有民主。我们可能不喜欢美国人的想当然：他们发现了唯一可能的生活方式——可是他们有美元。北美人竟然向欧洲的文化中心颐指气使，竟然指教法国、意大利、德国和英国如何选举、如何办教育——但北美人有美元。然而，贷款甚至赠款并不是友谊的基础。结果表现为这样的感叹："我不能理解他为什么这样和我针锋相对。我从来就没有做什么对不起他的事情。"即使在美国，一丝淡淡的对感激的欣赏、期待回报的强烈意识还是存在的。

  就在这个时代，就在同盟国组成的同时，我们看见捷克斯洛伐克被德国占领；尽管同盟国反对，欧洲的大片土地还是被法西斯占领。但文化和语言胜过武力，这一真理业已得到证明。在盎格鲁—撒克逊世界，我们在美国看到了一种新的动员力量，它带有新的危险；英语民族的一切文化和语言资源，包括美国的文化和语言资源都应该调动起来，去抵抗这种新的军事力量。简单地说，公共舆论支配下的军事战略危害极大。

  西方的未来端赖其文化韧性，要看它能在多大程度上摈弃北美外交政策的发号施令；那样的外交政策是和关心再次当选的政客个人的需求相关的政策。美国外交政策彰显了一个强大国家不负责任的可耻行径，这样的政策没有给西方世界未来的稳定带来什么希望。用罗伯特·皮尔斯（Robert Peers）教授的话说，加拿大必须召唤旧世界以恢复新世界的平衡，并希望英国能逃避美国的帝国主义，就像英国成功地摆脱了自己的帝国主义一样。

注 释

本章是 1948 年 5 月 21 日在诺丁汉大学讲演的修订稿。

[1] 索罗德·罗杰斯,《历史的经济诠释》, 339 页。

[2] 赫伯特·保罗 (Herbert Paul),《弗洛德传》(*The Life of Froude*), p. 253. "加拿大人或者更加准确地说滨海省的人似乎喜欢制造麻烦;也许,英国政府能举例说明,如果这些滨海省维持外交独立,它们定会遭遇困难,且会陷入危险;除了外交未独立之外,它们在一切方面都是独立的,所以它们自然只看到自己的利益"(Goldwin Smith to Gladestone, May 14, 1871,《高德温·史密斯书简》*A Selection from Goldwin Smith's Correspondence*, Toronto, n. d., p. 39)。美国的萨姆纳 (Sumner) 准备印行"一切反对英国的言论,意在迫使英国将加拿大割让给美国"(《亨利·亚当斯自传》, New York, 1931, p. 275)。1870 年,约翰·莫特利出任美国驻伦敦大使时就反对修建加拿大太平洋铁路(《费希从政秘史》, Allan Nevin, *Hamilton Fish: The Inner History of the Grant Adminiastration*, New York, 1936, p. 421)。"我们与英国的关系比我们与德国的关系重要得多。几乎在一切问题上我们与英国的关系都遭遇更多的分歧、摩擦和困难,而这一切问题的出现都是由于加拿大政客不负责任、脾气暴躁"[怀特罗·里德 1906 年 6 月 19 日致西奥多·罗斯福的信,转引自《怀特罗·里德传》(*The Life of Whitelaw Reid*, London, 1921, Ⅱ), p. 331]。

[3] 见《和平与战时的加拿大》*Canada in Peace and War*, ed. Chester Martin, Toronto, 1941, pp. 58-85。

[4] 见本章附录。

[5] 麦肯齐·金使不少律师进入参议院,并因此而感到自豪。见福特 (Arthur Ford),《世界蹒跚前进》(*As the World Wags On*) (Toronto, 1950), pp. 175-176。

[6] 温德汉姆·刘易斯 (Wyndham Lewis),《被束缚的艺术》,(*The Art of Being Ruled*) (New York, 1926), p. 371。

[7]《心灵的工程》(*The Works of the Mind*, ed. R. B. Heywood, Chicago, 1947), pp. 116-117。

[8] 布罗德里克 (G. C. Broderick),《记忆与印象》(*Memoirs and Im-*

pression, 1831-1900)(London, 1900), p.287。

[9] 比尔基(Paul Bilkey),《人物、文件与人事》(Persons, Papers and Things)(Toronto, 1940), p.100。

[10] 洛里埃(Wilfrid Laurier)认为,众议院议员的才干不如以前,因为商界把政界和司法界的人才吸走了,但滨海省继续为众议院输送人才,因为那里的商业不发达(福特,《世界蹒跚前进》,126页)。

[11] 旧式的行会规避政治,推进劳工运动,但美国新型的产业工会干预政治,加拿大也出现了类似的工会运动。

[12] 戈德金(E. L. Godkin),《回忆与评论》(Reflections and Comments)(New York, 1895), p.270。

[13] 转引自汤普森,《文明之声》(London, 1943), p.180。

[14] Ibid., p.201。

[15] 刘易斯,《被束缚的艺术》,91页。

[16] 宪法规定,总统可以向国会推荐他认为恰当的措施,还可以否决他认为不恰当的国会法案。据信,他可以用诸如此类的举措去间接影响国会。我接受的政治教育使我强烈反对总统滥用任何诸如此类的手段,他不应该借此去控制国家的立法。一无例外,我认为,国会应该提出创新和完善的举措,不受外界干扰〔林肯1862年2月15日在葛底斯堡的讲演,转引自亚历山大(D. A. S. Alexander),《众议院的历史和议事程序》(History and Procedure of the House of Representatives)(Boston, 1916), p.358〕。

[17] 蒂克纳(George Ticknor),《蒂克纳生平、书简和日记》(Life, Letters and Journals of George Ticknor)(Boston, 1880), Ⅱ, p.475。

[18] 威廉·詹姆斯(William James)说这是"排他性的对女财神的成功崇拜"。劳埃德·莫利斯(Lloyd Morris),《昨天的补记》(Postscript to Yesterday)(New York, 1947), p.330。由此而生的恶习是"欺诈和机巧,沉溺于欺诈和机巧,伪善以及对伪善的同情。这一切都是将'成功'超常理想化的结果,这样的'成功'纯粹是'出人头地'的外表上的成功,是尽可能出人头地。这就是我们这一代人的特征"。

[19] 诺克斯(F. A. Knox),《时事在前进》(The March of Events),《加拿大金融家》(Canadian Banker, autumn 1948)。

[20]《经济复苏的任务》("The Task of Economic Recovery"),《外交事

务》(*Foreign Affairs*), July 1948, pp. 14-15。

[21] 温斯洛 (E. M. Winslow),《帝国主义模型》(*The Pattern of Imperialism: A Study in the Theories of Power*) (New York, 1948), p. 203。

[22] Ibid., p. 234。

[23] Ibid., p. 237。

[24] 据鲍德温 (Hansen Baldwin) 转述, "《纽约时报》语: '加拿大必须武装。'"见《时代周刊》1949年第三期第20页, 这是美帝国主义厚颜无耻的表现。

[25] 维耶勒克 (G. S. Viereck),《散布仇恨的细菌》(*Spreading Germs of Hate*) (New York, 1930), p. 168。

[26] 凯尔斯泰德 (B. S. Keirstead),《加拿大外交政策处在十字路口》("Canada at Crossroads in Foreign Policy"), 载《国际事务》(*International Affairs*) spring 1948, pp. 97-110。虽然加拿大汇率的立场有所变化, 但问题并没有简化。

[27] 内夫 (Emery Neff),《卡莱尔与密尔》(*Carlyle and Mill*) (New York, 1930), p. 168。

[28] 恩斯特,《首要的自由》。又见里戈尔,《以动员破解混乱》。

附录　新斯科舍皇家顾问团经济研究报告（节选）

本附录摘自 1934 年"新斯科舍皇家顾问团经济研究报告"，执笔人是已故的威廉·兰德（William Rand）教授。报告阐述了加拿大的经济问题。在很大程度上，报告忽视了联邦体制正是它许多恶评的根源。

首先声明，本报告所用"加拿大"一语的意义是其原本的意义，只包括魁北克和安大略两个省。常见的错误是把这两个省当作上加拿大，把滨海省当作下加拿大。这是不对的。安大略是上加拿大，魁北克是下加拿大。新斯科舍从来就不是加拿大。

此时此刻，我们唤起人们注意一个令人扼腕的事实：历史著作完全隐瞒了联邦政府秘而不宣的事实和动机，即使不完全略去历史事实，至少是篡改了一望而知的事实，因为这些事实会使那些撰写历史的人沦为笑柄。大多数伪历史学家沦为纯粹的宣传工具，他们的目的是控制滨海省对两个加拿大省暴力倾向日益高涨的嫉恨和不满。这两个省在 1867 年对新斯科舍平民自由的侵犯，我们记忆犹新。倘若他们对新斯科舍的合法化掠夺遏制了我们公民的反抗,而我们的自卫把那些背叛者从不光彩的坟墓里拽了出来,那就让仇恨与那些罪人一道安息吧。

1867年,加拿大是一个皇家殖民地。新斯科舍是另一个皇家殖民地。新斯科舍四面环海,在航海的传统中成长,所以它成了海上强权,其海船遍布全球,给加拿大人带回生活、工业和商业的必需品。如此,在英国的大西洋彼岸殖民地中,新斯科舍就成了人均最富庶的殖民地。相反,加拿大那块殖民地却播下了平民斗争和仇恨的种子。那里的人民在种族、语言、传统和宗教方面被人为地分割开来。在加拿大两个省的议会里,议席基本上平分秋色。一个省提出的议案总是引起另一个省怀疑,被认为是隐藏着不可告人的动机。被怀疑是否为两个省共同的战斗口号。孩童从小就将其铭记在心,成人在家里吸收和消化了这一口号。立法最后陷入胶着的困境。加拿大这块殖民地国内外的信誉都丧失殆尽,人民穷困潦倒,混乱如烈火燎原,使英国感到惊恐,害怕在边界上被加拿大拉下水。

在滨海,新斯科舍、新不伦瑞克和王子岛三个省努力发展航海民族的产业,富裕起来了。新斯科舍独占鳌头。这里的人民没有内讧分裂,他们相处和谐,彼此亲善。加拿大两省对它们尤其是新斯科舍投以嫉妒的目光。他们陷入困境,感到绝望,人口远比我们多,如果他们诱使我们加入联邦,他们独霸联邦的局面将十分彻底,我们丰厚的收入和财富的资源将要受他们支配。

难以想象,你们这个皇家顾问团竟然对以下的事态并不知情。这是对一个忠于英王的殖民地进行立法施暴的一段历史,这是英国政府在本大陆历史上黑暗和邪恶的一页:新斯科舍被出卖了,不是被交给一个帝国强权,不是被交给政治家以及贤明和公正的君主,而是被交给另一个英属殖民地,而且是道德和金融均已破产、自顾不暇的殖民地。在这次出卖中,没有安全保障,不设条件限制。抢劫与合法化的掠夺竟然能明火执仗,没有任何矫正的举措,直到今天也没有。这样的出卖在英国历史上前所未有。育空的"新人"、西部的平原人、安大略的丛林人、魁北克的居民、多伦多酒吧人和圣詹姆斯镀金的赌徒都可以对我们颐指气使,向大西洋海岸边这个英国移民的省份发号施令,禁止我们在自己的港口搞进出口贸易,不言听计从就不得不向海盗交付赎金,以满足那两个加拿大省欲壑难填的胃口。

试想想,英国的海事人员听从潜伏在西伯利亚的中欧的一个武装团伙的命令,那是什么样的情景;如今,我们就看到新斯科舍处在那样的情景,它在加拿大联邦里被迫俯首听命。海事和渔业部长来自于加拿大偏远的丛林。新斯科舍生活在海水溅身的地方,却千里迢迢毕恭毕敬去朝拜大陆内地的官员,以得到允许在自家门口去撒网打鱼。

1866年,三个滨海省的代表应召去伦敦赴会。① 约翰·麦克唐纳以及蒂利和塔珀等反对滨海三省的推手躲在幕后,直到三省的代表被激怒并威胁要打道回府时,他们才被迫走到台前。关于那一幕的情景,麦克唐纳写道:

> 在我们看来,《英属北美法案》应该在议会开幕前夕通过。此举必须飞快完成,正式通过之前,"法案"不应该在我们这个英属行省产生任何效应。
>
> 如果代表会议在英格兰结束,如果会议准备采取的举措在8月获得通过,次年1月前就不可能对会议结果保密。"法案"的条文中,罕有不冒犯某些利益、某些个人者。一旦公布,它就会在大西洋彼岸引发新的骚动。如果有什么实质性的修改,

---

① 这次会议最终通过了《英属北美法案》,组建加拿大联邦,约翰·麦克唐纳积极推动,并担任加拿大联邦首任总理,萨缪尔·蒂利(Samuel Tilley)是新不伦瑞克代表,查尔斯·塔珀(Charles Tupper)时为新斯科舍总理,三人积极推进,其余代表最终同意加入加拿大联邦,但新斯科舍加入联邦后,仍然喋喋不休地要求退出联邦。

即使支持组建联邦的加拿大两个省也会出现深刻的震荡。一旦《法案》通过、不能修改，人民不久是能学会妥协的。

在英属北美一个半世纪的历史中，再也没有比这个法案更蛮横的文件。没有哪一个英属殖民地的宪法遭到如此恶毒的践踏，我们的公民自由遭到侵犯和灭顶之灾。倘若我们的联邦历史由麦考利①或莫特利②来撰写，这三位推手就会获得恰如其分的地位，被放进政治盗匪和恶棍的行列了。倘若如此，一个半世纪以前，他们在英国犯下的罪行就可能会把他们送到泰伯恩刑场或断头台去。英国政府在这一罪案中也插了一手。他们试图为自己洗刷开脱，同时却又对加拿大两个省说："接受你们的滨海省，把它们送上十字架吧，但我看它们没有罪过。"

民众获悉唐宁街闭门密谋炮制了《英属北美法案》，将其强加于新斯科舍，不让人民知情、不要人民同意时，人民的怒火被点燃了。英国国旗被撕毁，被踩在脚下；报纸套上黑边；新斯科舍民兵团长等待时机，等待命令，反叛即将展开，我的父亲就是一位团长。哈利法克斯秣马厉兵，恐吓人民。在这些甜蜜而仁慈的威压下，新斯科舍被引进摇摇欲坠的联邦之中；联邦的凝聚力和团结就像被围猎的狐狸，每个省都龇牙咧嘴，号叫着各奔东西。《英属北美法案》是完完全全的杂种，是加拿大两省强奸新斯科舍和滨海省生出的怪胎，是在英国的支持和怂恿下干下的罪孽——它的第一句话就在撒谎。今天，新斯科舍应该向唐宁街说："你把我们打进地狱，你现在应该把我们解放出来。"

---

① 托马斯·B·麦考利（Thomas B. Macaulay，1800—1859），英国历史学家、作家、政治家，曾供职印度总督府，后任陆军大臣、军需总监，著有《英国史》、《古罗马之歌》，常为《爱丁堡评论》撰文。

② 约翰·莫特利（John Lothrop Motley，1814—1877），美国外交家和史学家，著有《荷兰共和国的兴起》。

我们这个省被降格、受羞辱；渥太华的工头常派代表来践踏我们，我们常常谦卑地哀求他们给我们与生俱来的权利，这是上帝赋予我们这个海岛省的权利；我们有权享有一个开放的、不受拘束的海洋，有权开展贸易，有权换货，我们能得到生活和工商业的必需品；我们有权不受一个内陆强权的骚扰。

我们新斯科舍的人口减少，代表权随之被削弱。我们沦为被剥削的对象，就像美国南部邦联里被剥夺权利的黑人小州一样。今天许多人说，我们不肯派代表去渥太华，是我们让盗贼在厨房里大快朵颐；如果派代表去争权，至少能维持一点尊严。以我们这个王道乐土为例，它曾经被称为花园省，可是它现在的人口还是62年前那么多，没有增加。它的农业破败凋敝。原因是：过去40美元的刈草机今天售价105美元；过去25美元的干草耙今天卖50美元；犁头的售价从10美元跳到21美元；犁刃的售价从35美分跳到90美分；圆盘耙的售价从21美元跳到52美元；手推车的售价从85美元跳到200美元。一切农具都以同样的规模涨价了。家用的普通必需品和体面生活的必需品都受到加拿大法律的无情打击，老百姓都买不起。尝试购买农场的年轻人必须要贷款，买设备也不得不贷款。我们的人民不得不忍辱负重，加拿大制造业主协会教训我们说，大批量生产反而增加了生活必需品和工业品的成本。

联邦组建以后，在参议院首届会议上，一位安大略省的参议员站起来说："新斯科舍渔业资源丰富，我们可以向美国人卖鱼，换取他们铁路出海的使用权。"那就是60年来加拿大立法的基调。稍后的加拿大参议院既无幽默感，也不知道何为恰当的事体，竟然建议将英属西印度群岛纳入加拿大联邦。这就是所谓的利他主义，以分担英国人的"白种人的负担"。试想南部群岛这些精明的商人、英国人或英国人的后裔，他们肩负"白种人的负担"，千里迢迢、卑躬屈膝，像犹太人朝觐埃及法老一样，带着钱到北极来，到哈德孙来钻井，到安大略省来修建供人无偿使用的铁路。加拿大两个省对新斯科舍发布盛气凌人的指令，禁止我们从美国购买或运回一辆汽车。在这里，我们闻到了波士顿茶党事件①的味道。这和迫使美国人造反的暴虐指令别无二致。这些汽车从美国进口到新斯科舍的价格只有从加拿大进口价格的一半，运费只有加拿大运费的五分之一。联邦政府的指令是在加拿大制造商的指令下发布的，这个利益集团把联邦政府玩弄于股掌之间，我们的省政府却没有骨气保护自己的人民，他们屈膝投降，大气都不敢出。这是加拿大两个省对我们省的封锁，彻头彻尾的禁运。如今再赘述加拿大联邦那令人恶心的历史，实在是毫无意义了。

加拿大报纸是加拿大人心态的反射。以下是他们的报纸给我们新斯科舍人取的诨名：新斯科舍的梦幻儿童、自治领的穷亲戚、加拿大门口的另一个爱尔兰。他们把我们钉在加拿大人愚昧和贪婪的十字架上，用这些诨名高高在上地鄙视我们；出于可怜的心态，他们认为这是聪明之举。我们从自治领人均最富裕的省份沦为最穷的省份，因受惠于掠夺者而遭到奚落，他们双手捧着从滨海省掠夺的财富四处抛洒，这就是他们的幽默。

人民屈从暴政的苦难总是有尽头的。我们是新斯科舍的梦幻孩子。加拿大人的宣传告诉我们：就像盲人不能梦想日出一样，新斯科舍不能梦想自由。采摘希望的野花来温暖自己的心，那不是我们被征服的新斯科舍省的梦想，那只是加拿大富豪的特权，是赌徒的梦想；他们的赌资是我们滨海省的血泪；他们颁发捕捞许可证，掠夺我们下海捕鱼的人民。纵观人类历史，航海民族遭到内陆民族的压榨时，怎么会不起而抗争呢？

新斯科舍就在抗争。它将继续抗争。如果加拿大那些盲人、愚人和贪婪者仍然试图伤害我们的人民；如果他们继续用白痴的智能、罪犯的本能来立法，我们就要坚持抗争。

---

① 波士顿茶党事件（Boston Tea Party），北美殖民者反抗母国剥削的抗争，他们在波士顿倾倒来自英国的茶叶，以对抗英国国会，这是导致美国独立战争的重大历史事件。

索 引

（所注页码均为原书页码，即本书边页码。）

Aberhart, William 威廉·阿伯哈特 108

academic profession 学术界 112

Act of Union (Canada) 加拿大联邦法案 61

Adams, John 约翰·亚当斯 23—24

Adams, John Quincy 约翰·昆西·亚当斯 25

advertising: effects of on writers 广告：对作者的影响 8—9；magazine, 杂志广告 6—8；newspaper, 报纸广告 80—85；political and economic effects of, 广告的政治经济效应 90—91；U.S., in Canada, 美国广告在加拿大 11—12

Albertan (Calgary) 《阿尔伯达人》（卡尔加里） 108

American Mercury (magazine) 《美国信使》杂志 7—8

Angell, Norman 诺曼·安杰尔 86, 87

arts, versus scence 艺术，艺术与科学 ix—x

Baruch, Bernard 伯纳德·巴鲁克 x

Beaverbrook. Baron (William Maxwell Aitken) 比弗布鲁克男爵 78, 87—88, 115

Belford, Alexander 亚历山大·贝尔福德 4

Bell, Moberly 莫伯利·贝尔 86

Bennett, Arnold 阿诺德·本涅特 79

Bennett, J.G. Jr. J.G. 本涅特 79

Bennett, Viscount Richard Bedford 本涅特子爵 115

Blumenfeld, R.D. R.D. 布鲁门菲尔德 78, 81, 115

Boston Watch and Ward Society 波士顿监察社团 8

British North America Act 英属北美法案 111, 114, 125

Bruening, Heinrich 海因里希·布吕宁 113

Bryan, W.J. W.J. 布赖恩 83

Bryce, James 詹姆斯·布赖斯 45

Buchanan, James 詹姆斯·布坎南 27

Burckhardt 布尔克哈特 2

bureaucracy, Canadian 加拿大官僚体制 64－67

Burlingame, Roger 罗杰·伯林盖姆 9

Butler, Samuel 萨缪尔·勃特勒 83

Canada 加拿大 105－125; bureaucracy in, 加拿大的官僚体制 64－67; Cold War role of, 加拿大的冷战角色 x－xi; culture in, 加拿大文化 1－2, 13－14; French, 法语区加拿大 110－111, 116; imperialism in, 加拿大的帝国主义 61－62; literature in, 加拿大文学 11－12; political changes in, 加拿大的政治变迁 108－109; postwar, 战后加拿大 61－67; relation to Great Britain of, 与英国的关系 115－116; relation to Unites States of, 与美国的关系 xvi－xvii, 2－3, 38, 61－63, 114－121; trade divisions in, 加拿大国内的贸易分割 107; transportation and trade in, 加拿大的运输和贸易 106; U.S. media influence in, 美国媒体对加拿大的影响 11－13, 63

canon law 宗教法 56

censorship 审查 8

Chamberlain, Neville 内维尔·张伯伦 88

Chamberlain, Sam 萨姆·张伯伦 83

Churchill, Winston 温斯顿·丘吉尔 34, 64, 87

Clark, Champ 钱普·克拉克 32

Clarke, James 詹姆斯·克拉克 4

Cleveland, Grover 格罗弗·克利夫兰 29, 31

Coke, Edward 爱德华·柯克 46

Cold War 冷战 x—xi

comic strips 滑稽漫画 82

commercialism 商业主义 10—14

Committee on Un-American Activities 非美活动委员会 61

common law 习惯法 46—55, 68n2; and economy, 习惯法与经济 92; individual character and, 个人性格与习惯法 50; present-oriented nature of, 习惯法的当下取向 52; Roman law versus, 罗马法与习惯法 47, 67, 69n15; social class and, 社会阶级与习惯法 49

Communications: culture versus 传播: 传播与文化 xvi; means versus result of, 传播媒介与传播效果 xv; mechanization of, 传播（通信）的机械化 10—11; and North American colonization, 传播（通信）与北美殖民化 xii; role of media of, 传播媒介的角色 74

Communism 共产主义 61, 64, 67

Constitution, U.S. 美国宪法 23, 38—39; as counter to British form of rule, 与英国统治形式对抗的美国宪法 56—57; weaknesses of, 美国宪法的弱点 xviii

Coolidge, Calvin 卡尔文·柯立芝 33, 37, 59

Cooper, Kent 肯特·库珀 88

Copland, Douglas 道格拉斯·科普兰 2

Copyright Act (1891) 版权法 (1891) 3, 5, 6

Crawford, William 威廉·克劳福德 79

Culture: Canadian 文化: 加拿大 1—2, 13—14; communications versus, 传播与文化 xvi; effect of mass society on, 大众社会

对文化的影响 10；European versus U. S. 欧洲文化对美国文化 119—121；value of, 文化的价值 xviii, 2

Cybemetics 控制论 xi

Darrow, Clarence 克拉伦斯·达罗 52, 57, 58
Davis, Jefferson 杰斐逊·戴维斯 27
Democratic Party 民主党 29—30, 32, 34
Dewey, John 约翰·杜威 xvii
Doubleday, Page and Company 双日培基出版公司 9
Douglas, Stephen 斯蒂芬·道格拉斯 27
Dred Scott case 德雷德·斯科特诉桑福德案 57
Dreiser, Theodore 西奥多·德莱塞 8
Duff, Mountstuart Grant 蒙特斯图尔特·格兰特·达夫 86

Easterbrook, Thomas 托马斯·伊斯特布鲁克 ix
economics, beween the wars 两次世界大战间隙时期的经济 x
Edward Ⅶ (King of England) 爱德华七世（英王） 86
Eliot T. S. T. S. 艾略特 63
empires 帝国 xii—xiii
executive branch, U. S. 美国政府的行政部门 23, 28, 31, 33—39
experts, role of in politics 专家的政治角色 xix—xx, 113

federalism 联邦主义 67
Federalists 联邦主义者，联邦党人 23—25
Fillmore, Millard 米拉德·菲尔莫尔 27
First Amendment 第一修正案 xvi—xvii
foreign policy: conduct of U. S. 美国外交政策的实施 34—35, 37, 61；domestic politics and U. S., 国内政治与美国外交政策 117—118；press and, 新闻界与外交 85—88；weakness of U. S., 美国外交的弱点 xviii—xix
France, newspapers in 法国的报纸 88

freedom of speech 言论自由 xvi—xvii,120

freedom of the press 新闻自由 11,13,56,58,77,120

French Canada 法语区加拿大 110—111,116

French-speaking Canadians 法语族加拿大人 13

Galt,A.T. A·T·戈尔特 105

Garfield,James A. 詹姆斯·A·加菲尔德 29

Germany,newspapers in 德国报纸 88—89

Ghandi 圣雄甘地 47

Gibbon,Edward 爱德华·吉本 93

Gibbs,Philip 菲利普·基布斯 80

Globe (Washington) 《华盛顿环球报》 25

Godkin,E.L. 埃德温·劳伦斯·戈德金 116—117

Grant,Ulysses S. 尤利塞斯·S·格兰特 28

Great Britain 英国 45—67; empire and Roman Law, 英帝国与罗马法 55—56; and foreign policy, 英国与外交 34; legal practice in, 英国的司法业务 48—55; and Nova Scotia, 新斯科舍 123—127; and U.S. imperialism, 英国和美帝国主义 115; U.S. politics versus, 美国政治与英国 34,39,43n79

Halibut Treaty 哈利布协定 115

Hamilton,Alexander 亚历山大·汉密尔顿 23—24,56

Harding,Warren 沃伦·哈定 32

Hardy,Thomas 托马斯·哈代 11

Harrison,Benjamin 本杰明·哈里森 29

Harrison,William Henry 威廉·亨利·哈里森 26

Harvey,George 乔治·哈维 32—33

Havelock,Eric 埃里克·哈弗洛克 xiv

Hayes,Rutherford B. 拉瑟福德·B·海斯 28—29,57

Hearst newspapers 赫斯特报系 5—6,11,31,77,78,82,89

Herbert. A.P. A.P.赫伯特 78

Holmes, Oliver Wendell 奥利弗·温德尔·霍姆斯 53, 57
Hoover, Herbert 赫伯特·胡佛 33, 60
House of Representatives, U. S. 美国众议院 36
Hume, David 大卫·休谟 91
Hutchins Commission on Freedom of Press 研究新闻自由的哈钦斯委员会 xviii
hydro-electric power 水电 76—77

Ickes, Harold 哈罗德·伊克斯 61
ideology, in U. S. politics 美国政治里的意识形态 28
lnnis, Harold 哈罗德·伊尼斯 vii—xx
intelligence, short-range versus long-range 短期思想和长期思想的冲突 xiv—xv
International Paper Company 国际报业公司 75, 77
"Invasion from Mars"（radio show） 《火星人入侵》（广播剧） 89
Ireland, and Home Rule 爱尔兰与民族自决 47
isolationism, U. S. 美国的孤立主义 60

Jackson, Andrew 安德鲁·杰克逊 25
Jefferson, Thomas 托马斯·杰斐逊 24
Johnson, Andrew 安德鲁·约翰逊 28
judiciary branch, U. S. 美国政府的司法部门 56—57

Kent, Frank 弗兰克·肯特 83
Keynes, John Maynard 凯恩斯 92
King, William Lyon Mackenzie 威廉·莱昂·麦肯齐·金 64—65, 110, 112

Ladies' Home Journal 《主妇杂志》 6
language: and communication in world War Ⅱ 语言：语言与第二次世界大战期间的传播 89; journalism and literature influence on, 新

闻和文学对语言的影响 85

law, changing character of 法律，法律的变化性 92-94

law firms 律师事务所 51

lawyers: education of 律师：律师教育 111; and politics, 律师与政治 53-54, 110-111; role in British legislation of, 律师在英国立法中的作用 47-48; specialization of, 律师的专业化 51-52; working context of, 律师的工作语境 48-55

Leacock, Stephen 史蒂芬·里柯克 2

Lee, Ivy C. 艾维·C·李 83

Lee, Robert E. 罗伯特·E·李 27

Liberal Party (Canada) 自由党（加拿大） 109-110, 112, 114

Lincoln, Abraham 亚伯拉罕·林肯 27

Lindbergh, Charles 查尔斯·林德伯格 81

literature: Canadian 加拿大文学 2; publishing trade effects on, 出版业对加拿大文学的影响 3-5, 8-10

Lloyd George, David 大卫·劳埃德·乔治 54, 87

Lovell, J. W. J. W. 洛弗尔 4

lynching 私刑 71n36

Macdonald, John A. 约翰·亚历山大·麦克唐纳 124-125

MacLeish, Archibald 阿奇博尔德·麦克利什 61

Madison, James 詹姆斯·麦迪逊 24

magazines 杂志 6-8

Maritime Provinces 滨海省 108-110, 123-127

Marshall, Alfred 阿尔弗雷德·马歇尔 92

Martial 马提雅尔 1

Massey Commission 梅西委员会 xvii

McCarthy, Joseph 约瑟夫·麦卡锡 22

McClure, S. S. S·S·麦克卢尔 6

McKinley, William J. 威廉·J·麦金利 30-31

McLuhan, Marshall 马歇尔·麦克卢汉 ix-x

Meighen, Arthur 阿瑟·米恩 115

Mencken, H. L. H. L. 门肯 7—8, 81, 82

Merz, Charles 查尔斯·梅尔兹 78

Michelson, Charles 查尔斯·迈克耳孙 33

military, U.S.: political role of 美国军队: 其政治角色 xix, 37—38; presidency and, 美国总统与美国军队 xviii, 34, 39; unemployment and, 失业与美国军队 38

Monroe, James 詹姆斯·门罗 24—25

Moore, George 乔治·穆尔 8

Munro, George 乔治·蒙罗 3—4

Munro, Norman W. 诺尔曼·W·蒙罗 4

Munsey, Frank 弗兰克·芒西 6, 80, 85

Napoleon 拿破仑 1

National Intelligencer 《国民通讯员报》 25

nationalism 民族主义 91—93

newspapers: advertising's effect on 报纸: 广告对报纸的影响 80—85; circulation of., 广告的流通 5, 84, 117; comic strips in, 漫画里的广告 82; Continental, 欧洲大陆的广告 88—89; cost factors for, 广告的成本要素 75—78; editorials in, 社论在广告里的地位 82—83; evening versus morning, 晚报对早报 85; feature material in, 报纸特写材料 82; foreign correspondence in, 报纸里的海外通讯 85—86; front page of, 报纸头版 83—84; illustrations in, 报纸配图 75, 81; influences on content of, 对报纸内容的影响 78—81; and literature, 报纸与文学 1—2; syndicates of, 报纸辛迪加 82; tabloid, 小报 81; technological developments for, 报业的技术发展 75, 94. *See also* press

New York (state), political role of 政治在纽约州的角色 37, 43n72

New Yorker (magazine) 《纽约客》(杂志) 7

Niebuhr, Reinhold 莱茵霍尔德·尼布尔 vii

Northcliffe, Viscount Alfred Charles William Harmsworth 阿尔弗雷

德·诺思克利夫 79,80,82,85,86—87,89,100n97

Nova Scotia 新斯科舍 123—127

Oppenheim, Phillips 菲利普斯·奥本海姆 2

oral tradition: in law 法律里的口语传统 49—50,54,69n15;
    weakening of, 口语传统的弱化 120

Otis, James 詹姆斯·奥蒂斯 46

Overthrow Act (U.S.) 颠覆罪法案（美国） 57

Parliament: and common law 议会和习惯法 46—47; role of,34

Perkins, M. E. M. E. 珀金斯 9

Pierce, Franklin 富兰克林·皮尔斯 27

Pliny 普林尼 93

political economy 政治经济学 92—93

political leaders 政治领袖 113

political parties, in Canada 加拿大的政党 110—114

Polk, James K. 詹姆斯·诺克斯·波尔克 26

postage, role in publishing of 邮费在出版业里的作用 3

power, intelligence and 权力,思想和权力 xiv—xv

presidents: generals as 总统：军人出身的总统 118; succession of,
    总统的继任 23—35. See also executive branch, U. S.

press: ambassadorial posts for 报业：新闻人担任使节 84,117—118;
    criticism of, 对报业的批评 80; role in Great Britain politics of,
    政治在英国的角色 87; role in U. S. politics of, 政治在美国的
    角色 30—31,33—34; time and, 时间与报纸 94; writing of,
    新闻写作 79. See also newspapers

propaganda 宣传 12,88—90,117

publishing trade 出版业 3—5,8—12

Pulitzer, Joseph 约瑟夫·普利策 78,81,85

radio: in Canada 无线电广播：加拿大广播 107—108; versus newspapers， 广播对报纸 117；political effects of， 广播的政治效应 33，34，42n55，83－84；in World War Ⅱ， 第二次世界大战中的广播 89

Ramson，J.C. J.C.拉姆森 ix

Rand，William 威廉·兰德 123－127

reciprocity treaty（1911） 互惠协议（1911） 31，32，59，75，115

Reed，T.B. T.B.里德 31

regionalism, in Canada 加拿大的地方分权（地区特征） 107－108

Repubican Party 共和党 27－28，31－32

revolutions，political aftereffects of 革命的政治滞后效应 21－22

Rogers，Norman 诺曼·罗杰斯 112

Rogers，Thorold 索罗德·罗杰斯 73－74，90

Romant law：British empire influence of 罗马法：罗马法在英帝国的影响 55－56；Common law versus， 习惯法和罗马法 47，67，69n15；and economy， 罗马法与经济 92；theoretical nature of，罗马法的理论性 52－53

Roosevelt，Franklin D. 富兰克林·罗斯福 33，57－58，60，84，118

Roosevelt，Theodore 西奥多·D·罗斯福 30－31，37，57，59，75

Roxby，P.H. P.H.洛克斯比 2

Russell，Bertrand 伯特兰·罗素 61，117

Russia 俄国 61，64

Salisbury，Lord 索尔兹伯里勋爵 80

Sauer，Christopher 克里斯托弗·索尔 45

Scopes trial 斯科普斯审判 8

Scribner's 《斯克里布纳杂志》 9

Scripps Howard newspapers 斯克里普斯·霍华德报纸 77，82，85

"Seaside Library" 滨海文库 3－4

Seldes George 乔治·塞尔兹 78，83

Senate，Canadian 加拿大参议院 109－110

Sirois Royal Commission　西罗伊斯皇家委员会　112

Smart Set（magazine）　《时髦邦》（杂志）　7—8

Smith，Adam　亚当·斯密　92

Social Credit　社会信用党　107，108

Socialism　社会主义　116

Social sciences：common law versus training in　社会科学：习惯法与社会科学训练　54—55；and precision，社会科学与精确性　91—94

South　（美国）南方　ix—x

South African War　南非战争　86

Speaker of the House　众议院议长　31—32

specialization，of lawyers　律师的专业化　51—52

Stamp，Josiah Charles　约西亚·查尔斯·斯坦普　73

statitcs　统计数字　91，93

Statute of Westminster　威斯敏斯特法　115

Stevens，Lincoln　林肯·斯蒂文斯　6

Steven，James Fitzjames　詹姆斯·斯蒂芬　66—67

Steven，Leslie　莱斯利·斯蒂芬　80

Storey，Wilbur E.　威尔伯·E·斯托利　78

Supereme Court，Canadian　加拿大最高法院　67

Supereme Court，U.S.　美国最高法院　57

tabloids　小报　81

Taft，William H.　威廉·H·塔夫脱　31，75

tariffs　关税　105，119

Taylor，Allan　艾伦·泰特　ix

Taylor，Henry　亨利·泰勒　48

Taylor，Zachary　扎卡里·泰勒　25—26

technology：and newspapers　技术：技术与报纸　75，94；postwar role of.　技术在战后的作用　xi

Ticknor，George　乔治·蒂克纳　118

Tilden，Samuel　塞缪尔·蒂尔登　57

time, conccepts of 时间观念 94

trade 贸易 119

transportation: and North American colonization 运输:运输与北美殖民 xii; and trade in Canada, 加拿大的运输和贸易 106

Treaty of Versailles 《凡尔赛和约》 89,92

Truman, Harry 哈里·杜鲁门 37

truth, facts versus 真相对事实 58

Tyler, John 约翰·泰勒 26

United Empire Loyalists 联合王国保王党 21,116

United States: Communist scare in 美国:美国人的共产主义恐惧 61; culture of, 美国文化 xvi—xvii; federal versus state power in, 联邦的权力对州的权力 56; Great Britain's politics versus, 英国政治对美国政治 34,39,43n79; imperialism of, 美国的帝国主义 xvi,58—60 114—121; North versus South in politics of,南方政治对北方政治 23,24,27—28,35—36; presidential history of, 美国总统的历史 23—35; relation to Canada of, 美国和加拿大的关系 xvi—xvii. 2—3. 62; Roman law in, 美国的罗马法 56

United States Telegraph 《合众国电讯报》 25

"Values Discussion Group"(University of Toronto) "价值讨论小组"(多伦多大学) ix

Van Buren, Martin 马丁·范布伦 25,36

vice presidency, U.S. 美国副总统 36—37

Wallace, Edgar 埃德加·华莱士 2

Wallas, Graham 格雷厄姆·华莱士 73—74

Washington, George 乔治·华盛顿 22—24

The Way of All Flesh (Butler) 《众生之路》(萨缪尔·勃特勒) 83

Weiner, Norbert 诺伯特·维纳 xi

Welles, Orson 奥尔森·威尔斯 89
Whig Party 辉格党 26—27
White, William Allen 威廉·艾伦·怀特 80
Wile, F. W. F. W. 怀尔 86—87
Williams, J. H. J. H. 威廉斯 119
Wilson, Woodrow 伍德罗·威尔逊 32, 59, 75
Wolfe, Humbert 亨伯特·沃尔夫 80
women: as consumers 妇女：作为消费者的妇女 6; magazines for, 妇女杂志 7—8
written tradition, in law 成文法传统 50—51, 54, 69n15

Zenger, Peter 彼得·曾格 56

译者后记

中国传媒大学出版社的司马兰和姜颖昳两位女士希望我翻译伊尼斯的名著《变化中的时间观念》,我当然是求之不得。原因是:(1)伊尼斯经久不衰的学术地位;(2)距翻译出版他的《帝国与传播》和《传播的偏向》已有10年之久,渴望有机会重新学习他的传播理论;(3)《变化中的时间观念》是前两部书的深化,且文字相对简明,有助于读者阅读前两部书,有助于他思想的普及。

最重要的是,她们两人供职于中国人民大学出版社时给予我超常的信赖和重托,让我参与主持"新闻与传播学译丛·大师经典系列"。那是我学术译作首次爆发性问世的园地,我至今心存感激。如今,两位女将转战中国传媒大学出版社,又给我继续从事大师经典译事的机会,怎能不由衷感谢呢。

伊尼斯的传播学经典,全都是在他病入膏肓的最后几年"亡命""赶制"的。和中国清代的朴学相比，他"酷爱"考据尤甚；文字不嫌其简，注释不厌其详。其突出特征及可能的解释是：（1）严谨学风使然；（2）恨不得在每一句话里压缩进最大限度的信息；（3）与死亡赛跑，以最精炼的篇幅端出他的"偏向论"和"帝国论"，没有时间用"大部头"展开细细阐述；（4）超常密集甚至长篇的注释，以便在正文之外尽可能给读者提供最大限度的信息。

本书正文5章仅10万字，作者注释多达近400条，共4万余字，不少注释长达数百字，俨然是篇篇小文。伊尼斯对考据的"酷爱"由此可见一斑。

凯利的权威序言长达1万余字，是为罕见，目的只有一个：阐明伊尼斯的历史定位和不朽价值。

为了适当稀释伊尼斯那浓厚得令人难以消化的文字和思想，译者加上了200余条注释，约2万字。

为了弘扬伊尼斯的传播思想、媒介思想和批判锋芒，译者撰写了1万余字的序。

原书编辑相当粗糙，只有5章标题，没有任何小标题，各章之下的小节标题是译者所加。这是一项严肃而艰苦的工作，旬月苦思，反复推敲，以确保准确传达各节的主题和作者的思想。我相信，这些小标题能画龙点睛，有利于读者的理解和思考。

之所以对中译本的编排做了诸多努力，那是因为我对伊尼斯爱得很深，希望给他令人生畏的文风加上一些亲近读者的色彩。

何道宽
于深圳大学文化产业研究院
深圳大学传媒与文化发展研究中心

译者介绍

何道宽,深圳大学英语及传播学教授、政府津贴专家、资深翻译家,曾任中国跨文化交际研究会副会长,现任中国传播学会副理事长、深圳市翻译协会高级顾问,从事文化学、人类学、传播学研究30余年,著作和译作近50种,逾1 400万字。著作有《中华文明撷要》(汉英双语版)、《创意导游》(英文版)。电视教学片有《实用英语语音》。译作逾40种,要者有:《思维的训练》、《文化树》、《理解媒介》、《麦克卢汉精粹》、《数字麦克卢汉:信息化新纪元指南》、《交流的无奈:传播思想史》、《麦克卢汉:媒介及信使》、《思想无羁:技术时代的认识论》、《传播的偏向》、《帝国与传播》、《手机》、《真实空间》、《麦克卢汉书简》、《传播与社会影响》、《新政治文化》、《麦克卢汉如是说》、《媒介环境学》、《技术垄断》、《模仿律》、《莱文森精粹》、《游戏的人》、《与社会学同游》、《伊拉斯谟传》、

《中世纪的秋天》、《口语文化与书面文化》、《传播学批判研究》、《重新思考文化政策》、《17世纪的荷兰文明》、《裸猿》、《人类动物园》、《亲密行为》、《作为变革动因的印刷机》、《超越文化》、《无声的语言》、《传播学概论》（施拉姆）、《新新媒介》、《软利器》、《理解媒介》（增订评注本）、《迫害、灭绝与文学》、《菊与刀》、《理解新媒介：延伸麦克卢汉》、《字母表效应》、《变化中的时间观念》（汉英双语版）、《传播的偏向》（汉英双语版）、《帝国与传播》（汉英双语版）、《传播的结构与功能》（汉英双语版）等。长期在学术报刊上发表一系列专业论文，要者有：《介绍一门新兴学科——跨文化的交际》、《比较文化之我见》、《文化在外语教学中的地位》、《中国文化深层结构中崇"二"的心理定势》、《试论中国人的隐私》、《论美国文化的显著特征》、《论非言语交际》、《比较文化的新局面》、《水向高处流》、《媒介即是文化——麦克卢汉媒介思想述评》、《麦克卢汉在中国》、《和而不同息纷争》、《媒介革命与学习革命》、《多伦多传播学派的双星：伊尼斯与麦克卢汉》、《天书能读：麦克卢汉的现代诠释》、《麦克卢汉的学术转向》、《我们为什么离不开纸媒体和深度阅读》、《异军突起的第三学派——媒介环境学评论之一》、《游戏、文化和文化史——〈游戏的人〉给当代学者的启示》、《破解史诗和口头传统之谜：〈口语文化与书面文化〉评析》、《麦克卢汉的昨天、今天和明天：纪念麦克卢汉百年诞辰》、《麦克卢汉：媒介理论的播种者和解放者》、《莱文森：数字时代的麦克卢汉，立体型的多面手》等。

图书在版编目(CIP)数据

变化中的时间观念(中文版)/(加)伊尼斯著;何道宽译.—北京:中国传媒大学出版社,2015.7

(新闻学与传播学经典丛书·中文版系列)

ISBN 978-7-5657-1372-9

Ⅰ.①变… Ⅱ.①伊… ②何… Ⅲ.①传播学—研究 Ⅳ.①G206

中国版本图书馆 CIP 数据核字(2015)第 081746 号

新闻学与传播学经典丛书·中文版系列

变化中的时间观念(中文版)

著　者	[加]哈罗德·伊尼斯
译　者	何道宽
策划编辑	司马兰　姜颖昳
责任编辑	李唯梁　姜颖昳　司马兰
封面设计	运平设计
责任印制	曹　辉
出版人	王巧林
出版发行	**中国传媒大学出版社**
社　址	北京市朝阳区定福庄东街1号　邮编:100024
电　话	86-10-65450532 或 65450528　传真:010-65779405
网　址	http://www.cucp.com.cn
经　销	全国新华书店
印　刷	北京艺堂印刷有限公司
开　本	880mm×1230mm　1/32
印　张	7.25
版　次	2015年7月第1版　2015年7月第1次印刷
书　号	ISBN 978-7-5657-1372-9/G·1372　定价 28.00元

版权所有　翻印必究　印装错误　负责调换